现代都市圈大众走跑健身运动理论与实践研究

XIANDAIDUSHIQUAN
DAZHONGZOUPAOJIANSHENYUNDONG
LILUNYUSHIJIANYANJIU

赵宇 著

吉林出版集团股份有限公司
全国百佳图书出版单位

图书在版编目（CIP）数据

现代都市圈大众走跑健身运动理论与实践研究 / 赵
宇著 . -- 长春 : 吉林出版集团股份有限公司 , 2023.2
ISBN 978-7-5731-2619-1

Ⅰ . ①现… Ⅱ . ①赵… Ⅲ . ①健身运动—研究 Ⅳ .
① G883

中国国家版本馆 CIP 数据核字（2023）第 049213

现代都市圈大众走跑健身运动理论与实践研究

XIANDAI DUSHI QUAN DAZHONG ZOU PAO JIANSHEN YUNDONG LILUN YU SHIJIAN YANJIU

著　　者　赵　宇

出 版 人　吴　强

责任编辑　尤　蕾

助理编辑　杨　帆

开　　本　710 mm × 1000 mm　1/16

印　　张　14.75

字　　数　200千字

版　　次　2023年2月第1版

印　　次　2023年8月第1次印刷

出　　版　吉林出版集团股份有限公司

发　　行　吉林音像出版社有限责任公司
　　　　　（吉林省长春市南关区福祉大路5788号）

电　　话　0431-81629667

印　　刷　吉林省信诚印刷有限公司

ISBN 978-7-5731-2619-1　　定　　价　58.00元

如发现印装质量问题，影响阅读，请与出版社联系调换。

前　言

随着国家体育总局《全民健身计划纲要》的颁布与实施，以及体育强国建设大幕的开启，群众性体育运动的发展进入了全新的发展阶段。都市圈又叫城市群，是一种特殊的地域空间组织形式，是经济、政治、文化和社会共同作用的结果，在金融、贸易、服务、文化、娱乐等功能得到发展，城市的集聚力日益增强。作为新时代下我国经济建设与社会发展的重要载体，现代化都市圈的建设与发展至关重要。其中，大众体育在现代化都市圈的建设中发挥着重要作用，是都市圈精神文明建设、文化建设、幸福指数提升、身心健康发展以及良好社会发展环境营造的重要保障。

《现代都市圈大众走跑健身运动理论与实践研究》是在进行了大规模社会调查和对大量国内外相关理论研究成果进行总结的基础上，通过对影响现代化都市圈全民健身实践各要素的分析，以"健康第一"理念为统领，遵循理论与实践相结合的原则，对新形势下现代化都市圈大众体育健身发展体系的构建进行研究。从大众喜爱、简单易行、易于推广的角度出发，针对群众对体育项目的热爱程度，对体育项目的正确锻炼方法、健康理念、科学评估等做出了专业的指导与讲解，旨在科学地指导现代化都市圈大众健身运动，适合广大从事"健身路径"活动的健身者阅读。另外，本书在内容上采取从抽象到具体，从原理到操作，层层推进又自成体系。既强调应有的理论深度，又注意具体的操作运用。在行文上，尽可能考虑到普通健身锻炼者的需求，力求科学性与通俗性相统一的特点。我们相信本书的出版对于广大体育爱好者了解健身活动的科学知识，掌握科学、合理的健身方法具有进一步的指导作用。

本书共计十五章。第一章：绪论；第二章：走跑运动的缘由；第三章：健身跑运动；第四章：步行健身运动；第五章：跑步健身运动；第六章：原地跑步、爬楼梯、登山健身；第七章：室内健身跑运动；第八章：青少年走跑健身锻炼；第九章：中老年人走跑健身锻炼；第十章：不同人群的健身路径；第十一章：走跑健身的诀窍；第十二章：走跑健身的基本知识；第十三章：走跑健身的运动负荷监督；第十四章：走跑中常见的损伤及预防；第十五章，全民健身服务供给。

时代在发展，社会在前进，随着生活水平的提高对现代大众对健身运动不断提出新的要求，由于编者水平有限错误不当之处在所难免，恳请广大读者提出宝贵意见。在编写本书的过程中，曾得到气象出版社的热情支持，有关内容参考了国内公开发表的资料，值此深表谢意。

目　录

第一章 绪论

都市圈（或都市区、大城市圈）是指在城市群中出现的以大城市为核心，周边城市共同参与分工、合作，一体化的区域经济现象。1957年，法国地理学家戈特曼首次提出了"大城市连绵区（Megalopolis）的概念"，用以概括美国东北海岸出现的大城市连绵区（或城市带、城市群）现象。2019年，国家发展改革委在《关于培育发展现代化都市圈的指导意见》中提出了都市圈的概念。

都市圈是一种特殊的地域空间组织形式，是经济、政治、文化和社会共同作用的结果。一般认为，都市圈是在特定的地域范围内，以有一个或者多个经济较发达并且有较强城市功能的大城市或者特大城市为核心，以一系列不同性质、规模、等级的中小城市为主体，共同组成在空间上位置相近，在功能上紧密联系、相互依存的具有圈层式地域结构和经济一体化趋势的地域空间组织。都市圈最大的特点是圈内城市之间存在密切的互动关系，不同城市形成一个有机整体。

都市圈建设的实质在于整合资源，形成合力，打造共同体发展的新模式。尤其是在经济建设、文化发展、民众幸福指数提升等方面，呈现出的重要作用与价值，成为当今社会城市建设发展的重要途径。我国都市圈的建设，历经多年的发展已形成了覆盖东北、华北、华南、华中、华东、西北、西南等地区的网络化布局，成为我国经济建设和社会发展的重要支撑与保障。伴随着都市圈建设的发展，人们的生活水平也得到不断提升，追求健康、祥和的高质量生活，已成为我国广大民众的普遍诉求。因此，参与体育健身活动的人数逐年递增，体育健身的需求不断提升。尤其是在全民健身运动深入普及、体育强国建设大幕开启以及"健康第一"思想不断推广的背景下，群众性体育运动在我国呈现出蓬勃发展的良好态势。走跑运动不仅是人类最基本的运动形式，同时，也是深受广大民众喜爱的体育健身内容。通过调查可以发现，在我国种类繁多的群众性体育健身项目中，走跑运动的受众群体与广场舞项目的受众群体规模大体相同，无论是在公园、广场，还是在马路、甬道，都能看到进行走跑运动健身的人群，成为全民健身运动中的一道亮丽风景。在推进都市圈全民健身运动发展，增强都市圈内广大民众身心健康发展方面，发挥着极其重要的作用。

第二章　走跑运动的缘由

第一节　走跑运动的起源与发展

　　走与跑是人们最基本的活动技能之一。早在上古时代，人们为了求得生存，在同大自然以及飞禽野兽斗争中，必须练习的就是走和跑。有时在追逐受伤的野兽时，不得不快跑或跑上很长的一段距离。人类在漫长的生活实践中不断地重复这些动作，逐渐地形成了走与跑等各种技能。随着社会生产力的发展及社会文明的进步，人们早已从简单的劳动中走出来。不再把走、跑看成是谋生的基本生活技能，而是当作增进健康和增强体质的手段与方法，特别是在当今社会更是如此。在发达国家中，人们进行走、跑运动更多是健身的需要，因为走、跑运动动作技术简单而易行，并且不受任何场地设施条件的限制，所以容易被人们接受。走与跑在作为竞技运动项目的同时，也是大众健身的活动项目之一。

第二节　走跑运动的分类与内容

一、走跑运动的项目和内容

（一）走

　　走不仅仅是指田径运动中的竞走，还包括人们日常生活中的普通走和各种方式的健身走。

各种走的分类种类：

场地竞走：男子 2000 米、男子 3000 米、男子 5000 米；女子 5000 米、女子 10000 米。

公路竞走：男子 20 公里、男子 50 公里；女子 5 公里、女子 10 公里、女子 20 公里。

普通走：散步、正常走。

健身走：长距离快走、大步走、后退走、侧身走、脚跟走、脚尖走、半蹲走等。

队列走：齐步走、正步走。

（二）跑

跑的种类有很多，根据跑的距离可分为短距离跑、中长距离跑、长距离跑和超长距离跑。根据跑的强度可分为快速跑和耐久跑；根据跑的形式可分为障碍跑、接力跑等。跑的练习可以在跑道上进行，也可以在公路上、公园里和乡间田野里进行。

二、走跑运动的意义

人的生活离不开走、跑等身体活动。走与跑不仅具有实用意义，而且具有强身健体的作用。

走与跑是一项全身运动，在走、跑的过程中，身体消耗许多能量。这种能量消耗与走跑的强度、持续时间和距离成正比。长期坚持走、跑的练习，可以有效地提高呼吸系统、循环系统的机能，提高心血管系统的工作能力，对腿部骨骼、肌肉的增强有积极作用。

各种跑的分类：

短距离跑：100 米、200 米、400 米。

中长距离跑：800 米、1500 米、3000 米。

长距离跑：5000 米、10000 米。

超长距离跑：马拉松（42.195 公里）。

经常练习走、跑，还可以使大脑皮层、神经系统和感受器的机能得到改善，从而提高思维反应、动作协调能力。例如，在练习公路越野跑时，在紧张快速的奔跑中，既要注意体力分配和变换跑法，又要观察路线地形。这些都要通过感受器（视觉等）敏捷及时地使大脑，大脑皮层立即分析情况下达命令，指挥各器官和骨骼肌肉协同工作。因此，经常练习走、跑。不仅能发展和提高速度、灵敏度及柔韧性等身体素质，还有助于锻炼意志品质，培养勇于拼搏的精神。

走是人们生活的最基本技能之一，也是人们心中最完美的运动。在一份国外运动医学专家的《各类型疾病》调查报告中大多数都赞成步行运动是最完美运动的说法。认为除了高尔夫球需要大量步行、可与步行运动媲美外，其他形式的运动都是望尘莫及的。在调查中他们发现一个经常步行的人，很少会有心脏或体重的问题。运动医学界的专家和经常从事步行运动的人们之所以肯定步行运动是最完美的运动形式，主要是基下以下五点：一是步行是一种全身运动，它不仅使你的"腿"和"脚"，而且也使你的身体肌肉都能得到运动，并且能使所有的器官组织都活跃起来；二是步行运动是种缓和的运动，它能使肌肉在较小负荷情况下消耗多余的热量，保持较低的体重，同时还可以增加骨骼组织和心脏的力量，从而有利于防止动脉硬化，保持正常血压，降低胆固醇；三是步行运动是解除忧虑和紧张的精神压力的有效方法；四是可以在漫步中清净、益智；五是步行运动简便，适合多年龄层次的人，是具有效果的。对于青少年来说，他们更喜欢旅游、登山远足活动，从而获得健康、欢乐与知识。

长距离跑，顾名思义它要求人们用一定的速度或较长的时间来进行较长距离的运动，属于耐力型运动项目。竞技运动中的中长距离（800米、1500米）跑属于极限强度的项目，运动中仍接近于无氧代谢供能，比赛过程的氧债高，血液中乳酸大量增加，运动员必须有很强的心肺系统功能才能承受后半程高浓度代谢产物血乳酸的能力和调整 pH 值的能力。长距离（5000米、10000米）跑，以有氧代谢占绝对优势，有氧分解供能占全部供能的 75% 左右。作为青少年，中长距离跑是锻炼身体的很好项目，能增强呼吸系统和心血管系统的功能，发展耐力素质和培养坚韧不拔的毅力。超长距离（42.195公里）跑，它是一项有氧代谢功能超过普通人的极限运动项目。

第三节　走跑运动的健身原理

一、走跑运动健身原理概述

"生命在于运动。"这里所说的运动即指生命体自身内部的生命活动和生命体表现出的外部运动能力，两者相辅相成、紧密联系。人的生命活力越强，表现出的运动能力也就越强，而通过适宜的运动锻炼，则可以促进生命活动的加强和延续，这就是"生命在于运动"的基本道理。对走、跑锻炼可以能达到健身作用的几个最基本的生理学概念做简要介绍。

（一）新陈代谢与适应性变化

新陈代谢是一切生物体生命活动的基本特征，包括同化作用和异化作用两个方面。机体不断地从外界摄取营养物质合成为自身的组成，贮藏能量的过程称为"同化作用"；机体不断地将已衰老的组成成分和能源物质分解、释放能量，完成各种生命活动的过程，称为"异化作用"。当新陈代谢积极、旺盛，同化作用大于异化作用时，机体处于生长发展阶段；当新陈代谢迟滞、衰退，异化作用大于同化作用时，则导致机体的衰老，各器官、系统的功能减弱。

生物学研究还表明，一切生物体均具有对外界环境刺激与变化产生适应的能力。这种能力在新陈代谢过程中，则表现为在一定条件下，通过有意识地加大异化作用，可以获得代偿性地加大同化作用的结果，从而保持新陈代谢水平的平衡和提高。

身体锻炼是人们有意识、有目的、有计划地消耗体能的身体活动，即加强机体的异化作用，求得恢复过程的异化作用的增强，机体的物资储备水平提高，可使机体向更完善的方面转化。这就是身体锻炼可以增强体质的生理过程和理论依据。

（二）运动负荷和超量恢复

运动负荷是指练习的次数、时间、密度、强度等指标的总和。运动负荷量越大，消耗的能源物质就越多。运动生理学研究表明，在一定运动负荷的练习之后，经过一段适宜的休息，身体内能量物质的合成（恢复）不仅可以达到练习前的水平，甚至可以超过原有水平，这就是"超量恢复"原理。超量恢复的程度与运动负荷的大小有关。在一定范围内负荷越大，超量恢复越明显。而运动训练的基本原理就是依据"超量恢复"理论来进行设计的，通过控制合理的运动负荷和休息间隔，使运动能力不断得到提高。

以健身为目的的走、跑运动锻炼也应遵循这一原理。然而，在运动负荷的控制上与运动训练有所不同。运动负荷对人体的影响有 3 种可能：有益、有害和无助。只有在适当的量和强度的刺激下，才能收到健身的良好效果。国内外有关研究成果显示，体育锻炼的有效心率范围在 120 ~ 140 次 / 分。因为心率在 110 次 / 分以下时，机体的血压、血液成分、尿蛋白和心电图等都没有明显变化，健身运动锻炼价值不大。心率在 130 次 / 分运动负荷时，每搏输出量接近和达到一般人的最佳状态，运动锻炼健身效果明显。心率在 150 次 / 分的运动负荷时，每搏输出量开始出现缓慢下降，心率增加到 160 ～ 170 次 / 分时，虽无不良的异常反应，然而也不能呈现出更好的健身迹象。因此，通常把运动锻炼健身效果的最佳区间确定在 120 ～ 140 次 / 分。这一范围是专指有氧代谢体育锻炼、不包括最大无氧代谢能力的训练。美国运动生理学家在研究体育锻炼与延长寿命的关系的调查报告中提出，成年人经常进行适度的而不是激烈的体育锻炼，可大大延长寿命。美国卫生与健康总署 1995 年年度报告中也指出，较长时间、适宜强度的运动比较短时间、较大强度的运动对保持与发展人的健康更为有效。报告还指出，坚持有规律的健身运动，比无规律的随意性运动对增进健康更为有效。因此，遵循"超量恢复"原理，合理设计练习的负荷，是保证健身锻炼效果的重要生理依据。

（三）走跑运动健身作用

1. 走跑运动使人健美

健美的体形是每个人特别是中青年人关心的问题。何谓"健美"，从人体学来看，健美往往与适中的身材、匀称的体型、发达的肌肉、端正的五官、美好的肤色有关。真正的女性美，应该是结实、精干、肌肉强健，富有区别于男子的线条美。目前，许多运动医学专家一致认为，长期科学地坚持健身走、跑运动，可以减少体内多余脂肪，使身材变得匀称、健美。

美国空军运动研究室医学博士库珀研究表明，坚持走跑锻炼是减肥的良方。在健身走跑时，体内游离脂肪酸会作为能源而消耗，因而减少了体内脂肪的贮存。对运动员的调查结果证实，长跑运动员体内脂肪对体重的百分比在各种项目的运动量中是最低的。

走跑时下肢负荷较大，对下肢的机械压力增强及血液循环得以改善，的确有利于下肢骨的增长。处在生长阶段的青少年，经常从事健身走跑，有助于身高的增长。另外，在走跑时，心肺活动加强，血液循环加快，这就使全身各部骨骼肌肉的血液供应都得到改善，有助于全身各部位匀称发展。

一些青年朋友尤其是女青年们，担心走跑使小腿肚变粗难看，这种担心是多余的。你只要留心观察一下长跑运动员，就会发现长跑运动员的肌肉线条比较细长而不是短粗。国外学者曾对一些奥运会优秀运动员体型进行测量，发现长跑与马拉松运动员大部分属于身体细长、肌肉不粗、脂肪较少的身体类型，这在总体上比其他项目运动员更为普遍和突出。由于健身长跑时肌肉负荷并不太大，这只会使肌肉蛋白质比例增加，使肌肉变得结实，使体型更健美，不会使肌肉体积过大而肢体过分增粗。

走跑健身者要想使自己的体型健美，除了走跑外，还要做对上肢锻炼效果更明显的运动，如单双杠、俯卧撑、哑铃、举重、拉力器等练习。这样，将会使身体发展更为全面，体型更为匀称。因此，健身跑不仅是增强心肺功能的益友，也是减肥去脂，使体态苗条、体型健美的良方。

2. 走跑运动使人聪明

走跑不仅能给人们带来健康的身体，还能给人带来聪明的头脑。美国斯坦福大学的特曼教授，在追踪观察国内数十名爱好走、跑的青年学生时，发现他们的身体不仅比一般青年好，而且思维能力也比一般青年好，显得聪明伶俐。

美国生理学家通过幼鼠的实验证明，走、跑运动能有效增加大脑的重量和皮质的厚度，使它的活动性增强，机能提高。人也是这样，走、跑能增加人的大脑皮质的沟回，使它的表面积增大。脑细胞活动的基本过程是兴奋和抑制交替，人在运动时，管理迈步的脑细胞经常处于迅速兴奋和抑制的过程中，经过千百次这样的锻炼，它的调节功能、反应速度、灵活性和准确性便得到提高。据测验，运动员运动前的反应时是 0.09 秒，运动后的反应时是 0.08 秒，这说明，运动能够使脑细胞的反应速度增快。美国加利福尼亚大学教授荸森指出，测定一个人的脑细胞反应速度，就可以看出他的智力高低。走跑运动能使脑细胞的反应速度增快，当然智力也就提高了。

另外，大脑对身体运动支配是交叉的。左半球大脑支配右侧身体的活动，右半球大脑支配左侧身体的活动。一般人的右手右脚活动多，大脑的左半球就发达。左半球是管理计算、学习和语言的，左半球发达了，人就显得聪明。走、跑时两臂交替进行，能促进神经细胞通过神经反射，加强大脑左半球的活动，使大脑左半球逐渐发展，计算力和理解力提高，因此人也就变得更加聪明了。

尽管对青年人通过长跑锻炼可以健脑益智的结果得到了证实，但迄今为止最有力的证据却来自老年人，许多针对老年人的研究显示，长期进行走、跑运动可延缓大脑衰老和退化，加强大脑的功能。坚持走、跑锻炼，身体会更强健，思维会更敏捷。

3. 走跑运动给人以健康与快乐

健身走跑是一种非常平常的运动，适宜于男女老少，是最好的健身方式之一，也是最佳的体育疗法之一。只要你能长期坚持这项运动，那么它将会慷慨地赠予你最珍贵的礼物——健康与快乐。进行走跑锻炼，无需专门的场地和器材，省时又省钱，尤其适合群众的健身需要。

在英、美等国家，跑步爱好者在体育爱好者中占有很大比例，有时一次参加马拉松赛的人数就达到 5 位数。

从生理学上来说，跑步是一项完美的运动。跑步与各种球类活动不同，是按自己控制的速度，并以一种有节奏的形式锻炼身体，跑步可以调节人体的各种生理过程和各器官的协调功能。人在进行一定强度的跑步运动时，在中枢神经系统的统一支配下，必须动员人的其他系统和有关器官的参与，才能满足一定强度运动所需的能量和氧气消耗。大脑皮层调节心脏及血管系统，加快全身的血液循环，及时供给能量和氧气，及时排出汗液和二氧化碳，与此同时，大脑也获得了兴奋和抑制过程的调节能力。近来的科学研究证明，跑步不仅能使大脑皮质的兴奋和抑制保持平衡，还能使血液和大脑中的去甲肾上腺素增多，去甲肾上腺素是一种兴奋性激素，它能提高神经系统的兴奋性。另外，科学研究还证明，许多与跑步和有氧代谢运动有关的健康及舒适感，都与体内分泌的强大激素——内啡肽有关。内啡肽具有强烈的镇痛作用，因此经常参加跑步锻炼，可以提高神经系统的兴奋性，抑制低落情绪，减少痛苦感，使人在跑步之后精神状态良好，周身轻松，精力充沛。

国外有的学者说"跑步是天然的镇静剂"，此话非常中肯。跑步后的轻松愉快能延续较长一段时间，有"人逢喜事精神爽"的感觉。一些来自生活中的烦恼和忧愁，经过长跑"治疗"，很可能缓解甚至逐渐消失。生活中不可能没有忧愁，但是何以解忧呢？人们看法不一，有人说"借酒消愁"，也有人说"借酒消愁愁更愁"，现在可以理直气壮地说"何以解忧？只有跑步"。经过走、跑运动，忧愁如冰化雪消，快乐充满在心间。您如果想拥有健康和快乐，那就参加走、跑锻炼吧。

4.跑步是强身健体的有效手段

谁都知道，心脏是人体的重要部门。人体的一切活动都有赖于心脏，一旦心脏染疾，生命就要受到威胁。因此，心脏机能的强弱关系每个人的健康与寿命，而跑步则是强心的有效手段。

经常进行跑步锻炼，对改善心血管系统的机能有着良好作用。血液循环身体一周，一般人需 21 秒，经常运动的人只需 10 ~ 15 秒，剧烈运动时只需 6 ~ 8 秒。平静时一般人的心搏频率为 70 ~ 80 次 / 分，稍有训练的人为 50 ~ 60 次 / 分。剧烈运动时，一般人的心率最多达 150 次 / 分，这时便感到难以适应了；锻炼有素者则可增至 200 次 / 分左右，通过是他们心脏功能强的标志。优秀长跑运动员的心率安静时可减少到 40 ~ 36 次 / 分。

长跑为什么能增强心脏机能呢？众所周知，心血管系统在人体内担负着运输的重任，即把氧气和养料运送到各组织，再把各组织的代谢产物（二氧化碳和废物）运送到排泄器官。为了适应这一刻不停的繁忙运输工作，心脏必须竭尽全力。经常参加长跑便能使心脏的功能得到锻炼，不断增强。

心脏的活动与运动（或工作）强度有关，运动强度越大，心脏的活动越强。以一个有两年长跑历史的高中生为例，安静时心搏频率为 54 次 / 分，血输出量为 4500 毫升，而 3000 米跑抵近终点时，心搏频率为 140 次 / 分，血输出量为 18500 毫升。由此可以看出，安静与运动时心血管系统活动的差异相当大。这是由于运动时肌肉对热能的需要最远超过安静状态，而大量氧气和养料的获得，必须靠心脏加强活动才能实现；经过长期锻炼，心肌收缩蛋白和肌红蛋白的含量增加，心肌中的毛细血管大量新生，心肌粗壮有力，因而心脏的容积和重量都有所增加。医学上称为"运动性心肌肥大"，也称"运动员心脏"。

19 ~ 20 岁常参加运动和不常参加运动的人，心脏重量和纵横径是不同的。常运动的人心重 0.5 公斤，横径 13.5 厘米，纵径 15.3 厘米，不常运动的人心重为 0.3 公斤，横径 12.2 厘米，纵径 14.46 厘米。随着心脏的运动性增大，心容量也加大了，一般人的心容量为 765~785 毫升，常运动的可达 1015~1027 毫升。由于心肌纤维粗壮，心肌收缩力加强，每搏输出量可由锻炼前的 50~70 毫升提高到 100 毫升左右。每搏输出量的增多，不仅使心搏频率减少，而且大大减轻了心脏的负担，使心脏得以充分地休息。参加长跑锻炼，会让你获得一颗强有力的心脏。

5. 走跑运动能提高免疫能力，延缓衰老

延年益寿是人类自古以来的愿望，人们普遍向往健康长寿，青春常驻。千百年来，人们一直在坚持不懈地苦苦探索着健康长寿的奥秘。因为人们清楚地认识到长寿是有益于人类的。人们有充沛的精力和更长的工作时间，把丰富的知识经验、技术技能贡献给国家、奉献给人类，这将是极其可贵的。但是，正当一些精英才子、有识之士能更多地为社会做贡献的时候，却英年早逝或过早衰老，这不仅是家庭的损失，也是社会的损失。因此，衰老问题是一个影响到人类社会进步的严峻的社会现实。

当然，生老病死作为自然规律，谁也无法抗拒。为了解决衰老问题，专家们对于衰老发生的机理曾经提出许多假说，但迄今为止种种学说没有一个能独立、圆满地阐明衰

老发生的根本原因。

近年来，一个引人注目的研究领域"衰老与免疫"正在出现，在研究过程中发现，机体免疫系统还具有监视和杀伤体内出现的癌变细胞及清除体内衰老死亡细胞的功能，即所谓"免疫监视"和"免疫自稳"作用。因此"衰老和免疫"是近年来非常吸引人并成为研究活跃的领域。已有的研究结果表明，衰老是因为免疫力降低所致，人体胸腺是人的"寿命之钟"，假如你把只有 3～4 月龄的小鼠胸腺切除，小鼠马上就会变得老态龙钟，寿命从原来的 3 年缩短到 6 个月。由此可见，胸腺与寿命的长短是密切相关的。

我们知道，胸腺是具有免疫功能的组织之一，被认为是中枢免疫器官，它是被称作免疫活性细胞之一的"T 细胞的培训站"，血液中淋巴细胞经过胸腺的训练，就可以成为抗癌的勇士和杀菌的先锋，并且被授予"T 细胞"的称号。这种 T 细胞越多，免疫功能就越好，人就不易生病和衰老。因此，胸腺变化的结果引起 T 细胞的变化，老龄动物和人的 T 细胞功能往往下降，数量也减少。那么 T 细胞的减少最终对衰老构成什么影响呢？T 细胞的减少，尤其值得注意的是 T 细胞家族之一的"抑制性 T 细胞"。它能抑制分泌抗体的 B 细胞，它的减少可能促进 B 细胞摆脱 T 细胞的控制，肆无忌惮地分泌出大量自身抗体，造成自身免疫性疾病。临床上常可见到一些上了年纪的人易患诸如系统性红斑狼疮、慢性类风湿性关节炎以及多发性动脉炎等自身免疫性疾病，多半是出于这种原因。

体内免疫细胞大家族中的其他一些细胞的变动，也可使机体失去平衡，有一类专门杀伤癌细胞的 NK 细胞，在机体衰老时也往往出现功能的下降和数量的改变。60 岁以上的老人发生肿瘤的机会显著增多，往往就是因为 NK 细胞变化造成的。近年来还发现免疫细胞具有感觉功能，能感知机体感觉系统无法感知的诸如病原体的侵入和肿瘤的发生等一些危及生命的有害刺激。衰老时免疫细胞的减少势必影响机体对这些有害刺激的感知，而加速衰老的发生和发展。因此有些学者提出了"免疫衰老"假说。就是说免疫功能的逐渐下降，比如胸腺的萎缩、T 细胞和脑细胞的损耗，促进了正常机体老化。经研究观察表明，运动能够推迟机体免疫系统的衰老，并在一定程度上能够逆转免疫系统的机能衰退。

6. 走跑运动使"亚健康人"成为健康人

所谓"亚健康人"，指的是虽不是病人，但对自己的健康无信心，体力好像只够勉强活着的衰弱人。据报道，日本儿童现在多"肥胖儿"，而且儿童身体虽大，但体力特别是耐力却显著下降。日本成年人患肥胖症、高血压症、隐性糖尿病和贫血等所谓"亚健康人"，竟达 2000 余万人之多。科学研究表明，采用适度的强度、时间和心率超过 130 次 / 分的走跑运动，可使"亚健康人"成为健康人。过去认为身体只要活动就好，而现在体育科学的发展已经改变了这种看法。现在要求相当明确地弄清楚，某种体育锻炼进行到何种程度会引起身体发生什么变化，并且弄清这两种的因果关系。

有人靠营养品和药品来消极保持健康是不能持久的，实践证明，要想有效增进健康，身体运动是不可少的，但这种运动必须能增强全身运动所必需的运动强度，虽然因年龄稍有差异，但一般都需要进行使心率达到 130 ~ 150 次 / 分的体育锻炼。如果只是漫不经心地随便进行活动或想舒舒服服地健康起来，那是达不到目的的。

长期以来人们认为，胆固醇是引起动脉硬化等病症的重要原因。其实，这种认识是不全面的。因为胆固醇属于类脂质，是人体生理必需的重要化合物之一，并不是所有胆固醇都会沉积在血管中。在血液中的胆固醇主要以两种形式存在，分别叫"低密度脂蛋白"和"高密度脂蛋白"。含前一种较多的，可促使动脉硬化；而含后一种较多的，不仅对女性激素的构成、组成人体神经髓鞘、防止红细胞过早破裂、加强血管强度起到积极作用，而且有预防动脉硬化的作用。

最近，美国加州的一项研究报告显示，依据若干名妇女在运动后高密度脂蛋白胆固醇的增加及高血压、脉搏改善的数据，认为每周跑 60 公里以上，可以使妇女的健康得到稳定改善。这种研究推崇的跑步距离，大大超出了人们习以为常的运动量，运动者可能会问，效果一定好吗？研究人员说，这项研究正是专门针对美国疾病控制与预防中心推荐的每周 16 ~ 22 公里的"最适"运动量进行的。

特别值得一提的是，高密度脂蛋白胆固醇是一种在血管中能减少低密度脂蛋白胆固醇沉积而侵蚀血管壁，并能防止动脉硬化，对脑血管有保护作用的"好"胆固醇。

"亚健康人"只要根据自己的年龄、性别、身体状况，科学合理地制定出自己的走、跑健身计划，循序渐进，持之以恒地锻炼下去，就一定会成为健康人。

7. 走跑运动能消除紧张、缓解压力

在今天这个"知识经济""信息化"的时代，不同层次、不同年龄、不同性别的人都面临着巨大压力，人们时时、处处都在以紧张的状态，去适应自己面临的学习、生活、工作、疾病等状况。孩子正处在生长发育、爱玩耍的童年时代，却要背着"沉重"的书包每天上课 6 小时以上（做家庭作业的时间除外），接受着与成人一样的严肃课题；中国的高中生面临着应考制度，要力争通过人生第一道门槛，才能为父母争口气，对老师有个交代。因此他们每天要花上十几个小时苦战，以迎接高考的到来。有人统计，中国的高中生是世界上学习时间最长的学生。十年寒窗考上了大学，考上了研究生，却又面临着各种工作招聘，为了年薪要把脑袋拼命装满。博士生的论文要求高、新、尖，在学习期间还必须有文章在国外杂志上正式发表之后，方可毕业；中年人为了上养老，下养小，正在努力拼命地工作以换取薪金，为了不落伍、不下岗，休息日、节假日还要在岗培训；夕阳无限好，只是近黄昏，忙碌、辛苦了大半辈子，如今儿孙满堂，老人却患上了高血压、心脏病等。这一切给不同年龄、不同性别、不同阶层人士的身心造成了紧张和精神压力，体育锻炼是减轻精神压力的好方法，而长跑对消除紧张和缓解压力有着神奇功效。

当人在激动、焦虑或恐惧等激烈情绪变化时，心率常反应性加快，这与肾上腺分泌过多、肾上腺素进入血液有关。肾上腺素能够刺激心脏加快和更有力地跳动，使人体处于一种应急状态。对于我们的祖先，这种信号可能是一种危险信号，使人感到危险迫在眉睫。由于这种反应亦使人变得更加机敏，因而可使人们免遭灭顶之灾。遗憾的是，在当今这个使人习惯于在办公桌前工作的时代里，肾上腺素反应足以使健康状况较差的人，心脏达到一种超负荷状态，有时会对生命造成威胁。有研究表明，健康人在紧张时的心率比不健康的人要低得多，这是神经调节的作用，因此走跑健身运动是控制紧张的一种有效手段。

走跑健身锻炼，有助于减缓工作或日常生活中出现的紧张，而缺乏这种锻炼的人会在紧张的情况下受到损害。有趣的是，走跑运动的时间亦可对紧张的控制产生影响。如果在繁忙工作了一天后的晚饭前进行锻炼，长跑运动则有助于帮你消除紧张感，可使你在轻松及精力充沛的状态下工作至深夜。假如你正在努力减肥，在这个时间内走跑还有减少食欲的作用。

走跑时能使人体新陈代谢增加，有助于消除体内积蓄的肾上腺素，因为这种物质会使人保持紧张状态。如果由于体内肾上腺素增高至极限时，体内的化学物质便失去平衡，除非彻底改善这种状态，否则会有损于健康。此外，走跑健身运动还有助于身体清除代谢废物，使身体恢复松弛达到平衡状态。

二、走跑运动对身体的作用

走跑运动是人类最基本的运动方式。经常参加走、跑健身锻炼，能够有效提高人的基本活动能力，促进少年儿童生长发育，提高人体各器官系统的机能水平，全面提高身体素质，对强身健体有积极的作用。分别介绍走、跑等健身活动对人体的影响和作用。

（一）走

1. 我国传统医学对走的健身作用的阐释

我国传统医学认为"走为百炼之祖"。中医学认为，人的足踝上下有 51 个穴位，其中脚掌上就有 15 个穴位。这些穴位与人的五脏六腑有密切关联，故称脚掌为人体的"第二心脏"。坚持走步锻炼，就是运用脚掌与地面的机械接触来刺激脚掌的穴位，激活经络，借以运行血气，营养全身，使人体各部分的功能活动保持协调和平衡，达到防病治病、延年益寿的目的。

2. 走的运动负荷及其运动锻炼健身价值

对正常人而言，无论男女老幼，走的运动强度都是相对较小的，因而可以持续较长的运动时间。根据最新的运动医学研究结果，运动强度较小而持续时间较长的运动方式，对健身更有效果。

健身走就具有这种独到的锻炼价值。健身走对骨骼、肌肉的负荷不大，故可以持续较长的时间，但由于是为了增进健康、增强体质，健身走的速度比正常走要快一些。速度快了，能量消耗也就随之加大，从而促进身体能量代谢，达到健身走的锻炼目的。

天津体育科技研究所对此做了研究，提供了日消耗 200kcal（837kJ）的走步速度和锻炼时间。

3. 健身走对身体的益处

首先，对青少年而言，通过各种方式的行走练习，可以培养他们养成正确的行走姿势，塑造良好的体型和步态，克服"外八字脚"或"内八字脚"等不良行走习惯，促进脊柱、腿部骨骼和肌肉良好发育。

其次，对中老年而言，坚持健身走练习，可以加强腿部骨骼、肌肉的质量，保持良好的心血管、呼吸系统的机能。对患有高血压、心脏病、糖尿病、肥胖症等慢性病的患者而言，有较好的疗效。

再次，在郊外风景宜人处进行健身行走，可以舒缓工作中和生活中的心理压力。有助于消除心理疲劳。

最后，健身走简便易行，不受场地设施等客观条件的限制，锻炼效果好，从而可以成为一种终身的体育锻炼方式。

（二）跑

1. 短跑（快速移动跑）

短跑是人体在最短时间内通过最大距离的一种运动形式，反应人的速度素质，表现为反应速度、动作速度和位移速度。短跑运动的生理学机制是神经系统兴奋抑制过程的快速交替，大脑皮层兴奋性高，能量代谢以无氧代谢为主。

由于短跑练习强度大、持续时间短，故在健身方面的作用不如长跑。但对青少年而言，在生长发育阶段，坚持短跑锻炼，可以有效提高人体运动在缺氧状态下的工作能力，发展无氧代谢的能力，提高大脑皮层兴奋与抑制的交替速度，使反应速度加快，反应时间缩短，对发展速度、力量、灵敏等素质有积极的作用。

2. 长跑（健身跑）

长跑（健身跑）是人体在一定强度下持续跑尽可能长的距离的一种运动方式，它反应人的耐力素质。由于其代谢特点是以有氧代谢为主，又称"有氧耐力"。长跑（健身跑）的特点是运动强度较小、持续时间长、能量消耗大的一项运动。如果坚持长跑（健身跑）锻炼大有好处。它能增强和提高心血管、呼吸、神经等系统的功能，对某些慢性疾病也有一定的治疗作用，因而当今风靡全球。

坚持长跑（健身跑）锻炼对心血管系统的积极作用是心肌肥厚，心腔增大，心排出量增加；由于每搏输出量的增加，使得安静状态心率减少（运动性心搏徐缓）；血管弹性增强，外周（肌肉）毛细血管增多，使运动时肌肉所需氧气和代谢产物及时地供给与排出。

坚持长跑（健身跑）锻炼对呼吸系统的积极作用是呼吸肌力量和耐力均得以增强，呼吸深度增加，呼吸差（尽量吸气与尽量呼气的胸围差）加大，肺活量增加，最大通气量亦得以增加，安静时呼吸频率减少。这些都是呼吸机能得以改善和提高的标志。

坚持长跑（健身跑）锻炼对改善神经系统的调节功能有积极作用。在健身长跑时，神经系统的兴奋与抑制过程长时间地交替活动，使对抗肌交互神经支配现象明显改善。外在表现为运动动作的"节省化"，跑步姿势轻松、省力。健身长跑，不受场地、设施条件限制，易于开展，是一项可以终身受益的体育锻炼项目。

第三章　健身跑运动

第一节　健身跑

健身跑是指以健身为目的的一种慢跑和快走的体育运动。它不受性别、年龄、体质强弱和场地条件的限制，可以因人而异。健身跑不同于竞技长跑运动，为什么有些人没有与健身跑有"缘"，关键在于他们把竞技长跑和健身跑混为一谈，一听到"跑"字，就是谈虎色变，没有认识到竞技长跑和健身跑的区别。

近些年来，在西方欧美国家和东方日本等国家掀起了健身跑的热潮，在健身跑的洪流中，由几岁的儿童到 80 多岁的白发苍苍的老者，还有许多国家制定了全国跑步日。

发达国家参加马拉松跑的人越来越多，如 1996 年在美国的波士顿就有 5 万多人参加了马拉松跑，形成了声势浩大的人流如潮的壮观景象。用慢跑作为健身的手段风靡当今世界各国，西方有的国家还制定了"130 工程"（是指在健身跑中，使人体脉搏要达到 130 次／分），它既是有氧代谢运动，又是对人体最佳的良性刺激，因而对人体健康是非常有益的。

健身跑在我国的发展也如雨后春笋，参加健身跑的人群逐年增多，这说明了社会的进步、人民文化素质水平的提高，也是人民精神生活需要的表现。

第二节　健身跑的锻炼价值

一、健身跑时心脏对血管的作用

人的心脏功能好与差，直接影响到寿命，若心脏不能收缩，就意味着死亡。心脏发达的标志是心肌发达、心脏增大、心跳有力、排血量增多、心肌不易疲劳。心脏是否发达，对于一个正常人来说不是先天决定的，也不是一成不变的，而是靠良性刺激获得的。

健身跑就是对人体良性刺激的体育运动项目，第一，它是有氧代谢运动；第二，在运动中脉搏始终控制在 120 ～ 160 次 / 分。

健身跑的特点是跑的速度慢，跑的距离长（2000 米以上），不超过心脏的承受力，不易出现心脏的异常生理反应，更不会对心脏有损伤。健身跑需要大量的养料，以促使心脏加快工作，由于心脏强有力地收缩，每次排出血量的增加，并最大限度地动员全身毛细血管参加工作，将充分的养料送到各组织器官。由于全身血管不断收缩，不但使血管横截面和弹性得到提高，而且胆固醇也不易在血管壁沉积。所以健身跑还能有效地防止高血压、动脉硬化等症。

心脏功能提高的标志是心肌收缩有力，每次收缩输出的血量可由锻炼前的 50 ～ 70 毫升，提高到 100 毫升左右。由于每搏输出的血量增多，不但能使心搏频率减少，而且减轻了心脏的负担，使心脏在两次收缩之间得到充分休息。经常参加健身跑的人脉搏可下降到 60 ～ 66 次 / 分（一般人是 72 ～ 84 次 / 分）。

人的心脏跳动（收缩）不是无止境的，而是随着年龄的增长逐渐衰老，心脏发达的人自然就会延缓衰老。所以人们常说"60 岁的人有 40 岁的心脏"。

二、健身跑对呼吸系统的作用

健身跑的特点是速度慢、距离长、呼吸节奏不急促、途中能正常地说出话来。健身跑时需要不断地加强呼吸才能满足人体对氧的需要，促使呼吸肌的力量增强，肺的弹性也得到提高，相应地胸廓活动范围、胸围呼吸差和肺活量增大，肺内气体交换也扩大和增加。肺活量大的人，安静时的呼吸是深而慢，呼吸频率低，这就使呼吸肌有了充分的间隔休息时间。肺活量的增大，也标志着肺的储备能力和适应能力的增强。当运动、劳动和工作强度大时，就不会出现呼吸急促、气喘和疲劳感。同时还能预防呼吸系统常见的气管炎和支气管哮喘等疾病。肺活量小的人，在日常生活中也会遇到呼吸困难的情况，例如，在爬山和上高楼层活动中，腿部还没有感到累，却先出现难以忍受的喘不过气来的感觉，只好暂停休息。所以，经常听到人们说 60 岁的人是 40 岁的肺活量，40 岁的人是 60 岁的肺活量。

三、健身跑对运动系统的作用

经常从事健身跑的青少年，可以使骨密质增厚，并促使骨骼长得快，变得更结实，身体也相对长得高，还能防止驼背和脊柱侧弯。它不仅能使下肢的肌肉发达，而且胸部和腰部的肌纤维也变得更加粗壮。下肢关节囊周围的韧带也得到增厚，并能提高其弹性和伸展力，不易发生脱臼和扭伤。

四、健身跑能够振奋人的精神，陶冶情操

通过健身跑运动能获得健康的体魄是无疑的，它还直接影响人的精神状态，因为人的精神好与差取决于健康的程度，并能影响人的情绪、行动、进取心、事业心和对一切事物的态度。健身跑还能调节人在生活中遇到的紧张、劳累、枯燥、抑郁、苦恼和忧愁。若能在大自然的环境中进行健身跑，不但能使人享受到大自然生机勃勃的景象，还能使人感到心胸开朗、精神振奋、充满无限活力，对个人的事业充满信心和勇气，而且能调节不利于人的心理因素和情绪。

健身跑对于人的思想感情、性格的改善与培养也起着重要作用，还能够激发人的坚定性和自信心，把人塑造成为朴实、勤奋、刻苦、乐观、对事业有追求和自强不息的坚强者。

五、健身跑对意志品质的作用

健身跑虽然速度慢，但跑的距离较长，所以在跑的过程中。也需要克服一些困难。例如出现暂时累的感觉、对跑到终点信心不足、气候严寒和酷暑等。在长期练习的过程中，就是对个人意志品质很好地磨炼过程，这对每个人都是有益的。人的意志品质强与弱都是有差异的，在对待"冬练三九、夏练三伏"和日常生活、学习、工作中遇到的困难，持什么态度自然也不相同。强者是知难而上，弱者是怕苦退缩；强者敢于和困难挑战，战胜自我，最终达到学习和工作有成，弱者则相反。

意志是一种心理活动现象，它是受人的理智支配和控制的。表现在行动上就是是否自觉克服困难的心理过程，它包括明确的目的性、坚定性、主动性和自我克制的能力等。

六、健身跑对学习和工作的作用

要说健身跑与聪明两者有密切关系，似乎使人不可思议，人们从运动生理学的角度来讲，在健身跑时，管理运动的中枢神经细胞处于迅速兴奋状态，管理学习的中枢神经细胞处于抑制状态（得到积极性休息，解除学习或工作的疲劳），这就是人脑皮层的调节功能。美国生物学家实验证明，健身跑能有效地增加大脑的重量、皮层的厚度和皮层的沟回，从而提高大脑的分析能力、判断能力及反应能力。所以，健身跑后大脑异常清醒爽快，能使人思路开阔敏捷、记忆力增强、触类旁通，最终达到提高学习或工作效率，使人变得更聪明。

另外，在健身跑时两腿有节奏地交替摆动，促使神经细胞通过神经反射作用，加强

大脑半球的活动，也有利于大脑半球的发达。

七、健身跑对美的作用

爱美之心，人皆有之。大学时期的青年学生，正是对美的追求进入高潮的时期，有一部分学生怕自己身体发胖（特别是女生），采用消极的办法来限制饮食，面对丰富的美味食品，想吃而不敢吃，则造成营养不良，影响了身体正常的发育和健康。现代医学证明，营养不良也会减少脂肪酶的含量。会直接影响脂肪的分解。所以说用饥饿的方法，不但不能减肥，而且会严重地影响身体健康。也有人认为，体育运动会影响人体美，这种看法也并不奇怪，这是因为观念上的认识不同而已。

经常进行较长距离的健身跑，需要消耗大量的能量，就必然促使加快新陈代谢来补充营养，同时也加快脂肪的分解来补充养料，身体脂肪减少了，自然也就达到减肥的目的。

人体美主要指的是外在美，但也离不开内在美（心灵美）。值得指出的是，内在美不能代替外在美，也不能代替人体美，人体美是内在美和外在美的统一。人体美包括体型美、姿态美和动作美，体型美表现在体形匀称、肌肉发达、五官端正、肤色美好。姿态美表现在精神饱满、面色红润、目光有神、动作协调、充满青春美的活力。男生显得格外魁梧、健壮，女生显得苗条、多姿、有魅力。动作美表现在人体运动时做出的动作，如健身跑时，表现出来的优美体型和轻松自如的矫健步伐，不但自己享受到美的感受，而且能将动作美展现在众人面前。

八、健身跑与长寿的关系

哺乳动物的最高寿命，相当于它生长期的 $5 \sim 7$ 倍，人的生长期一般都在从出生到 $20 \sim 25$ 岁，按此推算，人的最高寿命应该是 $100 \sim 175$ 岁。据世界卫生组织公布的每个人的寿命长短 60% 取决于自己，15% 取决于遗传因素，10% 取决于社会因素，8% 取决医疗条件，7% 取决于空气和气候的影响。

现在我国人口的"平均"左右。过去中国有句俗话是"人活70古来稀"，现在是人活70还可以，人活80不稀奇（目前我国80岁以上有800多万人），人活90岁以上才称得上高寿。我国张家口地区的一位牧民——张全，高寿达120岁。

需要和青年学生提示的是，目前我国知识分子的寿命并不乐观，近期国家有关部门公布的专项调查结果表明，我国知识分子平均寿命为58岁，低于全国"平均"左右，北京中关村知识分子平均死亡年龄为53岁。为什么有些知识分子的生命如此短暂呢？其原因虽然是多方面的，但忽视健康的生活方式，不注意锻炼身体和放松自己，也是导致体质差的主要原因，不懂得体育运动与生命的辩证关系，体育锻炼无用论在部分知识分子人群中占着主导地位，不会科学地进行体育锻炼，长久伏案工作，因此，造成身体健康水平自然下降，体质较弱、抵抗力低、顶不住各种细菌的侵袭，使生命受到威胁。

联合国世界卫生组织对人体的身体健康下了新的定义，"健康不仅是身体没有疾病，还要有完整的心理、生理状态和社会的适应能力"。

部分青年学生存在着一种错误观点，认为身体无疾病就是健康。值得提示的是无疾病不等于健康，只能说是"亚健康"。青年学生时期，身体各部位还未达到最健全的程度，正是为长寿打基石的时期，人的长寿基石不是一朝一夕能铸造成功的，而是需要青年时代长期的积累。健身跑不但是年轻人铸造人体基石的重要手段（特别是对提高人体的心肺功能有显著效果），而且能经得起 70 岁以后是否能长寿的检验。所以，自己能否长寿，大权就在自己手中。

另外，实践证明，人老先从腿开始，所以健身跑对于提高腿部力量，防止"老态龙钟"也是有益的。

九、健身跑对人体其他方面的影响

健身跑对于消化系统、排泄系统、内分泌系统和感官功能都是有益的，并能促使机体新陈代谢旺盛，使整体机能得到改善。

健身跑能使有病者治病，无病者防病，健身效果被众人所公认。法国著名医生蒂索说：运动就其作用来说，几乎可以代替任何药物，但是，世界上的一切药物，并不能代替运动的作用。

另外，经常锻炼的人，血中的白细胞强壮有力。健身跑后半小时至一小时，血中白细胞由于一时性地增多，它可以对癌细胞进行猛烈进攻，能够控制癌细胞的活动。再者，由于健身跑者大量出汗，可以排出体内的致癌物。

第三节 健身跑的基本技术与着装

一、健身跑技术

健身跑的技术与竞技中长跑是有区别的。健身跑的技术特点是步长小，脚落地先是用前脚掌，而后过渡到全脚掌，缓冲时间稍长。

（一）上体姿势

在健身跑时，上体呈稍前倾或正直姿势，胸部正对前方并稍向前挺。整个躯干自然而不僵硬。上体不能过分前倾，否则会影响步频和增加背部肌肉的负担，也不能后仰，否则会引起胸、腹部肌肉过分紧张，若上体左右摇晃，不仅会引起不必要的体力消耗，而且破坏了跑的直线性，影响跑的速度。因此，在练习跑步时要善于掌握正确的身体姿势，要跑得轻松、协调、效率高，要特别注意肩部肌肉的及时放松（见图3-1）。

图 3-1

（二）臂部动作

在健身跑时手臂的摆动要配合上体及腿部动作，协调一致，正确地摆臂，可以帮助维持身体平衡，调节步频，提高腿部动作的效果。

在摆臂时，肩部要放松，两臂弯曲约成90度，两手半握拳，前后自然摆动，前摆时稍向内，后摆时稍向外，摆动的幅度不要大，用力程度也较小。另外，肘关节的角度也不是固定不变的，手臂处于垂直部位时的角度比向前和向后摆动时的角度要大一些，这样有助于两臂肌肉放松。

（三）腿部动作

在健身跑时，腿的动作应该放松，后蹬阶段不必蹬伸充分。后蹬的用力程度不大，后蹬的角度大一些，当一条腿后蹬的同时，另一条腿屈膝前摆。前摆时，小腿应该自然放松，依靠大腿的前摆动作，膝部领先并带动髋部向前上方摆出。大腿前摆不要高，前摆结束时，大腿开始向下运动，膝关节随之自然伸直（注意不要故意前甩）。以脚跟先着地后迅速滚动到全脚掌着地，也可用前脚掌或前脚掌的外侧由上向下着地，然后过渡到全脚掌。着地动作要柔和、放松。着地点距身体重心投影线应尽可能近些，在健身跑时，步长一般在 1.2～1.6 米，步频为每秒 2.5～3.5 步，腾空时间短，身体重心起伏不大，练习者应有较稳定的步频和步长，形成适宜的跑的节奏。此外，呼吸的节奏取决于个人的特点和跑的速度，在正常情况下，跑两三步一呼气，跑两三步一吸气。速度加快时，呼吸的频率也加快，可采用两步一呼、两步一吸，或一步一呼、一步一吸的方法，呼吸有一定的深度，而且要着重呼气，一般用鼻子与半张开的嘴同时进行。冬季练习时为了避免冷空气直接刺激咽喉，不可盲目地模仿别人。

在健身跑一段距离后，由于肌肉活动产生的代谢产物不能及时排除，有时氧气的供给暂时落后于肌肉活动的需要，往往会出现胸部发闷、呼吸困难、下肢沉重、跑速下降的现象，这种情况是正常的生理反应，不要紧张，可以调整跑速、加深呼吸，坚持跑下去，经过一段时间，这种现象就会得到克服。

二、健身跑的着装

健身跑的着装往往被人所忽视，如着装不合适，不但达不到健身效果，反而影响了健康。夏天最好穿宽松、轻便、凉爽而又散热快的衣服。冬季宜穿宽松、轻便的棉料运动衣。鞋的选用最好是软底、轻便而富有弹性的鞋，最好穿棉线袜，一般不需要戴帽子。在炎热的夏天，为了避免太阳直射头部，可戴有沿的白帽，严冬可戴帽、耳套和手套。

第四节　健身跑的准备活动和整理活动

有人认为，健身跑本身就是一种慢跑，做准备活动和整理活动纯粹是小题大做，没有必要，实际并不是如此，以下是准备活动和整理活动的作用。

一、准备活动

健身跑的速度虽慢，但总的能量消耗还是很大的，生理负荷也是较重的。所以，身体的各个组织、器官、系统，都需要有一个逐步适应的过程。首先是使神经系统的兴奋性提高到最佳状态，心肺工作强度、血液循环、物质代谢和肌肉、关节、毛细血管扩张、韧带的弹性与韧性等都要适应跑步的需要，以保证长时间地跑动而不受损伤，因此跑前必须要做好准备活动。

二、整理活动

健身跑后机体能量消耗较大，疲劳程度相对加深，此时心跳加快。呼吸也比较急促，为了使身体尽快恢复到跑前的状态，就需要做整理活动，直到心跳和呼吸逐渐恢复到跑前正常状态，才可停下休息；否则就会造成血液淤积在下肢，影响回流，易引起头晕等症状。整理活动还可以缓解跑后肌肉紧张和僵硬，并恢复肌肉的弹性。整理活动一般是用走步、伸展上肢、摆腿及调整呼吸等方法。

三、健身跑的练习方法

健身跑的练习方法较多，应该根据周边场地条件、环境条件、健康状况和个人需要选择适宜的练习方法。

（一）走跑交替练习

初练健身跑和体质较弱者，可以从走开始，快走再到慢跑练习。例如总距离跑是3000米，可采用先慢走200米一快走，400米一慢跑，再跑800～1000米，反复练习达到3000米为止。

（二）定距离跑

定距离跑就是规定跑的距离。它有两种跑的方法，一种是只要求跑一定的距离，不限制时间和速度；另一种是要求在规定距离内跑一定的时间，例如跑2400～2600米需要在12分钟内完成。

（三）定时跑

定时跑就是规定跑步的时间，定时跑有两种跑法，一种是只要求跑一定的时间，不计距离（要求不能走），不限速度；另一种要求在规定时间内跑完一定的距离。开始练习时，以跑 8 ～ 12 分钟为宜，随着体力的提高，逐渐延长时间。

（四）重复跑

重复跑也是反复进行的慢跑，每组之间休息一定的时间。如 400 ～ 600 米的重复跑，中间休息 1 ～ 2 分钟。随着练习水平的提高，可逐步缩短间歇时间或加长跑的距离。

（五）变速跑

变速跑的方法是用中速跑与慢跑交替进行。如先中速跑 400 米，然后放松慢跑 100 ～ 200 米，再中速跑 400 米，慢跑 100 ～ 200 米，如此反复练习。开始练习 4 ～ 5 组，以后逐渐增加到 8 ～ 10 组，或加长中速跑的距离，缩短慢跑距离。

（六）跟随跑练习

跟随跑的方法是跟随一名运动员后面跑练习，以提高自己的跑速。这对提高练习者练习的信心和培养顽强的意志品质能够起到一定的作用。

（七）越野跑

越野跑是在自然环境中进行的，如在公园、湖边、丘陵、树林、山坡、公路、沙滩等地跑一定的时间或距离（如跑 15 ～ 30 分钟，或跑 3000 ～ 5000 米）。在慢跑中穿插各种加速跑、变速跑、上坡跑和下坡跑等。这对提高练习者的兴趣和增加跑的运动量是有一定作用的。

四、健身跑注意事项

（1）开始时应先单独一人跑，因为如果几个人一起跑时，也许中途会不由自主地产生竞争性，此时，容易以超过自己体力的水准来采取不合理的跑法。

（2）跑的力量不可太大，也不可太小，一切都要以自己体力为基准来调整。

（3）跑的时间至少要有 20 分钟，此即合乎自我体力的慢跑速度。若想慢跑 20 分钟以上，速度就不要太快。

（4）最理想的是每天慢跑 1 次，如做不到一星期至少也要 2 ～ 3 次。

（5）空腹时和刚吃完饭时不要进行慢跑，正确的方法是餐后休息 30 ～ 60 分钟，再进行慢跑练习。

（6）慢跑时最好穿运动鞋，鞋底以有弹性而厚最为理想，这样才能减轻脚和膝关节的负担。

第五节　女子健身跑的特殊意义

健身跑的锻炼价值，对于女子有着其特殊的作用和有利条件。

第一，女子在进入青春期前，活动量不比男生小，但到了青春期后，女生的活动量就逐渐减小。心脏容积及其功能和肺活量逐步不及男生。女生一般骨骼柔软、肌肉力量弱，表现在力量和耐力等方面都较弱。通过健身跑能使女生的骨骼坚硬、肌肉发达，并能控制脂肪过快增长，对保持健美体型、增大心脏容积和肺活量、增强力量和耐力等素质都是有利的。

第二，健身跑是在有氧代谢过程中进行的，能源来自肌糖原和脂肪的氧化。女子的脂肪占体重的 15%～20%，男子占 5%～10%。女子能有效地把脂肪用作燃料，男子则多依附于肌糖原的储备。由于女子能充分利用能源，所以女子在健身跑时感觉较好。

第三，女子汗腺多而均匀，调节体温效率高于男子，男子出汗多热能浪费也多。女子善于控制出汗量，能保证身体热量的需要。

第四，女子对氧的利用率高。从单位体重最大摄氧量比较，女子为男子的 70%，而女子的耗氧量也比男子少。

实验表明，女子的耐久力从生理学的角度讲，比男子更耐疲劳。女子在弹性、协调性、反应、敏感等方面也强于男子。

女子健身跑不仅能增强心肺功能，而且能增强下肢、腹背肌和骨盆底肌的力量，并能消耗多余的脂肪，保持健美的体形，调节情绪和保持青春的活力。

第六节　健身跑的自我监督与医务监督

健身跑运动时间长，消耗能量多，对机体的影响大，恢复时间慢。为了使身体健康和身体机能得到正常的发展与提高，所以必须建立在科学的基础上进行。否则就有可能对身体造成损害。

自我监督和医务监督，就是为了对健身跑的正常发展和机体机能的提高起到保证作用。

一、主观感觉

健身跑练习后的正常感觉是有时机体出现暂时性的疲劳，如下肢无力、肌肉稍有酸痛、口干舌燥等。但经过适当休息，随之而来的是精力充沛、心情愉快、睡眠和食欲良好。若运动量过大，则会出现精神萎靡不振、全身软弱无力、疲倦，并有食欲减退、失眠、易口渴、多梦和嗜睡等症状。大量异常排汗，也可能是过度疲劳的征兆。

二、客观检查

（一）测量脉搏

当脉搏比平日每分钟增加 5～7 次时，就说明有轻度的过度练习征兆；若增加到 12 次以上，则说明是重度的过度练习不良反应。一般正常情况下，晨脉（基础脉搏）应是稳定的。

（二）测量血压

通常健身跑练习经过休息后，血压无明显变化。如果练习后，收缩压和舒张压都上升明显，而且身体恢复时间又长，这说明是身体机能下降的表现。如练习后收缩压上升不明显，而舒张压上升明显，身体恢复时间又延长，则说明机体有不良反应。出现以上情况，应该调整运动量，并做适当休息，以免造成过度疲劳。当身体有不良反应时，可以测量一下血压。

（三）测量体重

一般健身跑练习后的体重无明显变化，若跑得距离较长，则跑后的体重减轻 1 公斤左右是有可能的，若体重减轻 1.5 公斤以上，并伴随四肢无力的感觉，就是过度疲劳的表现。体重应在大运动量后测量，或一周测量一次。

三、练习后的自我监督记录

若有条件最好自己做健身跑的记录，它对于科学地进行健身跑，从中总结出规律性的练习方法，使健身跑得到健康的发展和提高，都是非常有益的。

记录的内容有跑的距离与速度情况、跑后自我感觉（可分为良好、正常和不好）、疲劳的程度（可分为轻度疲劳、疲劳、很疲劳）、情绪表现（可分为愿意练习、不想练习和厌倦练习）等。通过自我监督记录，还可发现不良反应，分析产生的原因，及时调整练习方法或休息。

四、定期进行体检

健身跑对一般人的身体承受能力是没有问题的。但是，每个人身体健康的变化是无法估计的，有的人在上个月还很健康，而下个月却突然得了重病。为了确保练习者的身体健康，防止意外事故的发生，最好定期进行体检，以不超过一年为宜。身体若有异常感觉，可以随时进行检查，对于不适宜练习健身跑的病症，一定不要勉强。

第七节　健身跑常见的损伤

在健身跑时，一般不会发生较大损伤事故，但如不注意环境和气候等因素，也会发生病伤和不该发生的损伤。以下为常见的损伤产生原因和预防措施。

一、踝关节扭伤

预防措施。

（1）准备活动要充分，特别是踝关节。

（2）跑时精神要集中，不要在不平坦的道路上跑步。

（3）不要穿硬底鞋或高跟鞋。

（4）加强踝关节肌肉和韧带力量的练习。

处理方法。

可用冷水冲敷，24小时之后再热敷。若伤情较重，可到医院救治。

二、膝关节痛

初练者由于控制不好强度，技术不合理，脚落地着地缓冲不好，都可能引起膝关节痛。严重者可到医院治疗。

三、骨膜炎

在坚硬的场地上长时间跑、用脚尖跑、不能很好采用缓冲落地跑或运动量过大等。都会引胫腓骨疲劳性骨膜炎。

症状。

小腿下三分之一处。骨头发生疼痛，用脚尖向后蹬地时疼痛感剧烈。用手轻轻抚摸有疼痛感。重者局部骨膜下有水肿和炎症，有粗糙不平的小硬结，压痛很明显。

处理方法。

首先减小运动量，用热毛巾或热水袋对患处进行热敷和按摩，稍休息几天就会好转，若严重者，请医师检查和治疗。

预防措施。

（1）跑前应做好充分的准备活动。

（2）脚着地技术要正确，脚落地要有缓冲。

（3）在硬地上练习时间不要太长，应穿有弹性的软底鞋。

四、腿抽筋

症状。它是一种强直性肌肉收缩而不能缓解放松的一种现象。常发生在腓肠肌、屈拇肌和屈趾肌持续性的痉挛，通常在冬季或夏季发生。

产生原因。小腿肌肉受到寒冷的刺激，准备活动不充分，运动量过大，穿衣太单薄或夏天出汗太多等。

处理方法。首先注意保暖，对痉挛的小腿用缓和的力量加以牵引。如坐在地上，用抽筋同侧的手压住抽筋的膝盖，另一手扳住小腿的下部，用力向上扳，拉长抽筋的肌肉，片刻就会解除。也可以用按摩的方法，用手使劲推、揉、搓按摩抽筋的部位，或用热毛巾、热水袋热敷都可以解除。

预防措施。跑前做好准备活动，冷天练习时不要穿衣太少，跑后注意保暖，运动量不要超过极限。夏天跑后出汗太多，应及时饮用加少量食盐的水。

第四章　步行健身运动

走是走路、走步、步行、散步、竞走的总称。走步是强身健体，延年益寿极为有效的健身运动。

我国中医认为"走为百炼之祖"。人体的五脏六腑无不与脚有关，脚踝以下有 51个穴位，其中脚掌就有 15 个穴位。脚掌被称为"人体的第二心脏"，坚持走步锻炼也就是坚持全身的经络与穴位锻炼。经络内属于脏腑，外属于肢节，沟通内外，贯穿上下，将人体各部的组织器官联系成一个有机整体，借以运行气血、营养全身，使人体各部的功能活动保持协调和相对平衡。坚持走步活动，也就是运用脚掌不断与地面机械接触来刺激脚底反射区（类似中医的穴位），从而调节人体相应脏腑器官及各系统的功能，达到防病治病、延年益寿的目的，这是我们祖先宝贵的医术遗产。

散步健身，对不同年龄的人都很适用，尤其对年老体弱者来说帮助就更大。由于身体条件的限制，他们的肌肉软弱无力，关节迟钝不灵活，采用这种简单、轻快、柔和、有效的散步方法进行锻炼，就更加适宜。国外对散步的评价极高，美国心脏病专家柏杜西曾说过："相信我的吧！轻快的散步比慢跑有益处，而且是不论哪一个阶层的人都能做得到。"运动医学博士赖维也曾说过："轻快地散步 20 分钟，就可以将脉搏的速率提高 70%，效果正好与慢跑相同。"由此可见，那些年老体弱、身体肥胖、体质虚弱的人以及康复的病人，散步对他们将是一种很好的防病健身良方。

步行是简便易行，有效的有氧代谢运动。

步行的优点是任何人，在任何时间、地点都可以进行，而且动作缓和、不易受伤；步行的缺点是费时间，作为健身必须用大约两倍于慢跑时间来取得同样的效益（以付出同等努力而论）。

第一节　步行健身的益处

美国学者总结的步行七大益处如下。

其一，步行是唯一能终生坚持的锻炼方式。

其二，步行是增强心脏功能的有效手段之一。步行时由于下肢大肌肉群的收缩，大步疾走可使心脏跳动加快，心每搏量增加，血流加速，以适应运动的需要，这对心脏是一种很好的锻炼。如果心率能达到每分钟 110 次，保持 10 分钟以上，则对心肌和血管的韧性与强度，大有增进，从而可减少心肌梗死与心脏衰竭的机会。

步行可在一定程度上改善冠状动脉的血液循环。有关实验表明，用心电图对两组中年人进行检查和观察，一组坐汽车上班，另一组步行上班（四分钟以上），发现步行一组的心理"缺血没异常"的发生率比坐车组少 1/3。

其三，步行减肥效果好。长时间和大步疾走可增加能量的消耗，促进体内多余脂肪的利用。那些因多食少动而肥胖的中年人，如果能坚持每天锻炼，通过运动多消耗 1255.65 千焦耳（300 千卡）热量，并适当控制饮食，就可避免发胖。这一运动量相当于步行 4~5 公里，或慢跑 20~30 分钟，或骑自行车 45 分钟。

据报道，在美国加州一群以膳食减肥失败的人，经专家指导，继续保持平时饮食习惯，但是要求一年里每天至少要步行 30 分钟。一年下来，所有实行这项计划的人都减轻了体重，平均每人体重减轻约 10 公斤（22 磅）。步行减肥的好处是，减去的体重，正是脂肪而不是肌肉，这与节食减肥，引起肌肉丧失的情形不一样。

其四，步行锻炼有助于促进身体代谢正常化。饭前饭后散步是防治糖尿病的有效措施。研究证实，中老年人以每小时 3 公里的速度散步 1.5~2 小时，代谢率提高 48%，糖的代谢也随之改善。糖尿病患者经过 1 天的徒步旅行后，血糖可降低 60 毫克／升。

其五，步行是一种需要承受体重的锻炼，有助于延缓和防止骨质疏松症。又因为运动能延缓退性关节的变化，步行能预防或消除风湿性关节炎的某些症状。

其六，轻快的步行可以缓和神经肌肉的紧张。散步是一种积极性休息的良好方式。美国著名心脏病学家怀特说："轻快的步行（至有疲劳感），如同其他形式的运动一样，是治疗情绪紧张的一副理想的镇静剂。每天至少步行 1 小时作为保持心脏健康的一种手段。"

其七，"散步出智慧"。这句格言是人们从实际中概括出来的经验。整天在室内伏案工作的脑力劳动者，散步可使处于十分紧张的大脑皮层细胞得到放松，就像打开阻抑着想象力发展的闸门，各种创造性思维一涌而出，极其活跃。德国大诗人歌德曾说："我最宝贵的思维及其最好的表达方式，都是在散步时出现的。"

第二节　步行的能量消耗

一、步行能量消耗与步速有关

步行时要消耗一定的能量，走速越快能量消耗越多。如果以每分钟千米速度步行，每分钟消耗能量为 11.30 千焦耳（2.7 千卡）；如果以每分钟 10 米速度步行，每分钟可消耗能量为 28.04 千焦耳（6.7 千卡）。

步行的速度是由每分钟的步数与步幅决定的。也就是说在一定速度下，能量的消耗也会由于步数与步幅的变化而有所差别的。

例如，速度为每分钟 60 米，步数为 90 步，步幅为 66 厘米，或者分速为 80 米，110 步，大体是 70 厘米。按照这样的组合，比在同一速度时的其他组合能较多地消耗这些能量。在同一速度下，需要多消耗些能量的话，那就要采用别的组合，或者缩小步幅、增多步频，或者加大步幅、减少步频就可以了。另外，体力强壮的人，通过散步在能量消耗方面也能取得很好的效果。

二、步行能量消耗与体重有关

在步行速度一定时，体重大的人比体重轻的人消耗能量多。以 55~95 公斤 5 种体重为例，用 3200 ～ 6400 米 / 小时 3 种速度走步，其中 55 公斤体重的人以 6400 米 / 小时的速度走步时，其能量消耗相当于 65 公斤体重的人以 5500 米 / 小时的速度走，也相当于 75 公斤体重的人以 5000 米 / 小时的速度走、95 公斤体重的人以 4000 米 / 小时的速度走。

三、步行能量消耗与坡度有关

平地步行与上坡步行、下坡步行时消耗的能量各不相同。同样，走上坡，坡度相同，速度大则能量消耗也大；速度相同，坡度大则能量消耗也大。走下坡，坡度相同，速度大则能量消耗也大；速度相同，坡度小，能量消耗也小。因此相同的坡度，较快的速度，其能量消耗就大。

普通人每天的生活中至少要有 20% 的能量用于体育运动。一般来说相当于每天 200 千卡左右的消耗。为了达到这一要求，可以尝试一下相当于 200 千卡的运动内容及持续时间。

四、自然步行与健康走步消耗能量不同，锻炼效果也不同

不同年龄、不同健康状况的人，自然步行的速度也不同，走路时以少消耗能量的速度为经济速度，此速度是以米分左右为宜。但是为了增进健康，增强体质，步行速度就要大于经济速度，速度大了，能量消耗也就增加了。自然步行变成健身步行，可以促进身体新陈代谢。因此，健康走步是各种年龄阶段的人，特别是中年人锻炼身体的一项好的运动项目。表明了不同年龄阶段自然走步与健康走步之间的相互关系。

五、步行能量代谢率的计算

在平地，按每分钟 50 ~ 100 米速度步行，其能量消耗常与速度呈线性相关，即速度愈快，能量消耗愈多。若过慢或过快则两者不呈线性关系。按此原理，提出下列计算公式：

耗氧量（毫升 / 公斤·体重 / 分）＝速度（米 / 分）×0.1+3.5 （1）

代谢当量（MET）＝耗氧量（毫升 / 公斤·体重 / 分）13.5 （2）

若是在向上的斜坡以同等速度行走，则其能量代谢率按以下方法计算；

一般是根据向上移动做功 1 公斤 / 米相当于耗氧 1.8 毫升来计算登坡所需的额外耗氧，其公式如下：

登坡额外耗氧量＝坡度（%）·速度（米 / 分）×1.8 （3）

再把步行时的耗氧量加上额外登坡耗氧量，即登坡耗氧总量，再进一步计算代谢当量。若为下坡步行、则按上坡步行额外耗氧量的 1/3 计算。即下楼梯的能量消耗只占上楼梯的 1/3。

例如，某人在 10% 的坡度以每分钟 60 米的速度步行，求其能量消耗和代谢当量。

按公式（1）计算：平地步行耗氧量＝ 60 ×0.1 + 3.5 ＝ 9.5 毫升 / 公斤·体重 / 分

按公式（3）计算：登坡额外耗氧量＝ 0.1×60×1.8 ＝ 10.8 毫升 / 公斤·体重 / 分

按公式（2）计算：总代谢当量＝ 20.3×3.5 ＝ 5.8METS

上述能量消耗相当于最大耗氧量的 50%～ 55%。用本法计算能量由于没有考虑到体重、环境温度、海拔高度等因素的影响，所以存在一定的缺点，但作为一般估算的方法简单，还是一种具有实用价值的方法。

第三节　健身步行锻炼的方法

一、散步法

（一）散步方法

普通散步法。普通散步法速度为每分钟 60～ 90 步，每次应走 20～ 40 分钟。此种散步法适宜冠心病、关节炎、高血压、脑缺血后遗症和呼吸系统有疾病的老人。

快速行走法。快速行走法速度为每分钟 90～ 120 步，每次应走 30～ 60 分钟。快速行走法适宜身体健康的老人和慢性关节炎、肠道疾病、高血压病恢复期的人。

后臂背向散步法。即行走时把两手的手背固定在腰部，缓步背向行走 50 步，然后再向前走 100 步。这样一退一进反复行走 5～ 10 次。后臂背向散步法最适合患有老年轻微痴呆症、神经疾病的人。

摆臂散步法。行走时两臂前后做较大幅度的摆动。行走速度为每分钟 60～ 90 步。这种走法适宜于有肩周炎、上下肢关节炎、慢性气管炎、肺气肿等疾病的老年人。

摩腹散步法。摩腹散步法是传统的中医养生法，行走时两手旋转按摩腹部，每分钟行走 30～ 60 步，每走一步按摩一周。

唐代医家孙思邈寿高 101 岁，他在《长寿歌》提道"饱食走百步，常以手摩腹"。现代医学研究表明，在走步中，两手进行自我腹部按摩可促进食物的消化吸收，促进心脏供氧能力，强健脾胃。

（二）散步的动作要领

散步时的身体姿势。要保持正确的身体姿势，才能达到良好的锻炼效果。正确的身体姿势是自然正直，抬头挺胸收腹收臀，保持与脊柱成一直线，两肩放松，手臂自然下垂。中老年人因机体机能走向老化，如脊柱弯曲、关节趋向僵硬。因此老年者要做扩胸体操、直体站立的锻炼，使颈椎和脊椎、下肢成一条直线，两臂自然下垂，两眼平视，在散步前做好预备姿势很有必要。

走步动作。在走步过程中，头部正直但可以自由转动，上体正直，两臂协同两腿迈步动作自然前后摆动。两腿交替屈膝前摆，足跟着地滚动至脚尖时，另一腿屈膝前摆足着地，步幅因人而异，一般1～2脚。

（三）散步的时间

春月散步，"春三月，此谓发陈，天地俱生，万物以荣，夜卧早起，广步于庭，被发缓形，以使志生；……此春气之应，养气之道也。逆之则伤肝"（《黄帝内经·素问·四气调神大论》）。春天是万木争荣的季节，人也应随养生之势而动，早起在庭院里散步是适应时令的最好养生法。衣着要宽松保暖，步履要和缓有序，情绪要畅达，这样做可以养肝。

清晨散步。"鸡鸣时起，就卧中导引，……四时气候和畅之日，量其时节寒温，出门行三里二里，及三百二百步为佳，……"（《千金翼方》）清晨散步，最好到树木较多的地方，若置身于青松翠柏之间，则更佳。空气清新，可调气血而爽精神。

食后散步。"食毕当行，行毕，使人以粉摩腹数百过，大益也。"（《养性延命录》）《老老恒言》也说："饭后食物停胃，必缓行数百步，散其气以输于脾，则磨胃而易腐化。《琅嬛记》曰："古之老人，饭后必散步，欲摇动其身以消食也。故后人以散步为逍遥。"至今尚有"饭后百步走，活到九十九"的说法，当然此话未必完全科学，近年来的医学研究认为，有些人，特别是老年人，饭后适当静坐或仰卧30分钟，然后再做活动或参加劳动，对健康更有益。因为人在刚吃过饭后，大量食物集中在胃里，需大量消化胃液和血液来帮助胃把食物消化掉，这时适当休息，全身的血液就能流进消化器官，食物既能在胃中充分消化，若饭后立刻外出散步，血液就会被运送到全身的各个部位，使胃肠血液供应不足，食物得不到很好的消化。另外，胃肠消化液的产生，是在食物的条件反射下，才能分泌旺盛。最后，胃肠会在活动中加快蠕动，而把没有经过充分消化的食物过早地推进小肠，导致食物中的营养素也得不到充分的消化和吸收，久之会引起消化不良。

当今世界长寿之邦的日本，就有饭后平卧半小时的习惯。他们认为，年老体弱的人饭后以仰卧休息为好，身体较好的青壮年人则以静坐休息为宜。由此可见，饭后不宜立即百步走，稍事歇息再散步更能益寿延年。

糖尿病人坚持饭前 30 分钟结合饭后 30 分钟散步 1 小时，可使血糖下降。

睡前散步："每夜欲睡时，绕室行千步，始就枕。"(《老老恒言》引《紫岩隐书》)盖行则身劳，劳则思息，临睡前散步，可以促进睡眠。美国总统查理德尼克松，每天早晨饭前散步 3.2 公里，饭后天黑散步 1.6 公里后就寝。

（四）散步的形式

散步锻炼，形式可不拘，并非一味只是踱步。单线走步，未免枯燥无味，可与其他内容结合起来，一则提高兴致，二则达到锻炼目的，一举两得。例如，漫步赏花，游览名胜，参观展览，结伴出游，访贤问友等。乘其雅兴，长步当车，既可活动身体，又可饱眼福广见闻，乐在其中。

散步速度要慢，体现出悠闲自在的特点。有资料报道，每公里 10 ~ 20 分钟，还可以再慢点，特别是关节炎和心脏病患者。

（五）散步注意事项

（1）散步之前，全身放松，适当活动一下肢体，调匀呼吸，然后再从容展步。《老老恒言》中说："欲步先起立，振衣定息，以立功诸法，徐徐行一度，然后从容展步，刚精神足力，倍加爽健。"

（2）散步宜从容和缓，不宜匆忙，更不宜使琐事充斥头脑。散步者，散而不构之谓，"须得一种闲暇自如之态"，百事不思，如此可以使大脑解除疲劳，益智养神。

（3）步履宜轻松，有如闲庭信步，周身气血方可调达平和。唐代医家孙思邈有"行不宜疾"之说。《寿亲养老新书》中也有"徐徐步庭院散气"之论。这种步法，形虽缓慢，然气血畅达，百脉疏通，内外协调，可取得较好锻炼效果。对老、弱病人，尤其适合。

（4）循序渐进宜量力。《老老恒言》说："居常无所事，即于室内时时缓步，盘旋数十匝，使筋脉活动，络脉乃得流通，习之既久，步可渐至于百。偶尔步欲少远，须自揣足力，毋勉强。"意思是说，散步要根据体力，循序渐进，量力而行，做到形劳而不倦，勿令气乏喘吁。这对于年老体弱有病之人，尤当注意。

（5）要持之以恒，形成个人生活规律中必不可少的内容。

二、竞走

（一）竞走的健身价值

竞走是一种两腿交替迈步向前，快速、轻松有力的走步运动，也是一项长距离或超长距离的径赛项目。

当第一次看到竞走时，一定令人发笑。因为竞走爱好者们又耸肩、又扭腰，摆着臂，两条腿笔直地迈着矫健的步伐，一步步飞快地向前奔走。竞走虽然是从普通走演变而来的，但是，竞走与普通走是有区别的。

一般来说，竞走的步子大，一步能跨出 1~1.5 米。步频快，脚落地一刹那，膝盖不得弯曲，特别是支撑腿在垂直部位时必须伸直。两臂大约曲成 90 度角放后摆动。

普通走步的步幅，成年人是 75~80 厘米，步频大约半秒钟走一步。两腿自然弯曲，两臂自然下垂，前后摆动。另外，竞走运动员为了加大步幅，加快步频，髋关节是沿身体纵轴和横轴转动的。所以，我们从表面看去，他们的臀部扭动得特别明显，这也是在普通走步时不易看到的现象。

由于竞走具有与普通走步不同的特点，因此，它的速度要比普通走步快得多。例如，20 公里竞走，一个优秀运动员只用一个半小时就能走完，而一般普通走步走完 20 公里的路程，大约要 4 个小时。

竞走对我们体育爱好者有什么健身价值呢？

竞走这个健身项目不受场地、季节的限制，也不需要什么专门的器材设备，无论是在河边、树林，还是在公园里、马路上都可以练习。走步是人们日常生活中最基本的活动技能，在这个有利的基础上，掌握一般竞走技术，以便达到健身的目的。

经常练习竞走能增加腿部、腰部和背部肌肉的力量，同时还能增强人体的循环系统、呼吸系统的机能，对促进身体健康十分有益。

竞走的距离较长，通过竞走的健身练习，不但可以提高我们的耐久力，而且可以培养吃苦耐劳的精神和坚韧不拔的斗志。

竞走在军事上也有一定的实用价值。例如在抗美援朝时，我国志愿军某部黄草岭英雄连的指战员，一个昼夜奔袭了 90 公里，抢占了黄草岭，配合兄弟部队歼灭了敌人一个加强营。其实我国古代也把竞走作为军队的训练内容，"兵员神速，捷足先登"，这是古代的军事常识。在元代的军队中有一种急行军比赛，每年举行一次，起点是京东的河西务，终点是泥河儿，全程90公里，要求在6个小时走完。即"越三时，走一百八十里"。对比赛获胜的前三名奖给银锭和绸缎。虽然这是一种武装越野赛跑，但不排除武装竞走的内容。因此，竞走是一项具有实用价值的运动项目。

（二）竞走的动作要领

1. 腿部动作

（1）着地缓冲

竞走时，一条腿自脚踝着地到身体垂直支撑止，称"着地缓冲"。其作用是减少看地时的阻力，完成缓冲。要求脚踝靠近运动的中线先着地，然后通过脚外侧柔和滚动过渡到全脚掌，呈下趴状态，使身体重心很快移动到支撑足上。此刻髋关节必须伸直。当身体与地面成垂直时，支撑腿同侧骨盆稍有升高，缓冲着地时的阻力。

（2）后蹬

当身体重心前移超过垂直地面到脚趾离开地面上，称为"后蹬阶段"。其作用在于积极扒蹬地面，使人体前移获得动力。后蹬动作主要有支撑腿蹬地，摆动腿向前摆动，骨盆沿身体垂直轴转动，髋关节积极前移。

（3）前摆

以支撑腿脚蹬离地面到膝关节摆至最高点上，称为"前摆阶段"。支撑腿脚蹬离地面后，小腿微向上摆，脚跟稍离地面；屈膝向前摆动，大腿不要高抬，腿部放松，使骨盆沿垂直轴向前移动，腰部往前提。

（4）准备着地

由膝关节前摆至最高点到脚跟即将着地，称"准备着地阶段"。此时，膝关节伸直，脚尖放松稍内转，重心前移，腿和脚呈鞭打动作，积极准备着地。

2. 上体和摆臂动作

上体正直稍前倾，眼看前方，颈部肌肉放松。两臂时两手半握拳，两臂屈肘90度角，于体侧配合两腿前后摆动，前摆时至接近胸骨，不超过身体中线和下颌，后摆稍向外，屈臂角度稍大于垂直时的角度。为了维持身体平衡，加强后蹬效果，两肩与上体配合两腿动作，沿身体纵轴前后转动。

3.身体重心移动

竞走时，身体重心上下起伏和左右摇摆较小，身体重心轨迹接近直线向前移动。

（三）竞走的练习方法

1.学习脚着地技术

（1）原地两脚前后站立，后腿蹬伸送髋使前脚由脚跟着地滚动到全脚着地。

（2）前控小腿，脚跟着地放松走动。

（3）以内跟先着地大步放松走动。

2.学习腿部动作和骨盆沿身体垂直轴转动

（1）交叉走步，体会骨盆围绕身体纵轴转动和脚跟着地。

（2）沿直线做普通大步走，要求脚跟先着地。

（3）两脚左右开立，与肩同宽，做骨盆回环转动。

3.学习摆臂与腿部动作配合

（1）原地摆臂练习。

（2）原地摆臂配合骨盆沿纵轴转动，腿一屈一伸。

（3）行进间做臂、腿配合练习。

4.练习完整技术

（1）由普通走过渡到竞走练习。

（2）小步的快速竞走和大步的快速竞走。

（3）中速上弯道、下弯道竞走练习。

（4）快速和变速竞走练习。

在竞走锻炼时要注意两脚不能同时离地，即前脚接触地面后，后脚才能离开地面，并应注意走的步幅要均匀，呼吸要自然，并根据自己的体力，变换速度，快慢交替。

三、雨中走

（一）露在雨中走，好处多多

我们绝大多数人喜欢在好的天气时在室外散步，如遇不好的天气，有的改在室内，有的就借故停了。殊不知在欧美洲一些国家的健身爱好者，他们却喜欢在细雨中散步，遇上细雨就不失时机地外出散步，他们提出"雨中散步更有利于健康口号"是有科学依据的。

首先，细雨可洗涤空气中的尘埃和污物、净化空气、路面不再起尘土，使空气清新，神清气爽。

其次，对空气科学探索发现，由于放射性物质的作用，空气发生电离后产生阴离子和阳离子，阳离子在一定浓度下，可以促进人体新陈代谢，改善呼吸功能，增强体质，阴离子享有"空气维生素之称"，在雨中空气产生的大量阴离子，可使人精神振奋，因此要消除传统观念中的阴雨天给人们的情绪郁闷症，同时有助于降低血压，预防维生素C缺乏病、神经衰弱等，更大的功能是抑制癌细胞在体内生长。

再次，小雨水从空气中降下，不带辐射污染物，可光滑皮肤。

最后，雨中走步，也是一场天然的凉水浴，能锻炼对突遇冷凉的适应能力。

（二）雨中走注意事项

（1）在雨中走，对于我们多数人来说还是首试，各种年龄的健身爱好者接受雨中散步法，首先应进行试探性锻炼，不能不搞适应性的准备就到雨中散步。中老年健身爱好者中，有的平时就坚持冷水浴的，可逐渐增加雨中散步的时间、距离，逐渐适应在雨中散步；没有冷水浴习惯的中老年，先在毛毛雨中散步，过一段再到小雨、中雨中散步。

（2）雨中走步之后，回到家应换下湿衣服，先拿毛巾擦干皮肤之后，再洗个温水澡，有利于加强血管舒张，改善血液循环功能。

（3）持之以恒，有雨天外出散步，没雨天则在家淋冷水浴，再外出散步，特别要克服固有的惰性。

（4）身体不适如感冒和有病情者，不宜进行雨中散步。

四、倒步走

（一）倒步走的健身作用

倒步走即反向行进，人倒着走步。人走步本来是向前的，走惯了也舒服。而一反常态倒着向后走，会有一定别扭和难度，为了倒走快些就不得不付出较大体能。

最近美国得克萨斯州一个陆军医疗中心的理疗学家劳莫西弗林邀请了 10 名倒步走志愿者进行耗能生理实验，其结果：倒步走比正步走的氧气消耗高 31%，心跳快 15%，血液中的乳酸含量也偏高，出现这种生理现象的根本原因是增加了走的动作难度，如脚着的方法、维持平衡的难度，使人们消耗更多的氧气和热量。

倒步走时两腿交替向后迈步，增强了大腿后肌群和腰背部肌群的力量，因此可以防治腰痛。同时还保健小脑，有利于提高人体的灵活性、协调性。因此，它适于有腰伤、腰痛，小脑平衡能力差的人。倒步走现在已广泛应用于健身。

（二）倒步走的动作要领

倒步走身体姿势。上体自然直立，不要抬头后仰，眼平视。

倒步走动作。右腿支撑，左腿屈膝后摆下落，前脚掌先着地后滚动到全脚着地，身体重心随之移至左腿时，右腿屈膝后摆下落，前脚掌先着地后滚动到全脚掌。两臂协同两腿自然摆动。在倒走过程中，初始阶段两眼可随同侧腿左顾右盼，待平衡能力提高了，眼看前方，步幅 1~2 脚。

倒步走的环境。要选择人稀车少、地面平坦的地方，直道段要长最为理想。

倒步走速度。中老年者 60 步 / 分，逐渐加快，可通过加快步频获得，也可通过加大步幅获得。倒走变倒跑再变倒走。一般减肥者可以用此提高运动量，这使肥胖者消耗更多的氧气和能量。

（三）倒步走注意事项

（1）可用脉搏控制运动量：脉搏，健康人在 90~100 次 / 分，腰痛的人脉搏比自己安静时增加 10 次以上，肥胖者脉搏可达 120~140 次 / 分。

（2）倒步走每天早晚各一次，每天走 500 米以上，要循序渐进，根据个人不同的健身目的选择距离、运动量，但要持之以恒才能达到目的。

（3）倒步走开始因消耗能量较多，减肥见效快，走习惯了，走协调了，消耗的能量随之减少，因此肥胖者要注意增加运动量，如提高走速、走距、走的次数，加负荷走（小腿加沙袋）等。中老年则增加走跑练习，每天2次，每次30～60分，走中可加正向走与倒步走交替进行。

（4）倒步走时，人们对空间和知觉能力明显下降，容易发生各方向的跌倒，因此步速不要太快，要一步一个脚印地走，走稳了一步再走另一步。在走步过程中低头向后下左右观察，掌握方向。腰痛病和腿脚有病者更要慢速。为安全起见，在走步中两脚交替迈步时，可不抬腿屈膝，前脚掌擦着地面向后交替倒退走也可。

（5）结伴而行较好，一人正向走，另一人倒步走，二人交替轮换，互相照顾，以防意外。同时互相鼓励，互相促进。使倒步走运动从古到今继承和发扬光大，不断发展。

五、踏步走

（一）踏步走也能健身

踏步走是原地走步或稍有向前移动的特殊走法。

踏步走是一种非常安全的锻炼方法，人人都会，不受年龄、性别、场地、工种、运动量的限制。在课间、工间、饭前、饭后。有时间就可踏踏步，踏步走可锻炼下肢、腰肌肉和内脏器官系统的机能，其作用同散步。俗话说"饭后百步走，活到九十九"，而"饭后踏百步，活到一零五，看到重孙娶媳妇"的延年益寿锻炼佳话，也是一种有益的健身法。

（二）踏步走动作要领

踏步走身体姿势。身体直立，两臂自然下垂或屈臂。

踏步走动作。两腿交换屈膝抬腿全脚或前脚掌落地，两臂协同两腿前后直劈或屈臂摆动，屈膝抬腿最高点使大腿至髋高，直腿或屈膝落地均可。这种走法只有步频要求。

踏步走适用于运动空间较小，风雨雪天，练习者身体不适或行动困难者，可选在室内外能站一个人的地方。

踏步走两腿交换频率因人而异，原地踏步者开始全脚着地阶段，由于支撑时间长每腿30次/分为宜。随着体力增加，前脚掌着地时由于支撑时间短，每腿45次/分为宜。踏步者可以根据身体素质情况，不断提高抬腿高度与两腿交换频率。

（三）踏步走注意事项

（1）用脉搏控制运动量，健康者1分钟快速踏步走脉搏最高可达180次/分；身体不适者1分钟原地踏步走，脉搏最高控制在120次/分；下肢有病或心脏有病者脉搏控制在70~90次/分。

（2）踏步走脚落地最好用前脚掌先着地，然后滚动全脚着地，注意脚的缓冲，身体重量落在前脚掌上。

（3）为达到减肥目的，运动时，可进行变速原地高抬腿踏步走。

（4）每天进行早晚两次原地踏步走的锻炼，在踏步走中要不断创出新的组合踏步法：如踏步4拍一转体、按音乐节拍踏步、闭眼原地踏等。晚上全家人轮流在家中踏步比赛，可活跃家庭气氛，增进感情，增强全家人体质。

六、快步走

（一）快步走健身效果好

快步走是一种步幅适中、步频加快、步速较快（130 ~ 250米/分）、运动量稍大的走步。快步走适用于中老年有一定走步锻炼的健康者及广大青少年。通过快步走锻炼，可进一步增强体质，特别是增强心血管和呼吸系统机能，提高身体和心理素质。

美国健康学家的一项新研究证实，实际上"快走"的健身效果胜过"慢跑"。首先，"快走"比"慢跑"消耗的热量更多；其次，"快走"不易对足部、踝部造成伤害，因而较为安全；最后穿T恤、西装、裙子均可，似乎更为潇洒自在时尚，美国的"快走健身者"已达7000万之众，而且有专职教练专门指导健身者如何在海滨踏水快走，大沙滩踩水快走，在田野上顶风快走等。据介绍，"快走"的标准是：时速不低于7公里。

另外，疾步快行也是现代生活的需要，古今中外走路姿势似乎大同小异，但仔细分析是有区别的。如果拿中国古代儒生的走路与现代人相比，是可以看出时代特点的。走路速度加快，是现代人行为的一大特征。一位研究人员发现，在生活节奏较快的地区，居民走路速度也相应加快。深圳人的走路速度高于上海，上海又略高于北京，而北京20世纪八九十年代人行走的速度又大大高于五六十年代。据说世界上走路速度最快的是日本大阪人，达到每秒1.6米，东京次之。纽约人行走速度为每秒1.51秒，居世界第4位。走路速度加快，就要求身体姿势做相应的调整。一位专门研究脚掌的日本学者发现，人类在站立和行走时，身体重心的垂影，有越来越向前脚掌移动的趋向。这说明人类有着一种不自觉地向前冲的意识。

为此，青少年和儿童必须接受快速行走的体育训练或军事操练，以适应未来社会生活的需要。快速行走的典范，自然是田径运动中的竞走。这是一种经过锻炼、改造的快速走路姿势，但把竞走带到日常生活中来是不现实的。因为它是需要经过长期训练才能掌握的复杂动作，且对人的肌肉、关节、内脏器官都有较高要求。然而，形成竞走快速运动的那些生物力学原则，却很值得我们借鉴。

（二）快步走动作要领

快步走的身体姿势：身体适度前倾 3 ~ 5 度，抬头，垂肩背，挺胸，收腹收臀。走步动作：在走步过程中，两臂配合两腿协同摆动，前摆肘部成 90 度角，手臂高度不得高于胸，后摆时肘部成 90 度角，两手臂在体侧自然摆动，两臂摆幅随步幅的变化而变化。双腿交换频率加快，步幅尽量稳定，前摆腿的脚跟着地后迅速滚动至前脚背，动作要柔和，后脚离地。两脚以脚内侧为蹬踩成一条较直的线。臀部随向前迈步着地完成后蹬动作，而稍有前后左右的转动，但不宜过大。步速要均匀，也可走成变速，但不出现腾空。

（三）快步走注意事项

（1）脉搏控制在 120 ~ 1500 次 / 分，为进行跑步锻炼打下基础。

（2）步幅不要过分加大，主要加快步频。

（3）因运动量稍大，特别是运动器官及心脏负荷加重，呼吸频率加快，走步前应做好准备活动，以适应快步走的需要。

（4）冬天快步走前，应先慢走使脚发热后再快走。

七、赤脚行

穿鞋走路是人们生活习惯的常态，而提倡"赤脚步行"，是因为它确实是一项有益于健身的锻炼方法。据医学专家分析，腹部以及下肢的一些疾病，诸如筋膜炎、骨劳损、胫骨断裂、压缩性骨折、退行性关节炎、跟骨刺及腰椎椎体、椎间盘疾患等，均与长年穿鞋走路极少有机会赤足活动有一定关系。而非洲某些不发达地区的人群，不少人常赤足走路、劳动，因此脚底壮实有力，足部肌肉发达，韧带也紧张有力，脚弓有弹性，足部受伤的也极少。

由于脚底有着与内脏器官相联系的敏感区，脱去鞋袜赤脚行走，就能使脚底肌肉、筋膜、韧带、穴位、神经末梢更多地接触砂土、草地与凹凸不平的泥石路面，使敏感区受到刺激，把信号传入相应的内脏器官及与之相关的大脑皮层，大脑皮层又把它传到相应器官，从而调整人体全身功能，达到保健强身及帮助治疗的目的，"报鞋""脚底按摩器"，以达到对脚的保健。赤脚行走的好处，还可以从中医经络学中得到解释，由于五脏六腑在脚垫上都有相应的循环路线，如经常赤脚步行，可疏肝健脾，增进食欲，行气利胆、温肾固表，从而使肾气充足，精力充沛，预防早衰，延年益寿。

八、踏石走

踏石走是一种古老而新奇的康复疗法，古代人类在赤足跳舞时的偶然发现，逐渐演变成了如今的"踏石按摩法"，这就是通过踏石来刺激足部的穴位，以达到全身保健的目的。近年来，这种疗法在美国、日本等30多个国家中渐为流行。日本的许多学校和幼儿园，还专门开设了"赤足教育"的课程，让孩子们赤着脚在走廊、操场上跑步；不少工厂、公司的入口处，都铺设了一段鹅卵石路，让职工上下班时赤脚走十几分钟。

这种踏石疗法，现在已被越来越多的人所接受。在公园里，只要有鹅卵石铺路的地方，总会看到许多人披着朝霞，赤着双足，在不停地蹬踏跳跃。坚持踏石锻炼，有舒展肢体，解放双足，萌发气血的功效。坚持数月，便觉血压正常，睡眠香甜，食欲增加，身体轻巧如燕，一团极温和的气自丹田悠悠升腾而起。当双脚在鹅卵石上腾跃，便会觉得一股热流似涌泉奔突而出，源源喷射，缓缓灌顶，片刻之间则布满全身，游走于四肢。

根深者枝叶茂盛，脚使者通体安和《中枢经》中指出："根者，本者，部位在下，皆经气生发之地，为经气之所出。"我们的祖先很早就将脚的生理功能与树根的作用等量齐观，以提醒人们通过脚的锻炼来达到保健之目的。而现在，人们已经把护脚健脚作为养生的一种主要方法。有的人因种种缘由无法到公园里去踏石，他们便自制了踏石板，或捡些鹅卵石铺在自家的院子里，或制成一尺见方的可以移动的踏石块，或用布袋装上鹅卵石，每日早晚时分在上面反复来回有节奏地踩踏，目前已有类似的专门产品问世。通过长期锻炼便会出现血行通畅，身体内环境的高度和谐，肌肉富有弹性，体态也日渐健康、优美起来。

九、水里走

在日本各地，近年来兴起了一种水中散步，并且很多的年老体弱和不会游泳的人乐此不疲。因为，人们切实体会到这是一种安全有效的健身运动。水中散步运动在日本的盛行，得到权威运动专家的肯定。长期坚持这项健身活动，可以强有力地促进新陈代谢，消耗能量，引起体内糖分大量分解，减少脂肪存积，从而控制体重，治疗肥胖症。对身体重量不足，体质较虚弱者，又可增进食欲，改善消化吸收，有助于增加体重。对增强神经系统功能，调整大脑皮质的兴奋与抑制过程，消除脑力劳动的疲劳，预防神经衰弱和动脉硬化，改善血液循环等，也有一定的作用。

水中运动指导研究专家指出："水中散步对于老年人来说，是一种适度的运动。"老年人有老年人的生理特点，老年人多有腰、膝关节疼痛病变，疼痛限制了活动，活动减少会导致肥胖；而肥胖使体重增加，反过来又使关节不堪重负，疼痛加重运动会更加减少，如此形成的恶性循环，而水中运动可以打断这种循环。因为水中运动的与众不同，在于人体在运动时可借助水的浮力。如肩部以下全部浸泡在水里，体重便可以减轻到只有陆地的十分之一 1/10，在浮力中运动，可以使运动者的关节在运动中最大限度地减少来自体重的压力、冲击力及摩擦力，因而既能完成一定量的运动，又不会因运动造成关节损伤。另外，水又有比空气大很多的阻力。在这种阻力中运动消耗的能量，比陆地行走要大两、三倍，有利于在运动中强健各个器官和消耗多余的脂肪。

现在，这项运动不仅是老年人，也被越来越多的中年妇女和肥胖者所喜好。水中散步，姿势多样化时受益多。研究表明，水中运动可保持肌肉健康，增加耐力，消耗多余脂肪，预防腰背和关节痛。但在运动中要注意姿势多样才能达到目的。比如当人们在水中行走习惯后，应练习跳跃、倒着走，使更多的肌肉参与锻炼；还可以让大腿和双臂浮在水面，做划水、蹬水、夹水、划围等动作，运动更多肌群，增加运动量。另外还应注意，初学者水温应保持在 31～32 摄氏度，谨防受凉；有心脏病、高血压者，应在医生指导下逐渐增加运动时间和运动量。

十、医疗步行

医疗步行就是在平地或有不同坡度的地段上步行的体育疗法。它主要作用于心血管系统，通过逐步增加的步行距离和登高坡度的适应，能有效地增加心肌的储备力，锻炼和保护心脏。医疗步行能明显地提高代谢、增加能量消耗，这对控制体重有一定帮助。临床上主要用于治疗冠心病、慢性心功能不全、糖尿病、肥胖、慢性气管炎和早期肺气肿等。

那么如何进行医疗步行呢？一要选择合适的运动场所；二要选择好运动路线，安排适合自己的运动量三要了解运动反应和处理措施。应该说，医疗体育并无禁忌症，但医疗步行更适于隐性冠心病和稳定型但有症状的心绞痛患者，及其他独立行走不会出现危重情况的慢性病患者。应选择空气污染少、路面平整的公园、绿地等地方进行，运动量应因人、因地而定。

在进行医疗步行的爬坡过程中，出现轻微呼吸急促和适当心率增快，是正常的反应。最高心率为：心率（次/分）=170-年龄。这种情况应在爬坡后5分钟内恢复平静，短于3分钟恢复时运动量过小，需要增加坡度、速度。如果出现双腿发沉、持续疲倦经一夜休息仍不消失，或运动中出现剧烈喘息、心悸、面色苍白、反应迟钝、动作不稳乃至失眠、食欲减退，停止爬坡后心率恢复时间超过6分钟，都是运动量过大的反应，应及时纠正。

医疗步行要坚持，每周5次，坚持数月，始见功效，坚持数年，效益显著。应该注意的是，医疗步行不可在空腹饿时进行，餐后步行起码要到半小时以后，剧烈运动要在餐后2小时后方可进行。

医疗步行选择在平地和斜坡上的具体练习方法如下。

[练习一] 2000米路程，先用18分钟走完1000米，休息3～4分钟；回程用18分钟走完1000米。

[练习二] 2000米路程（包括两段100~150米短坡，坡高5-10度）用20～25分钟走完1000米，休息6~8分钟，回程用20~25分钟走完1000米。

[练习三] 3000米路程，攀爬20~250度小山（高约50米）。先用15分钟走完1450米平路，休息3~4分钟；再用15~20攀爬小山，山上休息5~10分钟。回程所用时间相同。

医疗步行的距离、时间、强度，须遵循序渐进的原则。爬坡速度以引起轻微呼吸急促感和适当的心率增快，且在停爬山坡后能在4～5分钟内恢复平静为宜。

第四节　健身步行的准备活动

一、颈部运动

颈从右肩前慢慢往左肩做弧形转动，然后反方向转回来。重复16次，要慢慢进行练习。颈向左侧倒，还原，右侧倒，还原，重复16次，做此练习尽量增加侧倒幅度。颈向左转，还原。向右转，还原，重复16次，颈左右转各转90度。

二、肩部运动

双肩先向前耸起后再向后绕肩，还原，重复 8 ～ 16 次，逐渐增加向后绕环幅度。双手交叉置于头顶，肘部略弯，大臂慢慢向后振，重复 8 ～ 16 次，后振时肘向后上方展。两臂下垂，双手交叉置于身后，肘部弯曲，大臂后上振扩胸，重复 8 ～ 16 次，臂后上振时逐渐增加幅度。

三、髋部运动

双腿右前左后成高弓步，收腹收臀，至左臀前部和大腿上部肌肉收紧止，可重复多次，两腿交替重复。肌肉收缩后随之做一次放松动作后复位。

四、大腿后部肌肉伸展运动

双脚右前左后，上体前倾，双手撑在左腿上，慢慢后坐，以右大腿感到肌肉收缩绷紧为止。复位后换腿重做。注意右膝不要绷直。

五、大腿前部肌肉伸展运动

左手撑墙，右腿后屈，右手握住髁轻轻地把足部往臀部扳动，触臀后复位。换腿重做，注意背部不得弯曲，屈膝腿的膝对地面，双膝并拢，支撑腿膝自然微屈。

六、小腿肌肉伸展运动

双脚右前左后，上体前屈。双手撑在左大腿上，慢慢后坐，右脚掌抬起，小腿后肌肉感到拉长为止。复位，换左腿重复。

七、踝关节绕环运动

左手撑墙，右腿屈膝高抬，踝关节做向左、向右的转动若干次，复位，换提左膝重复。

第五章　跑步健身运动

第一节　跑步的优点和缺点

跑步可分为两类，以增进健康为目的的跑步和以参加比赛夺优取胜为目的的跑步。以增进健身为目的的跑步可以称为"健身跑"，也叫长跑或慢跑。自德国学者阿肯1947年提出"长、慢、远"的现代健康跑步方法以来，慢跑活动被列为有益健康、抗病延年的手段，它的健身作用是慢跑简便易行，安全省时，健身效果好。因见效快，运动量容易控制，跑起来轻松自如，不受年龄性别场地时间等限制，被称为"有氧代谢运动之王"而风行全球。

人的生命存在有三个基本条件，即食物、运动和自然因素（空气、阳光、水）。科学地配餐、合理的饮食、足够的营养是人生命存在的首要条件。饮食对生长发育、健康长寿的意义，饮食学家、营养学家、养生学家均有专门论著。生命在于运动，"运动"被人们视为"生理刺激物质"，是维持正常生命活动不可缺少的。因此，人们可以充分利用运动并摄取人类第一食粮的氧气来促进机体新陈代谢，促进健康。空气质量好坏直接影响人体健康，新鲜空气中含有大量负离子，负离子被人们誉为"空气维生素""大气中的长寿素"。到大自然中跑步还能陶冶精神，是一举多得的较好的健身方法，何乐而不为呢！

高度物质文明把人类带进了安逸状态，使人运动不足导致腿部肌肉逐渐退化。医学研究表明，腿部肌肉是否结实，直接与健康有关。心脏病学家在诊病时都很注意看人的大腿，医生认为，大腿肌肉结实的人必然有一个强壮的心脏，大腿肌肉松弛者心脏也是较弱的，而步态稳健、行走如风的人必定是健康高寿者。所以自古以来就有"树先枯根、人老衰脚"之说。

21 世纪是"知识经济""信息化"的时代，人们的生活方式将会发生急剧变化，新世纪的到来，向跨世纪的人们发出强烈的呼唤——跑步吧！德国现代健身创始人阿肯博士说："在我们这个社会中，只要有了钱就可以买到你想要的一切。但是，只有一种东西你买不到，这就是健康。健康的身体需要付出一定的代价——顽强的意志，艰苦的锻炼和汗水。跑步应当成为人们生活中最基本的、最主要的组成部分！"愿人们投入健身跑中去，迎接 21 世纪生活方式的挑战。

通常以增进健康为目的的跑步，多采用慢跑。但慢跑有别于一般中长跑，是一种随意的轻松自如，不至于气喘步伐的跑步。运动强度大于步行，一般属于中等强度，适用于中老年健康者或有较好锻炼基础的慢性病患者，也适用于青少年强身健体、消除紧张、健脑增智。从运动医学的观点来看，慢跑之所以成为人们终身从事的运动，在于它比较安全而省时间，运动量容易控制，运动效果快而且好，男女老少随时随地可以进行，便于终生坚持锻炼。

但跑步的缺点是下肢关节受力较大，容易引起膝关节疼痛，由于脚下不停地重复快速的动作，受伤的机会也大于步行。因此，对于缺乏锻炼的中老年人，先练步行，等身体体力提高后再慢跑，过渡期间可用走跑交替练习，身体有个适应过程。

美国心脏病学家乔治说"希汉博士评价跑步从运动生理上说是一项全面的运动。"跑步是按照自己控制的速度，以一种有节奏的大腿和小腿的肌肉运动，这是安全的，是最大限度增强心肺功能所需要的。

第二节　是否适合跑步的检验方法

大家都知道，跑步是一种简单易行、不受场地器材限制的运动。但是，怎样才能知道自己是否适合跑步这个运动项目呢？我们在这里介绍一种简单易行的方法，你不妨试试，检验一下，你是否适合健身跑步。

美国菲克斯是一位著名的跑步家，他出版的《跑步大全》一书中的你是否适合于跑步的检验方法，将告诉你是否能够成为一个跑步者。跑步者的身体、跑量和能力各不相同，然而他们当中的大多数人，特别是那些年，每一年坚持跑步、享受跑步在生理和心理上带来种种好处的人，都具有一定的特点。如果你还不是一个跑步者，自己测验一下你是否适合跑步。

第三节　跑步时人体的能量消耗

计算公式：（0.2×脉搏 −11.3）÷2 ＝能量消耗 C 千卡／分钟。

脉搏是指在运动时测得的心率，计算的结果就是在这一强度下每分钟消耗的能量，这样就能较为科学地选择适宜的运动强度。

例如，在慢跑时你的脉搏为 130 次／分，代入公式，在一分钟消耗的热量为：（0.2×130−11.3）÷2=7.35 千卡。

如果慢跑 40 分钟则消耗 7.35×40=294 千卡，再换算成焦耳：294×4.1855=1230.54 千焦耳。

第四节　相对禁止与不能参加健身跑步的人群

（一）相对禁止健身跑步的人群

有些患病者，虽不必完全禁忌健身跑步运动，但必须当心自己的身体，如要参加健身跑步，最好在医生指导下进行，在健身跑步时，必须先跑得慢些、跑的距离短些、跑的时间短些、跑的场地平坦些，这是医学术语所说的相对禁止运动。

相对禁止健身跑步者有以下几种：

（1）所有处在恢复期或患有慢性传染病的患者。

（2）靠服胰岛素支撑的糖尿病患者。

（3）最近或现在发生过内出血的病患者，有这类病的患者要禁止任何运动。

（4）慢性或急性肾脏病患者。

（5）处于治疗中或还未痊愈的血色素不足 10 克的贫血症患者。

（6）稍运动后即呼吸困难的急性或慢性肺病患者。

（7）步行后也感到疼痛的下肢血管病患者。

（8）服降压药，血压仍降不到 150/90 毫米汞柱的高血压病患者。

（9）必须频繁服药的背、腿、脚或脚跟的关节炎患者。

（10）经过治疗也不能完全控制的痉挛性疾病患者。

（二）不能参加健身跑步的人群

健身跑步是一种最好的运动，正如我国有几句谚语所说的："仙丹效药灵芝草，不如天天练练跑"，"返老还童灵丹药，不如经常把步跑"，"经常练跑步，年老变年少"等等。但是跑步的运动量虽然可以调节，但相对来说比较大，所以也不是所有人都可以参加跑步的。1968 年 7 月 23 日，有家报纸报道了一个特大新闻，"在美国西海岸有两个人在跑步锻炼中跑死了"，一时间满城风雨，这给美国的跑步锻炼以沉重打击。后来，从这个惨痛的教训调查结果看：跑死的原因是两个人身体有严重的心脏病，错误认为愈多跑、快跑，就愈能治好他的心脏病。他因超过了他心脏功能的极限而死了。

为了避免健身跑步的事故发生，应在健身跑步前进行身体检查，凡患有下列疾病者绝对不可以进行健身跑步运动。

（1）在运动中胸部阵痛者，表明患有中度或严重的冠状动脉疾病，不可以从事剧烈的运动。

（2）近期发作过心脏病者，至少要静养 3 个月以后，才可以按照特定的运动处方，慢慢地开始锻炼，开始先走，然后慢跑，而且要在医生的指导下进行。

（3）因患风湿病后遗症的严重心瓣膜症患病者，有的甚至要完全禁忌运动，甚至快走都不适宜。

（4）患有某种先天性心脏病者，特别是在运动中皮肤变得发青者。

（5）因高血压病或其他先天性心脏病使心脏严重肥大的患者。

（6）血糖不断由过剩变少的糖尿病患者。

（7）血糖不断由过剩变少的糖尿病患者。

（8）服药治疗不能控制的高血压病患者。

（9）超过标准体重 16 公斤左右的过分肥胖者，在从事跑步之前，必须先进行运动，减轻体重后，方可参加慢跑运动。

（10）处于急性期的任何传染病患者，虽然没有列入，但如自己拿不准，应请医生检查或在医生指导下进行。

第五节 健身跑锻炼的方法

（一）走跑交替锻炼法

走跑交替锻炼法适合于年老体弱和缺乏锻炼的人。走跑交替，即先走后跑，交替进行。初参加锻炼的人，一般是走 1 分钟，跑 1 分钟，交替进行。每隔 1 ~ 2 周增加点运动量。

（二）间歇健身跑

间歇健身跑是慢跑和行走相交替的一种过渡性练习，也是年老体弱者进行锻炼的一种形式。一般是从走 1 分钟，跑 1 分钟开始，逐渐增加跑步时间，以提高心脏负荷，这样反复进行 10 ~ 20 次，总时间在 12 ~ 30 分钟，以后每周根据体力提高情况适当增量。每日或隔日进行一次。

（三）短程健身跑

短程健身跑 可从 50 米开始，渐增至 100 米、150 米、200 米、400 米。速度为 30 ~ 40 秒跑 100 米，每 3 ~ 7 天增量 1 次。当距离达到 1000 米时，运动量不再随意增加，而以加快跑作为增加运动强度。

（四）常规健身跑

常规健身跑是指按照个人的体力情况而进行的长于 1000 米的慢跑。先从 1000 米开始，待适应后，每月或每两周增加 1000 米，一般增至 3000~5000 米即可。速度先把握在 6~8 分钟跑 1000 米，以后即可按照心率的要求进行，这两种跑宜每日或隔日进行一次。

（五）慢速长跑

心脏和肺是人们重要的器官，大多数女性心肌和呼吸肌力量较弱，往往很难迅速适应突变或恶劣情况的发生。如何增强心脏和肺部活力，有效提高心肺功能，最好的办法是坚持慢速长跑。

坚持慢速长跑，可以增大心脏的重量和容量，毛细血管增多，使心脏跳动缓慢有力，供血充足，有利于提高心脏的工作和应变能力。

坚持慢速长跑，能使膈肌的收缩和放松更加协调，肺的功能得到改善，并且是预防心血管疾病的重要手段。慢速长跑，能有效地消耗体内多余脂肪，保持身体最佳体型，提高机能水平。

初练者可根据自己的身体状况做走跑交替运动。即慢跑到感觉跑不动时转入行走，行走到感觉身体机能调整恢复后转入慢跑。

经过一段时间的练习，随着身体机能的增强而逐步过渡到全程慢跑。

女性朋友可根据个人身体状况，每次慢跑控制在 30 ~ 60 分钟，每周至少 3 次。心率控制在最高心率的 60% ~70%。在跑步时应注意呼吸的节奏，出汗而不气喘。呼吸节奏可以两步一呼，两步一吸，或者三步一呼，三步一吸，要尽量用腹式深呼吸。

慢速长跑可一个人跑，也可两人或多人结伴跑。

（六）变速跑

变速跑是慢跑与中速跑交替进行的一种跑步法，变速跑可有效提高心肺功能及速度。

变速跑可根据锻炼者的实际情况随意改变跑速。并随锻炼水平的提高，中速跑的距离和慢速跑的距离应有改变，运动量也不断变化。

（七）定时跑

定时跑这种跑法有以下两种：一种是不限速度和距离，只要跑一定时间；另一种是有距离和时间的限制，并随锻炼水平的不断提高可缩短时间，从而加快跑的速度，相对延长跑的距离。这种跑步法，对提高体质较弱女性的耐力、体力有很大好处。

（八）倒退跑

人们向前方朝前跑是常态，而背向前进方向倒着跑则是反常态。倒退跑有许多好处，它可以预防、矫正含胸驼背一些女性的不良姿态，还对经常处于低头、弯腰、坐着学习、工作、劳动的女性，有放松肌肉，缓解病痛的作用。

倒退跑可以使腰部肌肉有规则收缩与放松，从而改善腰部血液循环，促进腰部组织新陈代谢，对功能性腰疼（腰肌劳损）有着很好的保健治疗作用；倒退跑改变正常姿态向前运动时的肌肉用力感觉，使腿部及腰背部都要用力挺直，锻炼了肌肉与韧带；倒退跑要判断运动方向，掌握平衡，这就锻炼了主管平衡作用的小脑，也增加和提高了身体的灵活与协调功能。

倒退跑时，要求挺胸抬头，双目平视，双手握拳屈肘身体侧腰上部。先左腿屈膝收小腿向后迈，身体重心后移。在右脚前脚掌积极推地后，左右脚交替跑步。注意重心积极后移，高抬小腿。

倒退跑应根据个人情况，如感觉疲劳和难以控制平衡就改为正着跑，如 50 米倒跑、100 米正跑、80 米倒跑、200 米正跑。

（九）水中跑

科学证明，水中阻力比地面空气阻力要大 12~14 倍。在水中锻炼运动量大，但并不是很剧烈。如长期坚持水中跑步的健身活动，可以有力地促进新陈代谢，消耗能量，引起体内糖分大量分解，减少体内脂肪，控制体重。站在齐腰深的水中，跑 20~30 米，注意抬高重心，高抬腿。

（十）沙滩（沙地）赤足跑

赤足在沙滩（沙地）慢跑，可使脚底肌肉、筋膜、韧带、穴位、神经末梢接触沙粒，使敏感区受到刺激，把信号传入相应的内脏器官与之相关的大脑皮层，大脑皮层又把它传到效应器官，从而调整人体全身功能，达到保健强身的功效。同时，由于沙地跑步较之平地费劲，这就更有效地锻炼了足部及腿部肌肉，使足部肌肉发达，韧带柔韧有力，脚弓富有弹性，腿部健美。

第六节　掌握好健身跑的运动量

健身跑的运动量太小，对机体的作用微不足道，运动量过大会使人体过度疲劳，甚至损害身体健康。因此，掌握好健身跑运动量是至关重要的。

一般容易把运动量理解为跑的距离多少，这只是运动量的一个因素。运动量应包括：数量多少、强度高低、密度大小、质量好坏四个因素。对健身跑来说，主要必须把跑的数量和强度这两个因素掌握好。

跑的强度一般是用最大摄氧量的百分比来计算。但最大摄氧量的测定很不方便，人们从长期的实践及大量研究中，发现心率的快慢和最大摄氧量一般成正比，就是说心率越快，最大摄氧量的百分比越大。从而制定一个同年龄、不同心率、不同运动强度的对照表。这样，每个健身跑爱好者都可以根据自己锻炼后的即刻心率值，从中查出自己的运动强度了。计心率的方法在锻炼结束后，立即计10秒的脉搏数，再乘以6，就得出每分钟的心率。

如一个30岁的健身跑者，跑后即刻心率为135次/分，只知道运动强度并不能掌握运动量，还必须考虑运动时间是多少。为了便于掌握运动量，我们把不同的运动强度和不同的锻炼时间合在一起，就构成了大、中、小三种不同的运动量。

健身跑爱好者，可以根据自己跑后即刻的心率，再查到自己跑的强度是多少，再加上你这次跑的时间，就可在表中找到你这次锻炼的运动量，是大运动量，还是小运动量。这样，用秤就可以掌握自己的运动量了。例如，一位50岁的健身跑爱好者，想用中等运动量进行锻炼，就得用60%的强度（心率次/分）跑45分钟或用55%的强度（心率120次/分）跑45分钟。

愿意从事健身跑锻炼的人，开始锻炼的运动量很重要。有的人开始的运动量就较大，经过一段时间锻炼，身体感觉很不适，被迫停止锻炼，认为"自己和健身跑无缘"，其实是开始的运动量安排过大的结果，一般来说，健身跑锻炼，应从小运动量开始，甚至还应更小一些。平时进行过一定锻炼身体健康的人，可以按规定的小运动量进行锻炼。身体较弱或有些疾病，应从身体能承受的程度出发，来确定自己走或跑的距离和速度，先不要考虑运动量是多少。当身体健康状况有改善，身体机能有所提高，确实身体感觉良好，再循序进行。

除了安排好开始锻炼的运动量外，还应当明确不同年龄组健身跑的适宜运动量，也十分必要。

前民主德国运动医学服务中心对中老年健身跑的强度和时间进行了专门研究，认为用30%的最大吸氧量的运动强度。如果锻炼时间不长，作用是微不足道的；用40%~50%的强度进行锻炼，才能引起身体的良好反应，用60%~80%的强度去锻炼，心肺系统的提高尤为明显。日本大阪市住友医院的宇佐美畅久博士发表的《中老年运动处方理论》一文，也赞同这一观点。他认为最适宜的运动强度是在57%~78%最大吸氧量之间，超过80%的强度，身体就会出现很多不适感。

在60岁以上老年人健身跑时，应用50%的强度（心率为110次/分），锻炼时间为30分钟；或用55%的强度（心率为115次/分），锻炼时间为20分钟。也就是说，老年人的适宜运动量为小运动量。

中年、青年和少年的适宜强度分别为：50~59 岁为 50% ~55%（心率为 110~120 次 / 分）；40~49 岁为 55% ~60%（心率为 120~130 次 / 分）；30~39 岁为 55% ~60%（心率为 130~135 次 / 分）；18~28 岁为 60% ~65%（心率为 135~140 次 / 分）；13~17 岁为 55% ~60%（心率为 135~140 次 / 分）。再从运动时间来看，中年、青年和少年的适宜运动量均为中等运动量。

儿童健身跑的适宜运动量应以小运动量为主，运动强度小（心率为 135~140 次 / 分），锻炼时间为 20~30 分钟。

经过多年的健身跑锻炼，随着身体机能的提高，适能运动量也相应随之提高，有些人为了参加各种类型的中长跑比赛，在准备比赛期间，还应安排一定数量的大运动量锻炼。

第七节 健身跑步地方和时间的选择

（一）健身跑步地方的选择

选择跑步的地方，也就是到哪儿去跑的问题。很多人总认为跑步必须有个专门的地方，实际上任何比较平坦和不会被车冲撞的地方都可以。

选择跑步的地方到底哪儿最合适，比较难说，因为这要根据自己居住的地方、环境、身体的条件、自己的兴趣来确定，不能强求一律，不过一般可以选择下面一些地方。

（1）操场跑。操场跑步地面平坦、安全，能知道自己所跑的距离。但在操场上跑比较枯燥无味。

（2）公园跑。例如住在公园附近的话，在公园里跑步是一个很好的方法。因为公园里跑步环境优美，有山有水，有树有草，如果绕公园或选择公园空地段的道路和树林均可以跑。

（3）乡村田野跑。乡村田野是跑步的好地方，在美国的乡村田野上跑步，也会感到别有一番风趣。因为乡村田野的小路周围有庄稼、小河小溪和池塘，自然风光美丽，空气新鲜。

（4）公路跑。公路上跑步比较平坦、宽广，比起乡村小路，跑起来省力。公路地面比较坚硬，要掌握好跑步的技术，注意交通安全。

（5）树林跑。树林中空气新鲜、环境幽雅，可以在树林中的小道上跑步。在树林里跑也要注意安全。

（6）海边沙滩跑。边欣赏大海，边跑步，使人心胸开阔。

总之，跑步的地方应选择适合自己的需要、感到心情舒畅、又不易受伤的地方为好。

（二）健身跑步时间的选择

跑步时间的选择，包括两方面，一是在什么时间段，二是跑多长时间。作为一个跑步者应该首先考虑这个问题。

（1）每天什么时间进行健身跑为宜，有各种不同的认识，有人主张早晨锻炼好，因为早晨的空气新鲜，杂质和灰尘较少，是一天中环境条件最好的时间。早晨跑步，是人从睡眠状态和抑制状态转为积极的兴奋状态，为一天的劳动工作和学习在机能方面做好准备。有人认为下午锻炼好，可以消除紧张，尤其对那些精神处于紧张状态的人，效果更为明显。这个时间进行健身跑，可以起镇静作用。还有人喜欢晚上进行锻炼，他们感到晚上凉快，锻炼后身体很舒服，上床后能立即入睡。但也有人在进行健身跑后，往往很兴奋，反而影响睡眠。从我国的作息安排上看，大多数人早晨、中午和晚上有空闲时间。一般来说，在早晨进行健身跑较为合适，因为某种原因早晨不能进行锻炼，在晚间进行锻炼也是可以的，但要掌握强度和上床时间。中小学生除早晚外，还可利用课外活动和放学后的时间进行锻炼。大学生、研究生、博士生的学习任务较重，但自由支配的时间较多，可以自行安排跑步时间。离退休的老年人应在生活规律的前提下，来安排锻炼时间。"三班倒"工人的锻炼时间：早班早晨锻炼，跑量大些；中班上午9时左右锻炼，跑量中等；晚班下午4时左右锻炼，跑量小些。

（2）每次跑多长时间，这个问题也不能硬性规定。因为每个人身体的强弱、跑步的原有水平不同。所以，每次跑步应根据自己的身体状况、运动水平，按照科学的原则去安排每次跑步多少时间。

（3）跑步时间的间隔多长为宜，是天天练好，还是几天练好，运动医学工作者对跑步进行过观察。观察发现，练习一次跑的身体变化可保持2天左右。俗话说"要想身体好，天天练长跑"，就是这个道理。所以，需要连续性地练习跑步，才能达到健身的目的。如果跑步练练停停，或者无故中断，那么跑步得到的益处就会逐步减少，身体对外界变化的适应能力就会降低，以致前功尽弃。

第六章 原地跑步、爬楼梯、登山健身

第一节 原地跑步健身

（一）原地跑的方法和要求

（1）在进行原地跑时，要求两足离地高于 20 厘米，每分钟的步数为 70~80 次或是 80~90 次。在计算原地跑步数时，可计算一只脚每 15 秒跑多少步，然后乘 4，即可得到每分钟的步数。

（2）为了避免踩步受伤，如果地面是水泥地较硬，则可铺一块软垫。随着健康情况和训练水平的提高，可不断提高原地跑的速度和负荷量。

（3）有条件者可利用室内步行车或活动手板（跑台）进行原地跑，但应尽量到室外或凉台上空气非常新鲜的环境中锻炼。

库珀认为上下台阶也是一种原地跑运动。两脚交替蹬上再下来为 1 次，每分钟可蹬 30~40 次。

（二）原地数息跑

1. 概念

原地数息慢跑是中年人的健身妙法，是一种练身与练心相结合的运动。"数息"不是数呼吸次数，而是数跑步的次数。由于从 1 一直数到 100 以上不大方便，因此可以在百数之内反复默数。默数的目的是使精神集中、排除杂念。

2. 具体做法

先做好精神放松准备，原地跑要求高抬腿、脚尖轻轻落地，脚跟不着地；利用反弹力量，使动作有节奏地进行；两臂自然前后摆动，抬头、含胸、收腹，呼吸要自然，随跑步节奏可以按 3：3 呼吸法，即吸—吸—吸，呼—呼—呼。鼻吸口呼、吸气要匀细，呼气要充分。

3. 运动强度和时间

初练者速度宜慢，一分钟 140~170 步，每次跑 5~10 分钟。心率一般可控制在 105~140 次 / 分。

待跑步的动作熟练后，即可开始练习闭眼原地慢跑。待闭眼跑能保持平衡后，便可正式进行原地数息慢跑。

（三）原地跑运动处方

1. 各年龄组原地跑预备性运动处方。

2. 各种距离跑的分数值。

第二节　爬楼梯与跑楼梯健身

（一）爬楼梯健身法

1. 爬楼梯是健康长寿之道

（1）据美国《时代周刊》（1990）报道，"爬楼梯"已成为美国近年来发展最快的有氧健身运动，其参加者既有年轻人也有老年人。

据美国运动数据库估计，大约有 400 万人参加这项活动，自 1988 年以来至少增加了 40％。

（2）美国的爬楼梯运动出现于 1968 年，当时健康学权威肯尼斯·库珀注意到爬楼梯的好处而加以倡导，他认为爬楼梯是有氧运动，有利于锻炼人体的肌肉和全身耐力。1977 年的研究结果表明，每天爬 5 层楼梯，可使心脏病的发病率要比乘电梯的人少

25%。

（3）美国斯坦福大学巴菲巴格博士在一份研究报告中指出（1987），登一级楼梯，可延长预测寿命4秒钟。他发现一个人每星期登5000级楼梯（每日登714级，相当于上下6层楼3次）消耗的热量8371公斤（2000大卡）死亡率比那些不运动的人低1/3~1/4。他推论每30年便可延长生命一年。巴博士说，该研究的目的，是希望人们明白，即便是登楼梯这样的运动，对保持健康长寿也有着重要作用。

2. 爬楼梯的健身作用

由于心血管系统病变和神经衰弱症在西方国家中的发病率居首位，这种缓慢适度的运动已成为当前防治"文明病"最有效的运动处方，登楼梯是一项有益的健身锻炼，它既是增强心肺功能的全身需氧运动，又是一项灵活掌握运动量，易于为男女老幼接受的锻炼方法。医学数据指出，它能增强肌肉与关节力量，提高髋、膝关节的灵活性，促进下肢静脉血液回流，防止静脉曲张，加强心肌收缩，加快血液循环机能。同时，由于登楼梯时主要是臀部和大腿部的肌肉用力，能促进这些部位的脂肪消耗，对于渴望减肥的人来说，减肥大有好处。

3. 爬楼梯的能量消耗

近几年来，新盖的楼房大都在6层以上，不少人迁居新房时怕上下楼而不愿意住到4层以上，办公室也总喜欢安置在一二层。

其实，居住和办公的地方高一些，每天多上下几次楼梯对身体健康大有好处，特别是脑力劳动者，据运动医学工作者研究测定，一个人短小时静坐时消耗的能量为100千卡，散步时消耗的能量为200千卡，健身跑时消耗的能量为300千卡，游泳时消耗的能量为500千卡，快速跑时消耗的能量为600千卡，而快上楼梯1小时，则要消耗能量1000千卡。由此可见，快速上楼梯的能量消耗是静坐的10倍，散步的5倍，游泳的2倍，快速跑的1.8倍。循着6层楼的楼梯跑上下2～3趟，相当于平时慢跑800～1500米的运动量。据此，可根据自己的身体健康状况和生活环境条件，选择适合自己的锻炼方式，可在楼梯上进行走（爬）、跑、跳等健身练习。

在下楼梯时，每小时也要消耗能量为300千卡，相当于健身跑时消耗的能量。有人做个这样的测算。60公斤体重的人上下一层楼的能量消耗为1.88千卡，若是每天上下楼5次，则要消耗能量9.4千卡，这个运动量比踢1分钟足球消耗的能量8.9千卡还要多，也要比 1 分钟越野跑消耗的能量 7.1 千卡还要多。

4. 登楼梯健身方法

走楼梯，也叫"爬楼梯""登楼梯"，有人称"享受上楼"，是城市里住楼的人们，利用楼梯的高度进行的上下楼梯多次往返重复的走法。走楼梯是现代人住高楼不可避免的。对有的人来说路可以不走，但家不得不回；有的高层楼房内有电梯，但也有断电或电梯出故障的时候，没有了电梯也得爬楼梯，所以城里住高楼的人们必须储备上下楼梯的体力。

（1）青少年是一步几台，噌噌跨上去。中老年不能用那样上法，上楼时上体应微前倾，有意识地屈膝抬腿，前脚掌撑稳台阶中部，随即蹬伸支撑腿，右腿屈膝抬左腿，前脚掌撑稳台阶中部，随即蹬伸支撑腿，右腿屈膝抬左腿，前脚掌撑稳在高一阶的台阶上。两腿交替着不停地登上了 3 ~ 6 层的楼梯，稍停，待脉搏恢复平静。

（2）下楼动作。脉搏恢复平静后开始下楼。下楼时上体微后仰，肌肉放松，用前脚掌有着弹性地交替落在台阶中部。

（3）上下楼梯的速度。一般上楼慢，下楼快，老年人做登楼梯活动要循序渐进。初练者，登上一层楼用 30 秒，3 分钟登上 6 层楼，下楼用 2 分钟，休息几分钟后再重复。重复次数从 2 ~ 3 组，逐渐增加到 5 ~ 6 组，呼吸比平地时的呼吸次数每分钟多 3 ~ 5 次，脉搏比平地时的脉搏次数每分钟多 5 ~ 10 次为宜。如果锻炼后，身体没有不良反应，可增加到最多不超过 10 组。

（4）爬楼锻炼注意事项。

①锻炼前最好进行一次体检。如有冠心病、高血压病、慢性支气管炎、肺气肿等病患者，在开始锻炼时，以慢速度为宜，如 1 分钟上 2 层楼，休息 1 分钟，待呼吸平稳后，再用 1 分钟上 2 层，再休息 1 分钟。经过 1~2 个月锻炼之后，可减少中间休息时间。每日锻炼时间可控制在 5~20 分钟。

②选择楼梯的台阶不要太光滑，要有牢靠的栏杆，光线明亮。在登楼梯过程中一旦感觉心慌、气短、头晕、腿软时，要镇静，手扶栏杆休息片刻，以防滑下楼梯而摔伤。

③每上一层楼时，体质弱者在拐角处休息 1~2 分钟，脉搏不要突然升高太多，待脉搏平静后，再往上走。

④腿脚不灵活者，可手拉扶手或拄拐杖上下楼。

⑤为了锻炼臂力、腿力、腰力，上楼可携带重物。最好是两手重量均等或用一只手

提重物，另一只手扶着楼梯栏杆上行。

⑥下楼梯时不要抬头，要适度低头看好台阶，不要走空，特别是中老年，如走空台阶，易造成下肢骨折、扭脚等伤害事故。或由于一时紧张，诱发心脏病、高血压。下楼时最好一手扶楼梯栏杆缓缓而下。

⑦在进行上下楼锻炼时，要预先做好准备活动：主要是由下肢的关节屈伸、绕环、半蹲起、原地踏步、深呼吸组成。开始每天走两次（早晚各1次），逐增每天走3次（早、午、晚各1次）。长年享受上下楼，居不畏高，长城不怕上不了。青少年增强了体质、健美了体形、增加了风度，中老年强身健体延年益寿。所以，为锻炼身体与健身考虑，住楼房就要住高楼。

（二）跑楼梯健身法

近年来，跑楼梯也被列入体育运动项目之中，北京、上海举办过登电视台的比赛，让运动员从电视塔底层顺着楼梯向上跑，谁先跑到顶点谁就是冠军。这种新奇的比赛，引起了不少人的兴趣。随着建筑事业的发展和人民生活水平的提高，出于对自己健康的需要，跑楼梯将成为一种新型的体育运动。

肥胖人上下楼更有特殊意义。因为身体超重，上下楼用力越大，消耗的能量越多，这就把身体内多余的脂肪消耗掉，使体重明显地减轻。据有关测定表明，一个身高1.70米，体重80公斤的人，住到4层楼去，每天坚持快步上下楼梯，只要坚持2~3年，就可以使其体重恢复到65~70公斤正常范围内。所以，对一些肥胖的人来说，更不应该怕上下楼梯的麻烦，而应争取住到5~6层楼上去。这样，肥胖症就可以不药而愈，实践会证实登楼梯是一种极妙的减肥方法。

住在楼上或楼上办公的同志，应该对上楼的健身作用有所认识。每逢上下楼之前，莫在电梯前等待，还是自己坚持走上去、走下来好。如果有闲暇了，大家再来个上楼比赛，那对身体的锻炼作用就更大了。

1. 跑楼梯的练习方法

（1）用脚尖一个一个台阶地向上慢跑。

（2）用前脚掌两个台阶、两个台阶地向上慢跑。

（3）用双脚一个台阶、一个台阶地向上跳。

（4）用一腿屈膝提起，另一腿一个台阶、一个台阶地跳上去。

（5）两小腿分别绑上沙袋或其他重物，用上面4个练习方法向上跑或跳上楼梯。

（6）双手持负重物品，如哑铃等。用上面1～4种方法向上跑或跳上楼梯。

（7）双手或肩上持负重物品，如沙包等用上面1～4种方法向上跑或跳上楼梯。

（8）有目标的，如快跑6～10层高层楼梯台阶。

（9）一手拿秒表，手指秒表开始跑5层楼梯的计时跑。

（10）上楼、下楼连续反复跑几次（4～6层楼梯）。

（11）上楼下楼的间歇跑，跑后休息一下再跑。

（12）上楼快速跑，下楼慢速跑，或上楼慢跑，下楼快跑地变速跑。

总之，根据自己的身体条件调节运动量进行跑楼梯台阶。经过一段时间助跑楼梯练习，身体适应后，可以根据美国库珀先生的往返多次一层楼评分标准表进行锻炼跑步。库珀先生认为，上一层楼梯1分也不给，爬一层楼梯或更高的楼梯虽然因产生缺氧而气喘吁吁，但时间太短，对心脏作用不大。如果往返多次爬一层楼，或者负重进行，就可以获得许多分数了。往返多次爬一层楼的评分标准表（10个台阶，每级台阶高约18厘米，斜度为20~30度）。

2. 跑楼梯的注意事项

（1）以身体条件选择跑的次数和楼层台阶。应按照循序渐进的原则进行练习，不要急于求成，以免过于疲劳。

（2）在跑和跳楼梯台阶时，集中注意力，看好台阶高度进行跑，以免受伤。

（3）要用多种形式跑楼梯台阶，可以达到全面训练身体并提高兴趣，千万不要过于单一地练习。

（4）注意安全。一般楼梯内会放置杂物，当心碰伤身体，也不要影响行人或冲撞行人。

（5）速度由慢到快，中阶距离由少到多，时间由短到长，运动量要留有余地。

3. 跑楼梯训练计划制订

（1）一般有爬（走）楼梯、跑楼梯及跳台阶三种形式，可按自己体力选用。

（2）利用专门健身器械进行锻炼，在健身器械方面已有"爬楼梯机"的生产，使用起来也很方便，并不受居住条件限制。锻炼者只需踩动自行车那样的两块上下转动的踏板即可，且有先进的计算机控制程序，可随时在屏幕上显示各种参数。

（3）制订一份跑楼梯训练计划和积分表。

第三节　登山健身

（一）话说登山

农历九月九日，是我国传统的重阳佳节。因九属阳数，九月九日是二九相重，故称"重阳"。重阳节登高的来历，传说很有意思。相传东汉年间，老百姓为躲过兵乱、瘟疫之灾，在重阳这一天携儿拖女，合家登山避难，其中有一个叫桓景的人，听了师父费长房的劝告，在九月九日一大早，关门闭户，领着全家老小登上高山。他们把带来的朱庚、菊花放在身边，饮酒进餐，十分快乐。到了晚上，他们回家时，发现鸡狗都死了。师父说："善哉，这些牲畜替你们遭了难，你们该脱灾降福了。"附近的人，看到这种情况都很震惊。以后，每年到了重阳这一天，老百姓都要登山避邪，形成风俗。

到了唐代登山风俗就更为盛行了。唐中宗曾亲自临渭事，登山作诗，诸友同赋。唐代诗仙李白也常常"攀岩历万重"，并在登山的过程中写下了许多雄伟瑰丽的诗篇。当他58岁时，还登上了巫山，写下了"飞步凌绝顶，极目无纤烟"的绝句。唐代诗人杜甫也曾在重阳节独自登山远眺，并写下了"无边落木萧萧下，不尽长江滚滚来"这壮丽的登高诗句。当他登临泰山之巅时还咏道："会当凌绝顶，一览众山小。"杜甫的气魄，真可谓"千古绝唱"。而"独在异乡为异客，每逢佳节倍思亲。遥知兄弟登高处，遍插茱萸少一人"。这是唐代著名诗人王维在《九月九日忆山东兄弟》一诗中所流传的千古绝句。

在古代，不仅男子登山，女子也不例外。据《江南野史》记载，唐代长安有善唱之女尹氏，"重阳与群众戏登南山文峰"，并应同伴之邀，退出登录，"声达数十里"。

如果在秋高气爽，风和日丽的季节里，开展爬山畅游活动，一览祖国的大好河山，饱赏大自然的好风光，不仅可以增进身体健康，而且能使人心旷神怡，其乐无穷。当你登上高峰，极目远眺，将壮丽的名山秀水尽收眼底时，那种愉悦的心情是难以用语言来形容的。正因为这样，所以我国古代许多名人雅士，都喜欢从事登山远眺活动。

北京的香山、八达岭，山东的泰山，西安的华山，安徽的黄山，江西的庐山，随处可以看到男、女、老、少登山游览者，登山健身者。近年来，登山健身活动更是风靡全国。

1999年5月，北京举行了第二届全民健身活动，其中香山登山活动就是其中一项，发令枪一响，上万名男女老少纷纷向香山山顶冲去，他们正在享受自然，挑战自我，登山极顶，再创辉煌人生。

（二）登山的好处

（1）登山运动对呼吸机能的影响。有人在3630米高原上观察了人体进行运动训练后的情况证明，呼吸机能大大超过机体在平原的反应。如在平原地区行进50米时，肺通气量为每分钟27公升，而在60米高度上则为42公升，比平原增加了55%。有人调查了登山运动员的憋气时间要较其他项目的运动员时间长。这说明了通过登山锻炼，机体各个器官系统的机能有了迅速提高，因而憋气时间延长，对缺氧的耐受能力提高。

（2）登山对增加肌肉韧带力量，尤其是腿部、脚、踝力量也有很大的作用。通过爬山锻炼后再走或跑起来会感到轻松有力，而且不容易受伤。所以，目前许多项目的运动员都将登山作为部分训练内容的道理也在于此。

（3）登山对神经系统的作用也是显而易见的。有的神经衰弱患者通过登山锻炼，症状很快就消失了。

（4）登山对消化系统的作用。登山或下山时会震动腹腔内的器官，促使肠胃蠕动和消化液的分泌，帮助提高消化能力，加强消化系统的吸收能力。

（5）爬山不仅有助于提高工作学习效率，而且也是培养勇敢、坚强、果断、毅力等意志品质的良好手段，因此，凡是可以进行爬山锻炼的地方，应充分利用山区自然条件来进行锻炼。

（三）登山注意事项

登山活动无疑是一项有益于身心健康的活动，在空闲、节假日里值得大力提倡。但为了避免意外事故，在爬山时应注意以下几个事项。

（1）要注意安全。爬山时最好穿软底、有防滑纹理的走步或跑步鞋。山上悬崖峭壁巨岩之处，往往下临深渊，如果在这些地方观赏风光时，一定要多加小心。

（2）要掌握正确的爬山技术。上山时身体重心要前移，步幅放小些，落脚点近些。坡度较陡的山路应抬高膝盖。

（3）要注意控制运动量。在海平面上，大气压力为760毫米汞柱，而氧气的分压为0.21×760毫米汞柱。大气压力和氧分压都会随着山的高度的增高而递减。据科学测定，当海拔为 1219 米时，大气压力下降至 656.4 毫米汞柱，氧分压相应下降为 $0.21 \times 656.4=137.8$ 毫米汞柱。在爬山的过程中，一方面大量消耗氧量和体力，另一方面又会遭到氧分压下降，氧气不足的危险。所以必须有节奏地掌握好运动量，若感到吃力时，可在途中休息片刻。倘若是上了年纪的人，还可以在幽静处品茗倾谈，对弈消闲。

（4）要注意气温变化。据测定，山的高度每升高 150 米，气温就下降 1 摄氏度，如果登上 1500 米高的山峰，其气温将比山下低 10 摄氏度左右，所以在登山顶休息时，应将途中脱下的衣服穿上，以免着凉感冒。

（5）患有心血管系统疾病、肺气肿、支气管炎等疾病的人，如果经医生检查，代偿功能良好的，可以参加一些轻微的登山活动，如果代谢功能不佳，就暂时不要参加登山活动，以免发生意外事故。

登山锻炼还可以通过专门的健身器械来进行，有一种台阶式登山器，可编制 9 个电脑训练程序，屏幕可显示出时间、距离、步数、速度、心率、体重、热量消耗，并有 12 个难度（阻力）可供选择。这给居住在平原和城市的登山健身爱好者提供了随时进行锻炼的机会。

第七章 室内健身跑运动

第一节 跑的技术和速度的练习法

在风、雨、雪以及大雾天气里，无法在室外进行走跑健身锻炼，应放在室内进行练习。

（一）小步跑

1. 动作要领

上体正直或稍前倾，身体不要后仰，重心抬高，骨盆前挺，全身舒展。在放松膝关节后，两腿交替屈膝抬举后，迅速放松下落，小腿顺势前摆，用前脚掌着地，完成"扒"的动作，并迅速伸直踝、膝、髋三个关节，同时两臂屈肘，肩放松，配合两腿动作做前后摆动。（见图 7-1）

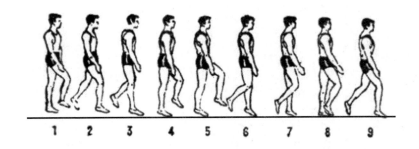

图 7-1 原地小步跑

2. 练习方法

（1）原地有节奏的慢小步跑练习。

（2）原地快节奏地小步跑。

（3）原地节奏由慢到快地小步跑。

（4）由原地的小步跑，向室内过道空地做行进间小步跑。

3. 练习作用

提高关节灵活性、柔韧性和动作的频率。这对改进跑的速度和技术有很大帮助。

（二）高抬腿跑

1. 动作要领

上体正直或稍向前倾，身体重心提高，骨盆前挺，全身放松舒展，两腿交替。屈膝高抬，大腿与躯干接近直角，然后积极下压，用前脚掌着地，并迅速伸直踝、膝、髋三个关节。同时两臂屈肘配合两腿高抬腿动作，进行前后摆动。（见图 7-2）

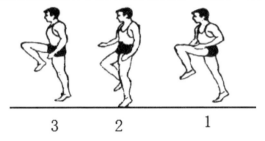

图 7-2 原地高抬腿跑

2. 练习方法

（1）原地做高抬腿跑动作，两手放在腰前，高抬大腿，做到上抬大腿时触手。

（2）原地由慢到快的高抬腿跑练习。

（3）先在原地高抬腿跑，然后转入行进间高抬腿跑。

（4）由行进间高抬腿跑过渡到原地高抬腿跑。

3. 练习作用

增强腿部肌群的力量，提高关节的灵活性、柔韧性和动作的频率，对提高跑步成绩有很大帮助。

（三）原地支撑后蹬跑

1. 动作要领

骨盆前倾，使后蹬做得积极充分，上体略前倾，后蹬腿充分伸直，使髋关节、膝关节、踝关节在一条直线上。最后通过脚趾扒地腾空，同时另一腿的膝盖领先向前上方摆出。（见图7-3）

图 7-3 原地支撑后蹬跑

2. 练习方法

（1）原地做跨跳步练习。

（2）由原地跨跳步过渡到原地后蹬跑。

（3）原地两手支撑墙壁或阳台栏杆或桌子均可，做动作幅度由小到大的后蹬跑。

（4）原地两手支撑阳台栏杆或桌子，做由慢到快的后蹬跑。

（5）在体育馆中可练习由后蹬跑过渡到加速跑。

3. 练习作用

增强跑步时的髋、膝、踝关节充分伸直的力量，提高跑的速度。

第二节 上肢力量的练习法

（一）前后摆臂

1. 动作要领

原地两脚前后站立，上体适当前倾，与地面约成80度角左右，不要低头屈髋，也不要仰头，两臂靠近身体两侧，以肩关节为轴，前后用力摆臂，大小臂之间的角度约为90度，前摆时稍小些，并稍向内偏斜，但不要越过身体中心线，后摆时角度可大些。（见图7-4）

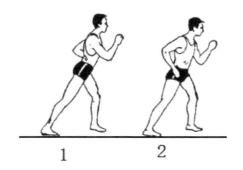

图7-4 前后摆臂

2. 练习方法

（1）原地两脚前后站立，两臂一前一后摆动，做两臂前后摆动的动作要领是否正确的练习。

（2）原地两脚前后站立，做两臂慢速度前后摆臂练习。

（3）原地两脚前后站立，做两臂由慢到快的前后摆臂练习。

（4）原地两脚前后站立，做两臂加速的前后摆臂练习。

（5）原地两脚前后站立，两手持小哑铃后做上面（1）—（4）的练习。

3. 练习作用

正确掌握跑步的两臂前后摆臂动作，增强两臂的力量。

（二）俯卧撑

1. 动作要领

身体向前俯卧，两臂伸直撑地，肩部充分顶开，颈部梗直，身体保持挺直，屈臂时双肘不要外展，在胸部接近地面后，快速发力向上，推地至臂伸直，肩全部顶开。

2. 练习方法

（1）左手脚在同一平地上练习。（见图 a）

（2）加大难度的练习，把脚垫高，手臂撑地后做俯卧撑练习。（图 b）

（3）每项练习次数以极限为宜，每次练习 2~3 组，中间休息 1~2 分钟。

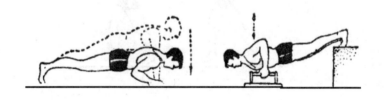

图 7-4 俯卧撑 （a）　　　　图 7-5 俯卧撑 （b）

3. 练习作用

增强上肢力量和腰腹力量。

（三）引体向上

1. 动作要领

两手成正握或反握高单杠，身体伸直或成悬垂，迅速屈臂发力，引体向上，前臂弯曲，至下颚超过杠面，肩接近于单杠成屈臂悬垂，然后双臂伸直。反复连续练习。（见图 7-6）

图 7-6 引体向上

2. 练习方法

（1）在门框上做引体向上。

（2）在单杠上做引体向上。

（3）在健身房的联合器械上做引体向上。

（4）在结实的树枝上也可做引体向上。

（5）下肢负重做引体向上。

（6）根据自己的手臂力量决定练习次数。

（7）在单杠上做屈臂引体向上，下颚在杠上静止不动一段时间。

做静止性的练习后，应放松手臂，如挥动、抖动几下胳膊，也可以做几次深呼吸。上肢力量练习方法还有很多，如做拉力器练习等，可根据器材和室内设备情况自行选择练习。

3. 练习作用

提高上肢力量和全身协调配合的能力。

第三节 下肢力量的练习法

（一）脚尖行走

1. 动作要领

身体重心提起，用前脚掌着地行走，脚跟提起，两臂在身侧前后自由摆动。（见图7-7）

2. 练习方法

（1）原地足尖走练习。

（2）行进间足尖走练习。

（3）协带负重物的足尖走练习。

（4）在楼道阶梯上，由下向上用脚尖行走。

3. 练习作用

增强踝关节的力量。

（二）鸭子步

1. 动作要领

半蹲，后脚跟提起，两手手掌朝外保持这个半蹲姿势，行走一定距离。（见图7-8）

2. 练习方法

（1）鸭子步直线行走。

（2）鸭子步曲线行走。

（3）鸭子步转圈行走。

3. 练习作用

增加腿部肌肉力量和踝关节的灵活性、柔韧性。

（三）负重提踵

1. 动作要领

肩负重物，前脚掌站在一个比地面稍高的地方，如砖上即可做提踵动作。（见图7-9）

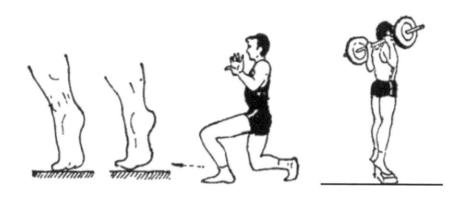

图 7-7 脚尖行走　　　图 7-8 鸭子步　　　图 7-9 负重提踵

2. 练习方法

做此练习时，可采用中等重量物体放在肩上。每组做6~8次，每次可练习3~4组。

3. 练习作用

增强腿部力量和踝关节的力量与灵活性、柔韧性。

第四节　腰腹力量的练习法

（一）仰卧起坐

1. 动作要领

躺在床上或垫上，双手手指交叉在头下抱头，两腿伸直，一人协助抚按下肢或将下肢固定在条凳上，腹肌迅速收缩，使上体前屈，下肢尽量接近膝关节，然后缓慢半躺倒，

连续反复进行 30 秒或 60 秒。（见图 7–10、图 7–11 ）

2. 练习方法

（1）在床上练习仰卧起坐。

（2）在平面上做仰卧起坐。

（3）在斜坡上做仰卧起坐。

（4）在地毯上做屈腿半仰卧起坐。

3. 练习作用

增强腹部肌肉力量。

（二）俯卧挺身

1. 动作要领

俯卧在地上或置于床上，两手向前伸直或两手在头后立握，腿伸直，背部用力使上体尽量离开水平面，然后还原（见图 7–12、图 7–13）

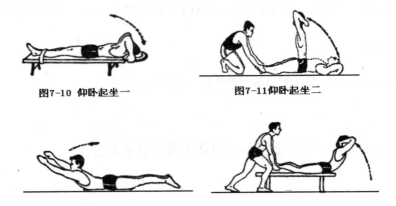

图7-10 仰卧起坐一　　　　图7-11仰卧起坐二

7-12俯卧挺身一　　　　7-12俯卧挺身二

2. 练习方法图

（1）在平坦地方做俯卧挺身。

（2）在肩背上负一定重量做此练习。

（3）在俯卧挺身后保持背屈姿势几秒时间。

（4）在床上或地毯上做俯卧挺身两头翘的练习。

3. 练习作用

增强腰、背肌肉群的力量和腰背的灵活性。

（三）压腿

1. 动作要领

（1）正压腿：一条腿伸直前举置于略高于腰的肋木或台阶上，正压腿时，前举的腿一定要对准放脚的地方，上体下压时要保持正直，尽量用胸部贴近腿，同时支撑腿伸直，脚尖正对前面。（见图7-14）

（2）侧压腿：一条腿侧举置于略高于腰的肋木或台阶上，背要挺立，稍收腹，上体要尽量侧屈，不前倾或后仰，做此练习时两腿都要伸直，膝不能弯曲。（见图7-15）

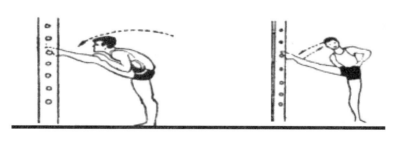

图 7-14 正压腿　　　　　图 7-15 侧压腿

2. 练习方法

两腿交替做正压腿或侧压腿练习，每腿练习四、八拍。

3. 练习作用

增强髋关节、膝关节的力量和灵活性、柔韧性。

（四）后压腿

1. 动作要领

（1）一腿伸直后举脚背置于台阶上，支撑腿伸直上体后仰压腿。肩要正，挺胸收腹，

支撑腿、被压腿都要伸直。（见图 7-16）

（2）一腿伸直后举脚背置于台阶上，支撑腿屈伸上体后仰压腿。肩要正，挺胸收腹，支撑腿脚跟不离地，被压腿要伸直。（见图 7-17）

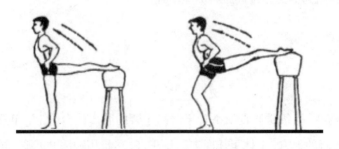

图 7-16 后压腿一　　　　图 7-17 后压腿二

2. 练习方法

两腿交替进行后压腿练习，每腿练习四、八拍。

3. 练习作用

拉伸腿前肌肉群。

（五）踢腿

1. 动作要领

（1）正踢腿直立，两臂侧平举，左脚向前迈小步，右腿绷脚面伸直，向头部方向上踢。上踢时要急速有力，落下时要控制重心。踢腿时上体要正直，右脚落在左脚前侧一小步，重心前移于右腿上，再踢盘腿。（见图 7-18）

（2）侧踢腿直立，两臂侧平举。左脚向前迈一小步，右脚脚面绷直，快速向右侧耳朵方向踢。右腿侧踢时，右臂向前内绕至体前下按，左臂上摆，翻掌上托，其他要领与正踢腿相同。（见图 7-19）

（3）偏踢腿动作与正踢腿相同，只是踢左腿时左腿要向异侧 45 度角踢起，并从右经前至划一个弧形，到左侧时，用左手打脚面，踢右腿方法与踢左腿相同，唯方向相反。（图 7-20）

图 7-18 正踢腿　　　图 7-19 侧踢腿　　　图 7-20 偏踢腿

2. 练习方法

两腿交替做以上三种踢腿，做四、八拍。

3. 练习作用

增强两腿肌肉和关节的柔韧性和灵活性。

第五节　　柔韧和灵敏素质的练习法

（一）压肩

1. 动作要领

两腿直立，两脚自然分开与肩同宽。上臂伸直，两手扶住与髋部相同高度的支撑物。挺胸、抬头，上体前屈，以肩部为轴上下压肩，并使肩充分拉伸开。（见图 7-21）

2. 练习方法

（1）在窗台、阳台栏上做此练习，做四、八拍。

（2）在桌子、床沿上做此练习，做四、八拍。

3. 练习作用

增强肩带肌群力量和肩关节的灵活性与柔韧性。

（二）拉肩

1. 动作要领

背对肋木或同伴，两臂上举，两手握肋木或同伴的手，抬头挺胸向前拉，使肩充分拉伸开。（见图 7-22）

图 7-21 压肩　　　　　　　图 7-22 拉肩

2. 练习方法

（1）在体操房肋木上做此练习。
（2）在低单杠或双杠上做此练习。
（3）在居室内空地由同伴拉住练习者双手做此练习。
（4）在居室内空地由同伴拉住练习者单手做此练习。

3. 练习作用

通过拉肩增强肩关节的灵活性和柔韧性。

（三）支撑和悬重举腿

1. 动作要领

双臂伸直，支撑在双杠或其他代替器械上，身体保持正直，双腿并拢后快速收腹举腿，使大腿与上体成 90 度，并静止 3~4 秒，然后还原。悬垂举腿和支撑举腿一样，不同的是双手握杠或肋木做。

2. 练习方法

也可在小腿上负重后举腿。

3. 练习作用

增强上肢力量和腰腹力量。

 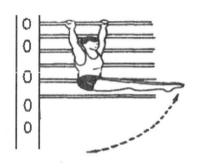

图 7-23 支撑　　　　　图 7-24 悬垂举腿

第六节　原地跑练习法

人到中年，如果整天伏案，很少锻炼身体，就容易发胖，腹部开始凸出，甚至上楼梯都会感到呼吸急促，全身劳累。所以，不少中老年人为了保持形体和体质，在室内以原地跑步作为主要的锻炼项目。所以，有人认为，足不出户的"脚勤"运动，可以增强健康，保持健美的体形。由于每天外出锻炼一要场地，二要时间，而且还常受气候的影响，往往难于长期坚持，于是，有人试行在室内原地跑步。

第七节 健身车锻炼法

室内原地跑步，可在卧室或阳台上随时进行，既不受天气好坏的影响，又可利用零碎的时间，易于坚持锻炼身体。据日本报纸介绍，室内原地跑步运动的运动量、热量消耗和氧气吸取量都同室外"脚勤"运动一样，许多人坚持一年就取得明显效果。

室内原地跑步的运动量开始时每天只需 4~5 分钟即可，以后逐月增加，最多每天 20 分钟，具体递增时间如下。

第一个月　每天 4 分钟

第二个月　每天 5 分钟

第三个月　每天 6 分钟

第四个月　每天 8 分钟

第五个月　每天 10 分钟

第六个月　每天 12 分钟

第七个月　每天 14 分钟

第八个月　每天 15 分钟

第九个月　每天 16 分钟

第十个月　每天 18 分钟

第十一个月　每天 19 分钟

第十二个月　每天 20 分钟

对于平时很少活动的人来说，锻炼初期会有十分疲劳的感觉，这是正常现象，只要坚持下去，过段时间就会逐渐轻松起来，当你把时间加到 10 分钟以上时，不需要很大毅力也能坚持下去了，因为这时身体本身就有了进行活动的需要，如果停止锻炼，反倒会感觉不舒适。这样，一年之后就会有明显的效果。肌肉发达，脂肪减少心肺功能有所提高，上楼梯也会比过去轻松多。

室内原地跑步对中年老人来说，是一项很好的运动。但是，在室内原地跑步容易引起脚痛并感到枯燥无味，为了使此项运动不单调，可改变方式进行。具体做法请参照第七章的原地跑步健身。

实践证明，室内原地跑步是最适合工作任务多、家务负担重的中年人的锻炼方式，有兴趣者不妨试试看。

（一）蹬骑健身车练习方法

（1）健身车的运动量安排，表现为每次锻炼的时间和每周锻炼的次数。在锻炼计划中，每次锻炼的时间要因人而异，一般为 10 ~ 20 分钟，健身车的阻力要循序渐进，逐渐增加。每周锻炼次数最好有 3 ~ 5 次。老年人可以隔天进行一次，但不能间隔天数太多，以免失去锻炼效果。

（2）可按照自己的体力制定蹬骑的速度和距离，骑速和骑距要按照循序渐进与量力而行的原则。我们在这里不做硬性规定。

（3）对健身跑步有素者，可以用每小时骑 24000 ~ 32000 米的速度进行，有的健身车没有速度表，而有转速表，可以用每分钟蹬 60 ~ 80 次的转速进行。

（4）对初次练健身车者，每次蹬骑速度、距离和时间少些，也可以采用中间休息法进行锻炼。

（5）运动结束后，立即测心率数。蹬车时，要把制动器的阻力调到能使心率达到自身年龄心率稍多些。

（6）对初次练健身车者，每次蹬骑速度、距离和时间少些，也可以采用中间休息法进行锻炼。

（7）运动结束后，立即测心率数。蹬车时，要把制动器的阻力调到能使心率达到自身年龄心率稍多些。

（二）蹬骑健身车的注意事项

（1）要注意卫生。在居室内进行健身车练习之前，应把窗户打开注意室内空气流通，要在新鲜空气中进行锻炼。也可以把健身车搬到阳台或楼道内进行。

（2）要注意安全。在蹬骑健身车之前，首先要检查车身的固定是否牢靠，健身车的零部件是否完整结实。

（3）服装要舒适轻巧。不要穿过于宽松肥大的服装而影响蹬车的技术和速度。

（4）在做健身车锻炼时，必须按照循序渐进和量力而行的原则。运动量应由小到大，车速由慢到快，蹬的距离由短到长，蹬的时间由短到长。

（5）每次健身锻炼结束时，要做好放松运动，特别是大小腿的放松和手臂的放松运动。

第八节　家庭健身跑步练习法

（一）家庭循环健身跑步练习法的作用

家庭循环健身跑步练习法，是在家庭中进行一种综合性的跑步健身练习法。它是将一组相同内容的练习按一定的顺序串联在一起，跑步练习者在一定的负荷和时间要求内，依次完成每个练习，循环往复，周而复始，家庭循环健身跑步练习法，根据家庭居室空地的大小布局状况和家中现有器械等，进行循环健身跑步的练习。

家庭循环健身跑步练习法，是依据不同年龄层身体状况等条件，按照渐进性负荷的规律，使练习者在十分有兴趣的心境下，轮流进行各种练习，即使局部肌肉负担过重，又使全身肌肉参加活动。与此同时，心血管系统和呼吸系统的机能得到提高，各种跑的练习手段的选择作用、共同作用、调节作用和转换作用也能有机地结合起来，跑步爱好者在室内通过健身跑步的练习，使身体素质和运动能力得到全面发展，达到增强体质的目的。

（二）家庭采用循环练习跑步法的特点

（1）练习内容多样化，对身体影响较全面。采用跑的循环练习的手段，是简单易做、性质不同，又能激发兴趣的多样化手法，既包括上肢活动又包括下肢活动；既有动力性练习又有静力性练习；既有徒手的练习又有带器械的练习，通过多样的练习内容，达到全面锻炼身体的目的。

（2）运动负荷量因人而异和循序渐进。按照健身跑步者的身体条件，要循序渐进地增加循环练习的负荷。一般以练习者的极限体能测验为依据，适应根据健身跑步练习者的特点确定练习项目的数量。在家庭中一般采用 3 ~ 4 个项目即可。以下几种手段可增大运动负荷量。

①增加某一练习点的练习次数。例如，某一练习者的俯卧撑的极限体能是 30 个，可先做 15 个，以后逐步地增加次数，最多不应超过本人极限体能的 2/3。

②增加单位时间内的练习次数。

③缩短完成次数的时间。

④缩短间歇时间。

⑤增加各项练习的负荷，例如增加所用器械的重量等。

（3）简单易做，一般不必受客观条件的限制。采用循环练习时，一般由简单易做的技术、容易掌握的练习组成。这些练习可以使用器械，也可不用器械，可以在室内地方小、器械少、时间充分的情况下进行；可根据不同层次体能的强弱、运动能力的高低参加练习。

（4）可以根据不同层次的练习者，增加或减少运动密度，来调节自己合适的运动量。

（5）经常进行循环练习，可以提高练习者独立锻炼能力，随时掌握自己体能增长情况，有助于养成跑步爱好者的自觉锻炼习惯。

（三）家庭循环健身跑步练习方法

通常的家庭循环健身跑步练习方法列举如下。

采用循环健身跑步练习方法很多，这里不一一列举。总之，根据不同年龄、性别、体能和身体状况等，可以随意选择使用，也可以根据自己的需要和器械情况进行重新组合练习。但尽量使练习的身体部位有间歇，不要重复练习某一部位。上述的练习次数、密度和时间等没有具体定量规定，为了不强求一律，可根据自己的条件自我制定。

为了通过循环健身跑步的练习，达到较好的锻炼效果，还可以采用持续练习法、间歇练习法和交替补充练习法。根据自己的情况和目的，任务灵活地进行安排。

第八章 青少年走跑健身锻炼

第一节 青少年发展耐力素质的关键期

世界卫生组织关于青少年年龄段分期如下：

儿童期：7 ~ 12 岁

少年期：13 ~ 17 岁

青年期：18 ~ 40 岁

10 ~ 14 岁少儿可进行适当的耐力训练。青少年耐力素质发展的敏感期的年龄为 16 ~ 18 岁，在女子 17 ~ 18 岁、男子 19 ~ 23 岁时，其耐力性工作能力达到最大限度。根据耐力素质的年龄变化特点，在安排耐力训练时，要抓住有效发展耐力的年龄阶段，要循序渐进，区别对待，合理地安排负荷与休息。

第二节 青少年走跑锻炼的重要性

现代科学技术迅速发展以及各种信息的迅速传播，使青少年的学习压力更趋增大，从某种意义上讲，除了必要的休息和饮食外，脑力劳动已是现代青少年唯一的或主要的活动内容与方式。

青少年正处在青年中期，而那些学校毕业后继续学习深造则要延至青年晚期，乃至成年早期。

从人的整体发展过程来看，这一时期是承前启后的关键期，也是人一生身心发展的敏感期或易变期，学习与工作，婚姻与家庭，照顾老人与扶育下一代，事业发展与社会交往等，都会从有利或不利的方面影响其身心的协调发展，而这种影响对青年期后期的发展具有决定性意义。因此，以上存在的情况从客观上最容易造成受高度教育者身心发展的不平衡或不协调性，这就要求大学阶段一定要把在中、小学时期养成长跑习惯和良好的体力继续保持下去，从而有充沛的体能接受现代生活方式的挑战。

第三节　青少年健身跑的方式方法

青少年正处在生长发育期，此时期一定要进行一些耐力训练，以提高心肺功能。但是，必须掌握好长跑的量和强度，随着年龄的增长和心肺功能的提高而增加跑的距离与跑的速度，千万不可操之过急。

长跑是一种长时间重复单一性的运动，很容易产生单调枯燥的感觉，影响健身的效果，因此跑步的内容与形式一定要具有娱乐性、趣味性和游戏性。根据跑的方法和青少年的身心特点，可把跑分为：健身跑、接力跑、使用器械跑、障碍跑、野外跑等，下面就介绍一些方法。

（一）徒手跑

1. 背手跑

游戏者把双手背在体后，进行赛跑，也可以用双手背后一只手抓住另一只手的手腕进行赛跑。

2. 蹲踞走和跑

游戏者以蹲踞姿势站在起跑线后，当听到"跑"的口令后，保持蹲踞姿势跑，也可以将手放在膝部上做向前蹲踞走。

3. 双人搭肩跑

两人一组，互相搭着肩。方法：各就各位时，两人搭肩站在起跑线后，当听到"跑"的口令后，两人搭肩跑，途中跑开时，搭好肩后再接着跑。

4. 逆向跑

人数不限，在地上画一直径为 5 ~ 10 米的大圆，取同一直径上的二点为起点，各站一人，采用站立式起跑姿势，两人分别向两个方向沿圆弧跑，看谁先到达原起跑点，快者获胜。也可以在棒球场上进行，两人都由二垒出发，同时向两边跑，一人经一垒跑向本垒，另一人经三垒跑向本垒，快者获胜。

（二）接力跑

接力跑是孩子们最喜欢的一种形式，趣味性强，富有竞争性，既能培养孩子们的集体主义精神，又能达到强身健体的作用。

1. 跨越小河赛跑

在地上画 2 条间隔线，距离为 120 厘米左右，作为小河。距小河一侧等距处分开插若干面小旗，小河的另一侧相距 10 米处，画一与河平行的直线为起跑线。游戏者可分成若干队，各成一路纵队面向河对岸的小旗，站在起跑线之后。游戏开始，排头的人起跑，跨过小河，绕过前面的小旗，以同样的动作返回起点。手触摸下一个人，下一个人依次起跑。熟练后或随着能力的提高可以加宽小河的宽度，或者增加小河的数目。

2. 交替仰卧接力赛跑

将游戏者分成两队，每队 15 人左右站成一路纵队，两队排头分别站在同一起跑线后。各队各先出一名代表分别仰卧在前面的 5 ~ 10 米处同等的两个圆圈内（头朝起点）。游戏开始，排头的人跑到圆圈用手轻拍一下同伴的头部，然后两人交换。被拍头部者跑回起点拍下一个人的手，然后站到排尾和下一个人拍手后再起跑与仰卧者交换。以此类推，最先仰卧者再仰卧到圆圈里的那一队获胜。

3. 倒着跑

将游戏者分成两队，每队 10 人左右，分别站在起跑线后，距起跑线 15 米处画两个折返点。游戏开始，各队排头的人背对着跑的方向倒着起跑，到达折返点后改变成正常的向前跑的姿势跑回起点，手触下一个同伴的手，下一个同伴再倒着跑，依次进行。

4. 双人侧向跑

游戏者分成两队，2 人一组面对面、手拉手站在起跑线后。游戏开始，两队的第一组手拉手侧对着跑的方向蹦跳着前进，绕过折返点后，仍然手拉手侧对着跑回起点，下一组依次进行，最先做完的队为胜。

5. 绕竿接力赛跑

在地上放置两竖行，每行若干个标志杆，竿与竿之间的距离为 2 米，相同人数的两队分别站成一路纵队，站立在起跑线之后。游戏开始，排头的人向前跑并分别围绕着每个标志杆转一圈，当绕完折返点的标志杆一圈后，以同样的动作返回起点，下一人依次进行，最后一人先到起跑点的队为胜。

（三）使用器械的跑

1. 跳绳跑

一个人边跳绳边跑。可 2 人一组同握一绳边跳边向前跑。为提高兴趣，也可以以接力赛的形式进行。

2. 推铁环跑

边推铁环边向前跑。除跑直线外，还可以设置一些障碍，做曲线跑。

3. 冲浪跑

两人面对面，相隔 2 米以上的距离，两人分别手握一根 3 米以上的绳的两端，做上下摆动，使绳子形成一个波浪，波浪的高度与膝部为宜，其他游戏者站在起跑线后，当"开始"的信号发出后,游戏者依次从波浪上跳过。跑时注意不要用脚勾住绳子,或被绳子绊倒，需注意安全。

4. 滚圆筒

游戏者手持两根木棒（长约 60 厘米）和一个圆筒（可用塑料烟筒代替），站在规定的起跑线后。游戏开始，排头的人双手各持一根木棒拨动滚筒往前跑，绕过前方的标志返回。此游戏可以以接力的方式进行。

5. 踩尾巴跑

8 人左右，分成两组，每人腰部后分别拖 1 根 1 米左右的绳子，约有 30 ~ 50 厘米拖在地上，听信号互相追逐，力争将对方的绳子用脚踩住（被踩者一跑，绳子就掉下来了）。绳子掉了的人退场，直到一方全部退场为止。

（四）障碍跑

1. 跨栏架

将学生分成人数相等的几个队，各队站在起跑线后，每队前方的跑道上放置两副栏架。游戏开始，游戏者跑跳过栏架，跑时若将栏架碰倒需要重新扶好再做，先到终点者为胜。

2. 跨栏跑

在起点与终点之间，放上栏架和垫子，间隔距离要适当，游戏者从起点起跑后，分别跨过两个栏架，然后在垫子上做一次后滚翻，起来后冲向终点。

3. 越障碍跑

在地上布置若干障碍（跳箱、低平衡木、垫子、藤圈、跨栏架）。游戏者起跑后要分别跳过跳箱，通过平衡木，钻出藤圈，垫上做前滚翻，再从跨栏架下钻过，最后冲向终点。

（五）野外跑

1. 利用地形、地物跑

利用野外的地形、地物及自然环境去跑，可以规定时间，也可规定路线及距离。为防止腿部负担过重，中途可以穿插一些上肢力量的练习（如悬垂在树干上做引体向上等动作）。

2. 跟随跑

两人一组（可父子进行），一人在前边跑，另一人后边跟随，相距 2 ~ 3 米，跑一定距离后交换领先者，可事先规定跑的总时间和总距离。

第四节　青少年不同性别健身跑

（一）在田径场上进行慢速度超人跑

男子为 2000 ～ 3000 米，女子为 800 ～ 1500 米。

方法是：10 ～ 25 人成一路纵队跑，最后一人从右侧用稍快的速度跑到排头时，然后最后一人再开始从右侧跑到排头。用此方法，集体跑完规定距离为止。

（二）在校内、机关、厂矿里或马路边进行走跑交替健身跑

男子为 3000 ～ 5000 米，女子为 2000 ～ 3000 米。

（三）在自然环境（公园、树林、河湖边、丘陵、山林）中，进行走跑交替越野跑

男子为 5000 ～ 10000 米，女子为 3000 ～ 7000 米。

（四）在不规则的地方进行定时走跑交替

男子为 20 ～ 35 分钟，女子为 15 ～ 25 分钟。

（五）根据自己的年龄和性别，进行 12 分钟健身跑

（六）象征性长跑

方法是：从某地跑到某地，事先算出两地的相距里程，计划每天用中等速度或慢跑多少距离，用多少天跑完全程。例如从北京到上海。

（七）在海边沙滩上慢跑

男子为 3000 ～ 5000 米，女子为 2000 ～ 3000 米。

第五节　提高青少年学生耐力的方法

一些中学生、大学生常为自己耐力素质较差、达标困难而苦恼。下面介绍几种提高耐力素质简便易行的方法。

（一）跑步训练法

跑步是提高耐力的主要手段，适宜青少年采用的跑步方法有：持续跑、重复跑和越野跑等。

持续跑是指以一定的速度跑一定距离而中间不休息的跑步。持续跑的速度一般掌握在相当于本人最快跑速的 30% ～ 40%。

跑的时间和距离因人而异。一般持续时间和距离分别在 20 分钟与 2000 米以上，运动时心率不超过 150 次 / 分为宜。

重复跑是指重复一定距离的跑步。发展耐力素质的重复跑多为慢速度、长距离的重复运动。可以以自己最大速度 40% ～ 50% 的速度跑 800 ～ 1000 米，然后休息 15 ～ 20 分钟，再重复同样强度的运动，每天 2 ～ 5 组。重复跑的强度可比持续跑大一些，各组距离虽短一些，但总距离不短。重复跑不仅可以提高一般耐力，而且可以发展速度耐力。

越野跑适于在郊外进行，野外宽阔的场地和多彩的环境容易提高跑步的兴趣。越野跑的距离同持续跑，但形式可多样化，中间可以有短暂的休息。进行越野跑时一定要注意安全。

（二）水中跑训练法

水中跑训练法是近年来国外较流行的一种训练方法。它不同于游泳运动，而是利用类似救生衣的浮力工具使身体直立于水中，头露出水面，在水中进行跑步运动。由于水的阻力大于空气，所以水中跑的姿势与陆地上略有不同，跑时要求高抬腿，摆臂幅度要大。

开始时每次跑 30 ～ 50 米，休息 5 ～ 10 分钟，持续 3 ～ 5 组。随着运动能力的提高，跑的距离和组数可逐渐增加。水中跑的最大优点是安全，无长跑的枯燥感，还可节省运动时间，一般 20 分钟水中跑可达陆地上跑 300 分钟的锻炼效果。

（三）交叉训练法

为了减少耐力训练的枯燥感，运动形式应花样翻新，综合运用。锻炼时可将上述的水中跑、持续跑、重复跑、越野跑等形式交叉进行，也可选择竞走、游泳、爬楼梯、踢足球等持续时间较长的运动。每周以一种形式为主，也可每天一种形式，根据自己身体情况灵活安排掌握。

第六节　青少年走跑健身的运动基理

（一）快速短跑不能代替慢速长跑

有些大学和中学的同学提出：学习很紧张，时间很宝贵，锻炼身体也要精打细算，能否用加快跑速缩短时间的短距离跑来代替长跑锻炼？这不是可以从每天的健身慢跑时间中再挤出些时间来吗？譬如原来每天用 20 分钟慢跑来锻炼，若以快速短跑来代替，跑速（强度）增加一倍，时间缩短一半，效果不是应该相同吗？

这些提问题的同学希望节约些时间用于学习的愿望是好的，但是，他们不了解，健身的道理和一般数学计算并不相同，用加快跑速缩短时间的方法从健身效果看并不可取。

氧气是人生存的必需条件。一个人每天如能摄取充足的氧气，不仅能有益健康、延缓衰老，而且还可能预防癌症。美国军医库珀博士提出的"有氧训练法"及风行各国的"有氧健身运动"，都是寻求通过一定量的强度不大的运动（如慢跑、散步、游泳、自行车等），让身体成倍地吸收更多氧气，促进体内代谢过程，增强各器官功能。要使人体达到更大的氧吸收量，长跑（健身慢跑）比短距离快跑效果好。因为用快速度跑短距离，由于单位时间内肌肉活动强度大，需氧量高，而快跑时呼吸循环器官机能又达不到最高水平（由于生理机能惰性，心肺功能要在运动开始后 3～5 分钟才能达到最高水平），因此快跑是在氧气不足情况下进行的，也就是主要属无氧代谢功能的。健身慢跑则不同，慢跑时单位时间内肌肉活动强度大，需氧量低，而活动时间长，心肺有可能达到最大机能水平，人体可获得更多的氧气，保证对各器官氧气供应的充足。

国外专家认为，在健身慢跑时吸入的氧气可比坐着时多 8 倍。所以健身慢跑有更大的健身价值，不是短距离快跑所能代替的。

再从心肺功能的锻炼效果来比较，心肺功能强弱是健康的重要标志，"你的心脏就是你的健康"，1972年联合国"世界卫生日"曾提出这样一个口号。慢速长跑是增强心脏最积极有效的手段之一。就运动员比较，无论是心脏重量、溶血量还是心功能，长跑运动员都优于短跑选手。研究资料表明，长跑锻炼能使青年人心肺健壮，使中老年人心肺功能保持年轻，70岁以上的长跑爱好者其心肺功能年轻25～30年，相当于40～50岁的水平。人体最大摄氧量水平，长跑者比一般人大25%～30%。而快速短距离跑由于持续时间短，对心肺影响就不及长跑深刻。因此就健身效果而言，慢速长跑要比短距离快跑效果好。

对减少脂肪堆积，促进新陈代谢，预防心血管疾病及某些慢性病的效果来说，健身慢跑也要比短距离快跑好得多。

对大中学生来说，每天早晨进行强度不大的慢速长跑，既能使你保持良好的体力，有助于一天的学习，又可避免快跑可能容易发生的肌肉拉伤、使人感到疲乏等缺点。

（二）科学晨跑

新学期开学后，同学们以饱满的热情投入新的学习生活。为了有一副健壮的体魄以便保证有充沛的精力去取得优异的学习成绩，很多同学参加了晨跑锻炼。但有些人跑后上午第一、第二节课时总感到发困。那么怎样做到晨跑既有健身之效又在上午上课时不发困呢？运动医学专家认为，只要注意"适量、定时、渐进、灵活"八个字，就好解决。

（1）适量。就是晨跑的距离及强度要掌握好，晨跑与其他早锻炼内容要配合适当。晨跑的目的是健身，而不是为了提高成绩（这和运动队训练及比赛前训练不同），因此跑的速度宜慢些，不要太快。跑速太快（强度太大）往往造成恢复时间延长，容易引起上课发困。适宜的跑速，应该以跑时不感到难受，不感到呼吸困难或上气不接下气为度。晨跑心率一般不超过130～150次／分。有人认为这样跑的较慢，收效不大，这是一种误解。其实，从增强心肺、强健身体的角度来看，这样速度的慢跑比快速度短时间跑的效果还要好些。适量的含义还包括跑的距离不要太长。如果是在郊外公路上进行越野跑，要预先计划好距离，跑到一定的地方就返回。不要等感到累时再返回，那样往往就造成距离过长，身体过累。不要兴致一来就任意"加码"。还可在晨跑后略休息一下，然后做些其他活动，如俯卧撑、引体向上、双臂屈伸、仰卧起坐等力量练习，或散步、徒手操、打拳等，这既可使锻炼内容丰富些，又可帮助恢复晨跑的疲劳。

（2）定时。晨跑与上课间隔时间太短,疲劳没有恢复,也往往是上课发困的原因之一。因此每天晨跑应定时，一般在起床后即进行，跑完休息时洗漱、整理床铺，然后吃早饭，饭后再有一些小憩时间去上课。一般来说，晨跑与上课时间应有一个半小时左右的间隔。每天在固定的时候晨跑，也容易养成坚持锻炼的习惯，使身体能够适应，也可防止发困。

（3）渐进。学期刚开始时，由于一个假期的休息，老同学已有些不大习惯了，刚入学的同学对大学生活规律也还未能适应，因此晨跑锻炼就需要有个循序渐进的过程。体质较弱或尚未有晨跑习惯者可以走跑交替，然后逐渐过渡到慢跑，再慢慢增加距离。有晨跑习惯，但一个假期没有锻炼的同学，学期刚开始时也要从跑得慢些、距离短些入手。

（4）灵活。晨跑必须根据各人具体情况从实际出发进行练习。首先，个人体质不同，同一样的距离和跑速，对甲可能完全合适，对乙就可能过量了，因此应该根据自己体质状况制定自己合适的跑速与距离，以后随着身体的逐步适应和体质的逐步增强再循序增加；其次，晨跑的距离可根据具体情况灵活掌握，如果头天晚上睡得太迟，身体疲劳时，可跑得少些，病后体力刚恢复或由于其他临时因素而致情绪不佳、疲乏倦怠时，也可少跑些；最后，还可根据季节不同而灵活掌握，如冬季可多跑些，使身体发暖，夏季炎热，可适当缩短跑的距离。只要注意上面几方面，晨跑是完全可以既收到增强体质之效而又不影响上午上课的。

（三）晚自习后的跑步

由于某种原因，有些同学早晨没时间跑，想在晚自习后进行长跑锻炼，但又怕晚上跑后影响睡眠，而产生了顾虑。晚上到底能不能跑呢？请参照走跑健身的科学知识一章中睡前跑步助睡眠的阐述。

（四）边跑边背外语单词的坏处

有些同学，在早晨慢跑锻炼时，为节省时间，边跑边背外文单词或思考问题，这样做学习精神虽可嘉，效果却是不好的，不宜提倡。

（1）边跑边背外文单词会削弱锻炼效果。慢跑时肌肉收缩放松的协调活动、心肺功能的充分动员、新陈代谢的加强加快，都是在人体的指挥部——大脑皮质神经细胞协调支配下实现的。在大脑这个庞大的指挥部内一百多亿工作人员（神经细胞）分成数十个办公室（机能中枢）。跑步时，指挥肌肉运动及心肺功能配合、新陈代谢加强的有关中枢兴奋，而其他中枢则休息，以便补充能量，迎接紧张的工作；当跑步结束后，原来指挥跑步的中枢休息（抑制），而另外有关中枢则转为兴奋。由于跑步时主管思考问题的中枢得到休息，跑步后学习时这些中枢兴奋就强，学习时更易集中思想，思考敏锐。如果边跑边背单词，由于跑时主管思维的那部分中枢也高度集中兴奋，就会使主管肌肉运动的中枢兴奋性降低，使锻炼时体内生理变化达不到较高水平，对身体影响不深刻，锻炼效果下降。同时由于在慢跑时紧张地背单词，这部分神经细胞得不到休息，到上课学习时，思考能力反而会下降，神经细胞容易疲劳，也降低学习的效果。

（2）边跑边背外文单词，会减弱跑步时的愉快感，因而也影响锻炼效果。有晨跑习惯的人，在晨跑时有一种愉快感，使体内交感神经兴奋，肾上腺素分泌加强，人体生理机能充分调动，发挥较高水平，获得较大锻炼效果。国外学者认为，人的大脑皮质左半边主管逻辑思维，右半边主管直觉、艺术等。学者们指出，跑步一段时间后，大脑右半边取得支配地位，使人们像欣赏音乐一样有一种愉快兴奋的感觉，对健康大有裨益。而如果边跑边背单词，由于大脑左半边一直兴奋，这种愉快感就大为削弱，甚至没有，当然锻炼效果就会打折扣了。

（3）边跑边背单词还容易发生运动损伤。由于跑时思想不集中，想着单词或问题，就容易扭伤脚或相互碰撞踩踏等而发生损伤。尤其在雾天长跑或在马路上跑时更要集中思想，以防发生意外。可见，无论从锻炼健身效果来看，还是从学习效率来看，在慢跑时都应集中思想认真进行，而不宜边跑边背单词。

第九章 中老年人走跑健身锻炼

第一节 老年人走跑健身释义

世界卫生组织关于中老年人年龄的分期为：

中年人：40～59岁；

老年人：60～74岁为中老年，74～89岁为老年；

长寿者：90岁以上为长寿者。

（一）老年人走跑的必要性

1. 老来走跑锻炼为时不晚

据悉，60岁以上的老年人口占总人口10%的国家为老年型国家。据1993年《健康报》报道，目前我国老年人口正以3.02%快于人口增长的速度增长。每年约有258万人加入老年人队伍，全国老年人口已达到1.03亿。据预测，2000年我国老年人口将达1.34亿，占总人口的11.7%。目前，京、津、沪、苏、浙已率先进入老年型社会，其中上海老年人口已达205万，占该市总人口的15.96%。北京市老年人口有150万，占全市人口的13%，其中城区老年体育人口（一年中，作为余暇活动而参加各种体育锻炼的人，称为"体育人口"）已达50%。据抽样分析全国老年人口中老年体育人口达到25%左右。

（二）老年人体力变化

1. 老年人体力下降，适应能力低

（1）对感染的防御能力减退，疾病增多。有人报告70岁以上者60%有动脉硬化，44%有心肌纤维化，20%有心肌变性。随着免疫功能的减退，老年人的抵抗力明显低下，

这是老年人容易发生疾病的主要原因。一过中年，疾病呈指数函数增加。据日本学者统计，65 岁以上的比 15 ~ 24 岁明显的疾病多 12 倍，而潜在的病症可以说也是这样。

（2）行动体力下降。以跑、跳、投为代表的身体活动能力（行动体力），以 20 岁为基础，45 岁为 2/3，65 岁为 1/2。

2. 最大摄氧量降低

据 Chikawa 统计（1980），在日本最大摄氧量 18 ~ 20 岁至 60 ~ 69 岁男性减少 49%，年减少率为 1.1%，女性减少 57%，年减少率为 1.2%。

这样看来对高龄者来说，由于一年内年龄增长带来的退行性变化甚微，自己的体力减退至少不经过 10 年是感受不到的。最大摄氧量随年龄变化各不相同，因人而异，一般认为，一到 60 岁，就和 30 ~ 50 岁不一样了。在 60 岁以上的人中，即使每天坚持运动，也不能阻止体力的下降，这个变化，是老年人在身体方面的一个重要特点。但与年龄相比，体力却能保持高的水平。

人最起码的是要有不受别人帮助，自己独立站立、行走的能力。把这个能力的最低界限作为"可能独立行动最低水准"，从测定最大摄氧量可测到"可能独立行动最低水准"值，是 12 ~ 13 毫升 / 公斤·分。如果是在这个值以下的时候，活动身体就需要借助他人或工具、器具了。

对于老年人来说，为了健康地度过充满活力的晚年生活，最好要有这个水平 2 倍以上的最大摄氧量。"可能独立行动最低水准"的值，约是 25 毫升 / 公斤·分。

3. 容易疲劳且恢复慢

在年轻人中，运动后很快会消除疲劳，而老年人随年龄的增高消除疲劳需要很长时间，运动后，第 2、第 3 天仍会感到疲劳，一般认为，对于疲劳的消除，不光是心血管系统，肌肉中许多酶的活性也必须增加。老年人疲劳恢复缓慢的主要原因，是酶的活性也随年龄的增长而下降。

4. 个体差异大，训练效果低

人体生理功能，一般受遗传因素及环境因素影响。老年人生活经历多，而环境影响反映于现实，这样每个人由于活动经历，文化背景多种多样，结果到老年时身体功能的个人差异增大。

例如，30 岁的生理功能个人差 ±10 岁，但 50 岁的个人差 1 ~ 20 岁。

哪些因素影响老年人的锻炼效果呢？其中体质水平起的作用最大，与最大摄氧量的增加成反比关系。就是说，锻炼前体质相对较弱，最大摄氧增加较多的老人，锻炼的效果比较明显；锻炼前体质较强的老人，因最大摄氧量已维持在较高水平，所以增加量相对较少。锻炼前强度和次数起的作用占有 10%；健康状况等因素影响甚少，仅占有 2.4%。这说明老年人锻炼时一定要严格遵守运动处方的要求，只有保证一定强度的刺激，才能取得较好的效果。

而锻炼效果基本不受肥胖程度、有无心血管等疾病的影响。

（三）老年人身体日常走跑运动量标准

年龄的增加是多数老年人身体不活动的主要原因。缺乏运动身体作业能力逐年降低或身体出现种种障碍。因此，在考虑老年人运动训练的必要性时，客观地掌握其日常身体活动量及质的标准是极为重要的。

1. 一日心率变化

作 24 小时的心率连续记录提示，醒时测定的平均心率男性为 74±4 次 /C 分（63 ~ 90 次 / 分）；女性为 79±1 次 / 分（73 ~ 91 次 / 分）。

睡眠时心率男女分别为 60±2 次 / 分、63±2 次 / 分。

有关老年人的类似研究虽然很少，但 Sidney 及 Shephard 的报告与岩冈等资料也有同样趋势。

岩冈指出，以老年人的心率连续测定结果为基础，把高龄者日常身体运动量及其标准所作的初步观察表明，要维持和提高呼吸循环功能，仅靠日常的生活在质与量上都是不够的。对此，老年人必须通过参加运动锻炼及伴随的辅助性活动来增加运动量，提高体力水平，这是对付运动不足的最好的办法。

2. 从训练阈值评价

对身体功能的刺激如不超过某种水平，是无效的。这一水平称为"阈值"。心率是表示训练阈值的一个指标。例如 1971 年 Drvres 采用（最高心率 – 安静心率）×40% + 安静时心率的公式。据此，60 ~ 69 岁为 98 次 / 分；70 ~ 79 岁为 95 次 / 分。通常老年人需要以 100 ~ 120 次 / 分的心率强度，持续步行 30 ~ 60 分钟。但 1978 年 Shephard 提倡开始每分钟 120 ~ 130 次强度，渐增至 140 到 150 次 / 分，运动时间为 30 分钟，每周 3 ~ 4 次。一般认为老年人呼吸循环功能的训练阈值，以 Shephard 提倡的标准是适宜的。

3. 一日消耗能量的推测

研究表明，从睡眠、安静及轻微运动三个状态得到的数值，用回归方程式求出结果，可见心率与摄氧量之间基本上呈直线的关系。这也是用心率作生理负荷度指标的根据所在。因此，从心率推算能量消耗，一般认为是妥当的。

据日本学者福武直等研究结果，一日平均能量消耗男性为 1694 ± 209 千卡；女性为 1552 ± 157 千卡。这些数值与日本厚生省在《日本人营养需要量》（1979 年修订）中提出的 60 多岁年龄组男女能量需要量中的"轻劳动"一值，即男性为 1700 千卡；女性为 1500 千卡相一致。

（注：1 千卡 =4.1855 千焦耳。）

从以上结果考虑日常运动量，可见老年人一般运动量小，而且质量水平也低，不足以维持和提高全身体力。

4. 一日的平均步数

要了解在日常生活中身体的活动量，也可利用"万步计数表"，把行走的步数作为大致的目标，是一个较好的方法。

日本学者小林作了调查研究，他们以参加健康指导教室男性 60 岁以上，女性 55 岁以上，共 89 人为对象，请这些老人养成早上起床的同时，带上万步计数表，晚上就寝时摘下来的生活习惯，并请他们写日记，记录每天的总步数和当天的活动内容，经 40 周（280 天），对身体活动量作了统计分析。按着平均步数和日常生活习惯的内容，进行如下的分类。

（1）少活动型：4000 步以下；

（2）普通型：4001 ~ 7000 步；

（3）活动型：7001 ~ 10000 步；

（4）多活动型：10001 ~ 13000 步；

（5）超活动型：13001 步以上。

其中活动型以上的人，占全体的 43%，有趣的是男性和女性的生活内容有显著差异。女性由于做家务活，一天至少也得走 5000 ~ 6000 步。男性在家时，多数情况是行走 1500 ~ 3000 步，有外出时是 5000 ~ 8000 步，在打门球时，增加到 8000 ~ 12000 步。

其中，男性也有做家务活的是行走 7000 步。还发现 10000 步以上的大部分是进行慢跑的人。以上资料显示，每天有 6000 ~ 10000 步的运动量是比较适宜的。

（四）老年人走跑运动处方

老年人走跑的健身锻炼，必须掌握适宜的运动限度，进行有规律地锻炼，才能确保安全和达到效果。因此，开始锻炼的强度要小，时间要短，而且应有 6 周左右的适应阶段。对于某些老年人来说，重要的是运动强度，直到有足够的适应能力，再增加运动强度，并要从低而有效的强度开始，缓慢进行。例如，初始身体素质低的人，以 40% ~ 60% 最大心率储备就可取得明显效果，就先从 40% 的强度阈值开始。

（1）美国运动医学会（1990）推荐，老年训练强度阈值是 60% 最大心率（50% 摄氧量），其适宜心率为 110 ~ 130 次 / 分，每周 3 次，每次 20 ~ 60 分钟。

老年人运动处方的强度，必须超过呼吸、循环等系统刺激阈值（也称"强度阈值"或"训练阈值"）。据 Devries（1971）对 60 ~ 79 岁男性 52 名，进行 6 周慢跑处方的研究，认为取得运动效果的运动强度阈值，60 岁以上心率按 98 次 / 分，70 岁以上按 95 次 / 分计算。并指出即使是坚持运动而体力好的老年人，60 岁以上按 106 次 / 分，70 岁以上按 103 次 / 分，也足以取得良好的效果。

有资料建议，老年人运动处方强度标准，应以其运动负荷试验的成绩为标准。初期心率 110 次 / 分，运动后血压在 24 千帕（180mmHg）以下及主观运动强度（RPE）"稍费力"。

（2）Berry 等 1996 年对 55 ~ 78 岁制定的在医院内训练的运动方案。

①运动项目和锻炼方法：最初用功率脚踏车做准备活动，休息 3 分钟后，以 30 秒间隔方式几次反复进行 2 ~ 3 分钟功率脚踏车登车训练，然后，全力以赴进行运动，要使心率达到 130 次 / 分以上，最后 10 分钟进行提高平衡功能及柔韧性的运动和提高腹肌耐力的体操。

②每周训练 3 次，每次 40 分钟。

（3）1970 年 Devries 给 52 ~ 88 岁男性 112 名开了每周 3 次，每次 1 小时的体操、慢跑加步行及伸展运动的处方。在跑步、步行程序中让本人在步行后数脉搏，掌握在每分钟 145 次以下，处方最后的伸展运动是以改善关节的活动性及预防或减少肌肉痉挛为目的的。

（4）1978 年 Niiniman 等以 60 ~ 76 岁男性 9 名，女性 10 名为对象，开了每周 4 天，

每天 1 小时的运动处方。

首先是快速行走和伸展运动相结合的准备活动 10 分钟；其次再进行慢跑或快走，接着做柔软体操 5 分钟，进而做仰卧起坐、掰手腕等增强肌力的运动；最后通过步行平静下来。他们用快走、慢跑的间断形式，使心率保持在 120 次 / 分至最高 145 次 / 分之间。

（五）老年人走跑锻炼注意事项

美国老年医学运动生理专家艾·迪瑞斯提出以下几点注意事项。

（1）医学检查。在开始运动或增加运动强度之前，医学检查是极为重要的。

（2）缓慢进行。从低而适宜的水平开始，逐渐增加运动强度。

（3）掌握自己的活动限度。如果运动后感到特别疲劳，睡眠不安或持续肌肉酸痛，即表明可能是运动过量所致。

（4）有规律地锻炼。要达到身体效果的高峰，需要数周乃至数月，若是 1 ~ 2 周不活动，便会导致健康水平下降。故应努力坚持每周至少锻炼 3 次。但应注意患病或身体不适期间停止锻炼，即便是轻微的感冒也同样。

（5）事先做好准备活动：年龄越大、锻炼前的准备活动越重要。10 分钟左右适宜的准备活动（伸展运动、慢走）可保护心脏、肌肉和关节，以避免损伤。

（6）运动后调整：不要突然停止运动，跑步运动之后，至少再慢走 2 分钟；负重练习后，要先休息 5 分钟，然后再洗一个温水澡。

（六）走跑锻炼大大降低死亡率

美国于 1983 年对 25 个州 100 多万人调查结果表明，日常生活中的运动量和老年人的死亡率有关。

如果一年间完全不运动，65 ~ 69 岁组死亡率占 10.38%，稍微进行一些运动死亡率降到 3.85%，如果一周进行 3 ~ 4 次的运动，死亡率仅为 1.38%。

第二节　中年人走跑健身锻炼

一、中年期疾病的特点

（一）中年期的特点

（1）从人口结构来看。有资料显示，40～60岁的中年人已占世界总人口的1/5，为20～59岁生产人口的一半左右。据我国人口统计我国35～60岁的中年人约占全国总人口的1/3以上。可见中年时期的人口数目庞大，搞好这些人的健康保健很重要。

（2）从智力和创造力来看。据调查发现，40～49岁是人生的睿智时期。科学发明的最佳年龄处于25～45岁。而最佳峰值位于37岁，正当中年。在我国新涌现出的400位杰出科技人员中，中年人就占65％。近年来，在获得全国科技奖的科技人员中，年龄在35～55岁者约占83％。

（3）从社会地位来看。当代与新中国同龄的中年干部和知识分子，其中不少是领导骨干和技术尖子，是"四化"建设事业承上启下的中坚力量。在家庭中既要担负家务劳动，又要赡养父母，培养教育子女，特别需要充沛的精力和强健的体魄。

（4）从生理、病理变化来看。中年人的身体发育已经成熟稳定，同时，中年体质也是由盛趋衰的转折时期，生理功能开始下降，某些老化现象开始显露。

据1992年《健康报》报道，中国抗衰老研究中心的一项研究表明，50～59岁是人体急剧衰老的10年。在观察700例不同年龄组健康人的微循环功能的基础上，得出"微循环功能障碍是导致早衰的根本性原因"的结论。

有人曾检查年龄在35岁时的8大生理指标：最大摄氧量、肺活量、肾脏血流量、肾小球清除率、基础代谢、神经传导速度、心功指数、细胞水分等都下降，表明人体开始趋于衰老。此时，许多疾病常乘虚而入，所以，中年又是多事之秋，易于罹患多种疾病。

（5）从心理发展来看。中年人观察力日益提高，看问题总是比较全面深刻；记忆力也比较好；思想活跃，善于独立思考；情绪稳定性好，意志自制力比较强，遇事常能理智、冷静地思考等。然而，随着生理功能的减退和现实生活中诸多矛盾、困惑，也常会导致情绪波动，心神不安，从而影响身心健康。

（二）中年人疾病的特点

中年既是成熟的年代，又是在身体上向老年过渡的转变阶段。因而有的学者认为中年是"病机四伏"的时期，很多老年病实际上是从中年开始的。因此，中年又是一个特别要注意保健的年代。那么中年人患病有哪些特点呢？

中年人患病原因不仅来自单纯生物性的，而且与工作、家庭、社会、心理密切相关。许多危及健康，威胁生命的心脑血管和癌症在中年开始高发，不少慢性病也以潜伏的形式在中年时悄悄地发展。

不少中年人因工作繁忙，缺乏必要的保健知识，容易忽视病情。有的人总以为自己的体力强、精力盛，对一些病痛或不适往往不加介意；有的人不重视自身健康，依然大量抽烟、喝酒，也不注意营养和锻炼，一旦疲劳过度，抵抗力降低，潜伏着的隐患就可能痉挛，并可导致消化、内分泌和免疫功能异常，从而引起中年人的好多疾病。

据1991年的一份资料报道，上海中高级职称医师的健康状况欠佳，其中不少人同时身患几种慢性病。在所患疾病中名列前5位的依次是：心脏病30.5%，高血压26.2%，各种胃病22.9%，慢性肝炎11.2%，慢性支气管炎10.8%。

不少中年人虽然查不出病，但常感到身疲乏力、头痛、头晕、失眠、精神紧张、食欲不振、性功能减退、嗜睡等。其实是种"疲劳综合征"。这是由于中年人往往身兼工作和家务的双重负担，长期处于精神和体力的高度紧张状态，使大脑皮层功能失调所致。对疲劳综合征目前强调早期治疗，方法是暂时避开不良因素的影响，对工作、生活做合理的调整，可做短期休养或外出旅游，加强健身运动，适当增加休息和睡眠时间，一般就会迅速消除症状。

二、改变生活方式增强自我保健意识

据世界卫生组织公布的资料，人类健康与寿命和以下因素有密切关系。生活方式与行为占60%；遗传因素占15%；社会福利水平占10%；医疗条件占3%；气候变化占7%。这就是说，影响身体的健康因素有一半是自己造成的。

（一）改变生活方式

每个人都渴望健康长寿，但许多人的身体状况不尽如人意，体质衰弱或疾病缠身，甚至英年早逝。认真研究一下原因，主要在于自觉不自觉地进行"自我摧残"，做着各种有害于健康的事情。

（1）不良的嗜好。如嗜酒、酗酒、嗜烟（大量吸烟）、嗜赌（赌徒）。有人说得好，在危害健康的诸因素中，最严重的莫过于不良嗜好所起的作用持久而普遍。

（2）不良生活习惯不可轻视：如本人的卫生习惯差，病从口入，易得胃肠传染病或寄生虫病。暴饮暴食者易患胃病、消化不良以及易于致使急性胰腺炎。爱吃高脂及高盐食的人，最易患高血压、冠心病等。一旦不良习惯养成，对健康的危害作用就会经常或反复出现。

（3）滥用药物。有关专家指出，当前药害已成为仅次于烟害和酒害的第三大"公害"。全世界每年死于药害者不下几十万人。为此，欲求健康长寿，必须停止滥用药物，包括滥用补养药品。补药用之不当，也会伤人。

（4）劳累过度或生活懒散。有的优秀中年知识分子早逝，其主要原因就是他们的脑力劳动强度过大和生活无规律。古今中外，没有一个生活无规律者能长寿。而生活有规律，起居有时，饮食有节，恰恰是长寿者共有的特点。

（5）不讲究心理卫生。随着医学科学的进展，人们越来越明确地认识精神（心理）因素在一些疾病的发生、发展上具有的特殊重要地位。比如，强烈的焦虑，长期持续紧张、愤怒和压抑，常为心身性疾病（高血压、冠心病等）的诱发因素，并可能使病情加重。又如，长期或强烈的精神刺激引起的恶劣心境（忧愁、哀愁、恐惧等）还会降低人体的免疫功能，使人容易患癌症。

（二）增强自我保健意识

随着生物心理社会医学模式的转变，现代保健模式也由过去的医药依赖型转变为自助型——自我保健。所谓"自我保健"，就是对自己的健康和幸福，从迷信依赖医生的药物，转变为依赖家庭和自己。世界卫生组织提倡初级卫生保健和自我保健，这是现代全球卫生保健发展的大趋势，有利于"2000年人人享有卫生保健"战略目标的实现；也有利于我国社会主义物质文明和精神文明的建设。

自我保健的内容，根据美国资料，主要是采取四项基本自我保健行动——不吸烟、饮酒适量、坚持锻炼、注意饮食的量和质。在我国要发扬中国的特色和优势来开展群众性的自我保健活动。

（1）建立文明、科学、健康的生活方式。我国现阶段提倡生活规律、讲究卫生、精神愉快、保证睡眠、适当休息和文娱活动。经常锻炼是健康生活的主要方面。而不健康、不科学的生活方式和环境因素，常导致"运动不足病"或"文明病"。

生活方式性疾病有心脏病、中风、高血压、癌症、肺病、糖尿病、骨质疏松等。在发达国家死于这类疾病的占 70% ~ 80%，在发展中国家占 40% ~ 50%。据我国同济医科大学调查，死亡因素属不良生活方式的，在心血管病中占 45.7%，脑血管占 43.26%，恶性肿瘤占 43.64%。

（2）合理的饮食结构是自我保健的重要内容。饮食的成分要多样化，以获得营养素的平衡。除三大营养物质外，纤维素和矿物质也是不可缺少的，纤维素不仅能促进肠的蠕动，帮助消化，而且能减少便秘，预防结肠癌。一般在新鲜蔬菜瓜果中，含有大量的天然维生素和微量元素。

（3）坚持科学的走跑健身锻炼。科学适度的体育锻炼是延长最佳年华、增强体质的最佳方案。中年人应寓健身锻炼于日常生活中，即使每天抽出 15 分钟慢跑或 20 分钟步行，也是会收到良好效果的。

（4）心理保健。中年人要学会调节自己的情绪，以维持心理平衡。

（5）定期全面体检。中年人应重视定期健康检查，建立健康档案，对自己的健康状况必须心中有数。特别要注意平时无症状的冠心病，以及其他一些引起隐伏的慢性病。以便及早进行诊断治疗，例如将血压稳定在一个合理适当的水平。

此外，还要注意牙齿的保健，定期修牙与整补；防止肥胖都非常必要。

三、中年人走跑运动处方

（一）走跑运动强度

按着科学锻炼要求，走跑运动强度应达到最大心率的 60% ~ 85% 或最大摄氧量的 50% ~ 70% 为目标心率范围。即 30 ~ 39 岁为 140 ~ 165 次 / 分；40 ~ 49 岁为 123 ~ 146 次 / 分；50 ~ 59 岁为 118 ~ 139 次 / 分。健康的 35 ~ 60 岁的中年人运动时心率最低应达到 130 次 / 分，但不要超过 160 次 / 分。

"运动是最好的医药"，简称"锻炼"，是以这样的强度每天运动一次，每周累计运动时间不少于 1 小时，坚持下去，则能使心脏的功能年轻 20 岁，增进健康，延年益寿。要合理安排走跑锻炼的时间，每周应安排 3 ~ 5 次，每次 20 ~ 45 分钟。

（二）走跑锻炼要循序渐进，适可而止

开始体育锻炼应采取渐进的方式，每周的运动量、运动时间和距离的增加幅度不要超过10%；每次锻炼的运动量、时间和距离也不要比上一次增长10%以上。

中年人切忌突然剧烈地快速跑步，因为这样会把激动、紧张和突然起动等不利因素结合在一起，对于潜在心脏病的人具有特别的危险性。

（三）要设法使走跑锻炼长期坚持下去

对于从来不运动或很少运动的中年人来说，坚持锻炼是一件十分艰难的事。针对这种情况，可以采取以下措施。

（1）使运动简单易行，运动量适可而止；

（2）不要一开始就期望太高，如减肥要坚持3～6个月，才能初见成效；

（3）最好找个伙伴或参加集体运动，防止松懈和厌倦心理；

（4）定下每周的时间目标，例如"今天我要在一小时内走完5公里的路"，定目标具有激励作用；

（5）排除干扰、不要以疲倦或没时间做借口，要持之以恒。

（四）中年人走跑健身运动处方

一个标准的有氧运动处方应包括以下内容。

准备活动：包括10～15分钟的静力性伸展和加强腹部、髋部与腿部力量的运动。

心肺的耐力锻炼要符合以下3个标准。

（1）每周至少进行3次；

（2）要有15～30分钟的持续运动；

（3）运动强度要使心率达到按年龄预计的最大心率的60%～85%（最大摄氧量的50%～70%），以运动后的10秒即刻心率做检查。

整理活动5～6分钟，在仰卧位采用更多的静力性伸展，以促进有效的恢复。

第十章　不同群体的健身路径

第一节　不同性别群体健身路径

一、男子健身锻炼

（一）男子的身心特点与体育健身

男子参加体育锻炼有着独特的生理和心理特点。从身体形态上看，男子上体短而宽，下肢长而细，呈现肩宽盆窄的体形。这种体形特点尽管对完成平衡动作不利，但运动时幅度大、重心高，对完成跳高、跑步等动作有利。男子的骨骼比女子重10%左右，约占体重的18%（而女子只占15%），因而抗弯和负重能力较强。男子的肌肉占体重的40%～45%，而女子只占32%～35%。这一体形特点使男子的整体运动能力明显高于女子。研究表明，男子的肌力要比女子高出一半以上。在速度方面，男子的一般指标也明显超过女子。男子的血量和红细胞比女子多，运输氧的能力强，心脏的重量和容积都比女子大，故心血管机能也比女子强，运动耐力的总水平也比女子高。

从心理和社会性特点来看，男子参加体育的优势更为明显。在个性心理特征方面，男子一般具有开朗活泼的性格，具有较强的竞争意识和进取动机，有着较强的适应环境、面对挫折的能力，这就为其参加体育活动准备了良好的心理条件。

从社会性特征来看，中国历来有"男人主外，女人主内"的传统社会心理。由于几千年封建伦理道德的影响，社会成了男人的社会，或者是由男人主宰的社会，男子是国家、社会和家庭的"当权者"，承担着比女人更多的社会责任和义务。即使在西方发达国家，一个国家的力量和民族的性格，也主要是由男人来支撑和表现的，男性社会角色仍然是决定一个国家或一个民族基本形象的主要标志。

从历史上看，男子参加体育锻炼活动历来受到人们的"青睐"，古代奥运会是男人的运动会，现代奥运会在其初期也只是男人"一统天下"。古代希腊米隆的著名雕塑"掷铁饼者"表达的男子阳刚之气，至今仍有无限的魅力。如今运动场的角逐，更为精彩的仍是男子的运动。尽管伴随着"妇女解放"和"男女平等"的时代步伐，男人粗壮的胳膊和女子纤细的手指都在推动着社会前进，但男女之间在体育活动方面的性别差异仍是不容争辩的事实。另外，男人也担负着女人不必承受的巨大社会压力。因而男人在体质、健康与寿命等方面并不是无可争议的强者，甚至可以说是弱者。来自世界有关组织的统计数字表明，几乎世界上所有国家和民族男人的寿命都低于女人；世界精神病患者中男子比女子多；世界各国男子占非正常死亡人数的95%以上。人们感叹说，做男人"难"，这又从另一个角度证明了男人参加体育锻炼，增强体质，保持健康的重要性。

（二）男子体育健身活动的内容和方法

男子体育健身锻炼的内容主要有两个方面，健身锻炼和健美锻炼。

1. 健身锻炼

男子的健身锻炼具有与女子一致的特点。通过身体锻炼，采用多种多样的健身手段和方法，改善身体形态和机能状况，全面发展运动能力，提高身体适应能力和一般健康水平。另外，男人在运动手段和方法上有着一定的选择性。他们较为注重游戏和各种比赛性活动，对集体性体育娱乐活动情有独钟。在发展运动素质方面，他们较多地投入力量、速度性活动，对表现男人阳刚之美的肌肉力量练习极为感兴趣。男人对户外活动更感兴趣，多喜爱旅游、爬山、钓鱼等，对田径、球类运动的兴趣也高于女性。中国武术较多地反映出国人勇武豪强的内在品质，男人从事武术运动的热情也高于女性。总的来说，男人对运动项目的选择，较多地注重外在力量、雄健之美，反映男人粗犷、浑厚的性格特征。在运动方法、评价标准上也均有着与女子不同的特点。

2. 健美锻炼

美的体形是青少年男子在体育锻炼中着意追求的目标，这是因为国际性的理想体形总是与其外在的阳刚之美联系在一起的。古希腊雕塑大师米隆雕塑的"掷铁饼者"，就是男性理想体形的物化标志。"掷铁饼者"平静含蓄的表情，显示出充分的自信，而那绷紧的肌肉却蕴含着无穷的力量，匀称协调的体形，给人无尽的美的享受。

男人要获得健美的体形，必须经常坚持不懈地锻炼，同时也要改善营养状况和生活态度。

首先，要通过多种力量锻炼的手段和方法，使身体各部位的主要肌肉群达到充分而坚实的发展。譬如，通过胸部锻炼，发达胸部肌肉，改变扁平胸，增大胸廓；通过肩部肌肉锻炼、发达三角肌，改变肩部狭窄、两肩下溜的形态；要增强臀部和腰腹部的肌肉锻炼，克服和改变臀部与腹部过分干瘪的状况；增强上肢肌肉，发展肱二头肌和肱三头肌，改变上肢细瘦无力的状况；发展下肢力量，使腿部适当增粗，增加隆起感。只有以上这些部位的主要肌群得到相应发展，体形才会相应地得到发展。

其次，在发展身体各部位肌肉群时，要强调均衡协调，不能片面地发展某一部分的肌肉群，以免造成身体畸形。人体的骨骼肌主要分为颈部、肩部、背部、胸部、腰腹部、上肢和下肢等几大部分，许多部分的肌肉还有伸肌和屈肌之分。只有通过锻炼使这些肌肉群都得到均衡协调的发展，才有可能获得体形的匀称美、协调美。

最后，要通过适当的营养，建立正常的作息制度，并与身体锻炼制度科学地交替，才能保证使身体多余的脂肪消耗下去，使肌肉的线条清晰地显现出来。只有这样，才能展现出男性特有的线条美，给人以动感。

（三）男子体育健身锻炼的基本要求

1. 增强锻炼意识，消除认识"误区"

对男人体育锻炼情况的研究表明，男人参加体育的热情需要进一步提高。近年来，女子参加体育活动的热情正在上升，而男子却不明显。许多青壮年男子认为自己年轻力壮，身体也无疾病，体育锻炼没有必要，甚至对体育锻炼抱一种鄙视的态度，认为体育锻炼是老弱病人和妇女减肥的事情。正是这种误区减消了男人进行健身锻炼的积极性。事实上，男人的身体远不如他们自我感觉的那样好，男人常常面临事业、家庭的双重压力，社会激烈的竞争也造成了男人的过分紧张。许多男性疾病就其发病的时间来说，尽管到老年时才出现临床症状，但在青少年时期就已经潜伏下疾病的种子。因此，从这个意义上说，男人更有必要进行健身锻炼。同时，健身锻炼是一种使身心逐渐变化的过程，它会使弱者变强，也会使强者更强。故此，男子应该放下架子，投身于使自身完善的体育锻炼中去。

2. 男人应特别强调全面锻炼

全面锻炼对于男人来说，具有特殊的意义。许多男人由于片面强调阳刚之气，往往较为重视外在的肌肉力量锻炼，有的男子对具有攻击性的武术、散打、搏击等情有独钟。当然，人体是一个有机的整体，各种锻炼手段都会对人体产生一定的影响。然而，从健身的角度出发，应当更加强调身体形态、机能和身体素质的协调发展，特别是心血管机能的发展对人体保持良好的健康和体质状况，具有重要的意义。过分强调发展大肌肉群而不注重内脏器官的发展，容易造成机体各系统器官的失调，甚至会加重内脏器官的负担。

3. 加强身体保养，建立合理的生活和作息制度

男人的名字常常与"强壮""有力"等词汇联系在一起，致使他们容易对个人的身体状况估计过高，在不注意健身锻炼的同时，也不太注意身体保养。观察表明，男子最容易出现生活方式方面的毛病，如抽烟、酗酒等。可以说，注意身体保养，对男人更是十分必要。

男人的身体保养，要从建立适宜科学的生活方式开始，有吸烟、酗酒等不良习惯的人，要下决心戒除这种不良的生活方式。有的人认为自己身体好，常常睡得很晚，早上不起床，也不吃早饭，这也是十分有害的。要通过摸索，建立起适合个人特点的生活方式和作息制度，平时严格坚持。在特殊情况下必须改变生活方式时，也要注意安排一个调整期，然后再返回到已形成的作息制度中去。男人的出差、公众活动、交友一般比女性多，也要注意掌握在许可的范围内。朋友聚会时那种大吃大喝，娱乐活动时通宵达旦，人际关系中不顾个人情况地争胜好强，对男人的体质和健康都是不利的，也是在从事体育健身活动时必须克服的。

二、女子健身锻炼

（一）女子的身心特点与体育健身

女子的体形与男子相比，有其自身的特点。女子的脊椎骨较长，四肢骨较短细。女子肩窄，骨盆宽底大，下肢围度增长较快，大腿和腰粗，形成上体长而窄，下肢短而粗，肩窄盆宽的体型。这种体型特点，使身体重心低，稳定性高，有利于做平衡动作，但对完成跑、跳动作不利。女子的骨骼比男子轻10%，抗弯和负重能力均比男子低。女子的肌肉占体重的32%～35%，明显低于男子，故上体伸肌力、腰部肌力和下肢爆发力明显低于男子。但女子的体脂占体重的百分比比男子高出10%～11%，脂肪层较厚，有很好的保温作用。对参加游泳、冰雪运动有利。

女子的运动能力明显低于男子。据测定，女子的肌力约为男子的2/3，运动速度比男子慢。女子的耐力性运动成绩尽管低于男子，但运动医学界认为，女子的持久性耐力、利用氧的能力、抗热的应激功能，利用体内脂肪转化为能量的功能等，均不亚于男子，柔韧性指标甚至超过男子。女子心脏的重量与容积比男子小，胸廓较小，呼吸肌力较弱，因而，心血管机能和呼吸机能也比男子差。

女子的心理和社会特征，受到生理机能和社会历史文化、风俗习惯的深刻影响。少女进入性成熟期以后，随着第二性征的发育，对体育运动的兴趣和热情，会随着心理因素的影响而发生截然不同的变化。月经周期中的性激素变化，也会通过一定的神经机制而引起一系列的情绪变化，从而对参加体育运动造成影响。妊娠期的到来，会带来一系列生理和心理情绪上的不良反应，处理不好，有时甚至会成为中断运动的转折期。

约定俗成的社会分工，常常使人产生"妇女主内"和女性"甘当配角"的社会角色意识，谦和贤淑，不尚竞争，不求外露，成了多数女性的为人之道，也在一定程度上消减了女子从事体育活动的积极性。

同时也应当看到，在社会物质文明和精神文明得到高度发展的今天，"男女平权""妇女解放"也在逐步成为当今社会的现实。女子积极参与社会生活，从事与男子一样的社会职业活动，享受着与男子同样的公民权利，社会正在改变着男尊女卑的传统观念、心理。求缘、求美，提高生活质量，正在成为广大女性的迫切要求，也推动着女子体育健身活动的发展。可以说，女子体育运动的潜力是极其巨大的。

（二）女子体育健身活动的内容和方法

女子最基本的体育健身活动内容是健美锻炼，以及与此有密切联系的健身锻炼和减肥锻炼。

1. 健美锻炼

每个人都渴望自己有一副健美的形体，尤其是妙龄少女，她们对形体美的追求和愿望更为强烈。健美的形体和天生的素质，最能展示女子的青春活力和精神面貌，反映出一个民族和国家的生活文化水准。随着我国改革开放的不断深入，使妇女义无反顾地走出家门，投身于火热的社会生活。许多对女性身体条件有一定要求的社会职业，如礼仪、形象等人员，也日益受到社会的重视和人们的青睐。随着人际交往范围的扩大，也对人员的自身素质提出了特定要求。这一切，终于激发起女性追求美的内在需要，健美锻炼成为女子从事身体锻炼的首要动机。在我国大城市里，各种健美比赛、健美中心如雨后春笋般出现，深受广大青年男女的喜爱，就是明证。

女子出于对健美的需要，往往对运动项目具有一定的选择性。她们常常对韵律性、形体性的健美操情有独钟，对能展示身体线条的体育舞蹈尤感兴趣。对运动项目的选择，重在塑造内在气质，阴柔之美。女子也需要进行一定的力量锻炼，但不同于男子重在发展大肌肉群的力量，而是追求肌肉发达匀称，胸部丰满结实，腰部柔韧而坚实，大腿修长，形体柔和无线美，这正是女性美的构成要素。

2. 健身锻炼

现代女性自主意识和参与意识的增强，也使她们在职业活动中不甘心当"弱者"和"配角"，产生了与男子"比翼齐飞"的愿望，从而产生了健身锻炼的动机。许多妇女面临工作和家庭的双重压力，也迫切需要一副正常和健康的身体去应付。中老年妇女的健身锻炼愿望，绝不比男子逊色。女子的健身锻炼，通常以提高耐力、柔韧性和协调性为重点，运动项目多以徒手操、慢跑、气功、网球、门球等为主，不太重视剧烈的运动项目，对力量性、速度性练习不太感兴趣，这与女性的内在特质有关。

3. 减肥锻炼

由于其生理特点所决定，加上现代人生活水平的不断提高，肥胖者在女性中的比例急剧增多。女性最易发胖的时期为青春期、妊娠期、哺乳期和更年期。为了保持苗条的身材，女子可谓"不惜代价"。她们在药物减肥、节食减肥、手术减肥的同时，许多人也逐渐把目光投向运动减肥。其手段主要有长时间的有氧减肥锻炼、身体局部减肥体操等。

女子的体育健身锻炼，要在强调身体全面协调发展的前提下，做到健美锻炼、健身锻炼和减肥锻炼三位一体，达到其外在形体与内在气质的谐和，身体健康状况与身体运动能力的均衡发展。

（三）妊娠期、哺乳期妇女的体育健身锻炼

女子受孕后，一般经历 280 天，此期间称为"妊娠期"。由于胎儿的发育，孕妇的身体会引起一系列的不良反应，感觉疲劳、恶心呕吐等。随着胎儿的生长，孕妇的子宫大约承担比未孕时大 24 倍的负担，从而形成孕妇形体上的变化，易引起腰酸腿疼、平足和下肢水肿等症状。

孕妇要克服静养的落后观点，适当参加一些体育运动，以调节情绪，增加运动欢乐，减轻妊娠反应，同时改善血液循环，减轻或消除下肢瘀血现象，促进新陈代谢，增强体质。

妊娠期的体育活动，可选择散步、按摩和保健操之类，不宜参加运动负荷过大的体育活动，特别应避免腹部的剧烈运动。

妇女在分娩后即进入哺乳期，这时除哺育婴儿外，同时也应积极使身体得到恢复，就要进行一定的体育活动。由于在分娩后，腹部、骨盆底部的肌肉、组织比较松弛，因而主要选择适当的动作进行腹肌和提肛肌的收缩运动。在以后的恢复中，可多做床上体操，如抬头、伸臂、屈腿、直腿等，活动范围可从小到大，活动量可逐渐增加。

孕妇在身体基本恢复正常以后，应选择一些身体练习，坚持经常性的锻炼来恢复孕前的体形。可做些仰卧起坐、站立体前屈和扩胸运动等，有条件的可做健美操等负荷稍大的运动。

（四）妇女更年期的体育健身锻炼

妇女更年期的生理基础是女性卵巢的退化。由此引起的一系列生理和心理变化即构成更年期的若干特点。更年期是男女都必须经历的一个阶段，但女性更年期比男性更年期出现得早，一般症状也更为明显。

更年期是一个正常的生理过程。在此期间，妇女的内分泌系统及整个机体将发生一系列改变，其突出的特点是绝经。绝经的年龄一般在 45～52 岁，平均为年龄 49.5 岁。其他症状还表现在心血管（潮红）、精神与神经的症状和新陈代谢出现障碍等。更年期出现的这些临床症状群，称为"更年期综合征"。由于个人的精神与身体状况，工作与生活环境、遗传因素以及个人的忍耐力等原因，有的妇女在更年期无明显的症状，有10%～30%的妇女有症状，有明显症状的只占 10%左右。在妇女的更年期，应注意自我保养与医务监督，要进行适当的身体锻炼。更年期的身体锻炼有利于增进健康，使心情放松、促进新陈代谢。更年期身体锻炼有以下几个方面的内容。

（1）在作息制度中安排身体练习，如散步、慢跑等，运动负荷要控制在自我感觉舒适或自己习惯的量度上，贵在坚持，不要追求不断增加负荷以达到最大负荷。

（2）从事太极拳、气功等传统体育活动，以意带动，动静结合，形神结合身心兼修。这对于调节植物性神经功能，增强新陈代谢有着一定的作用。

（3）从事某些娱乐性的体育活动，如乒乓球、门球等，也有利于调节情绪，促使精神放松。

（4）可根据各自的情况，选编一些身体活动内容，有针对性地进行活动，如自编徒手操、健美操等，也可进行按摩，促进身体血液循环，缓解身体不适感。此外，还应注意有计划地参加户外活动，利用外界环境和条件，提高身体锻炼效果。

第二节　不同职业群体的健身路径

一、职业实用性身体训练

成人体育健身锻炼的直接目的是为适应所从事的职业性劳动和工作。所谓"职业实用性身体训练"，是通过某些专门的身体训练手段和方法，来达到职业活动对身体的要求。尽管在我国，职业实用使身体训练的概念未得到开拓，然而在国外，特别是在苏联，它已经成为广大人民群众身体教育的一个基本方面。

现代社会中，在体力劳动逐渐减少的生产条件下，职业实用性身体训练仍然受到人们的极大重视。其原因在于，第一，尽管在现代物质生产中的肌肉用力成分不断降低，然而，许多职业的劳动生产率仍然直接或间接地取决于劳动者的身体活动能力。因此，日常的身体状况和体质水平，仍然是任何职业劳动保持稳定高效的前提。第二，现代人掌握实际职业的时间，职业技能水平，继续取决于机体的功能水平和身体能力，取决于他们的运动技能储备及其完善程度。第三，在现代生产活动中，仍然存在着对劳动者身体状况产生消极影响的因素，职业实用性身体训练在改善劳动者身体状况方面起着特殊的作用。由此看来，现代社会和科学技术的进步，排除不断完善劳动者自身身体能力的必要性，正相反，现代社会的职业劳动与个人的身体完善是无法分离的。当今社会的职业劳动达到几千种，而专业则有几万个。它们之间的差别在于具体劳动对象、工艺和外部条件的不同，因此反映出各类劳动者的职业劳动特征的不同，操作方式、行为特征的不同。现代社会只有为数不多的职业劳动要求极限或接近极限动员身体能力，如试飞员、职业军人、潜水员等。大多数的职业劳动，甚至是体力劳动，对身体能力的要求并不是很高的。国外学者研究认为，大部分劳动动作、具有工作强度通常是超过个人体力的30%，但即使是对身体能力要求不高的劳动，也不能排除进行专门性职业身体训练的必要。由此看来，职业实用性身体训练的基本任务是，充实和完善对职业活动有益的运动技能储备与体育教育知识，强化发展对职业重要的身体能力及其相关能力，在此基础上保障身体活动水平的稳定性；提高机体对不良劳动环境条件的耐受力和适应能力，保持和增进劳动者的健康。职业实用性身体训练的手段主要有：第一，一般实用性练习，借助了它可以形成在一般职业活动条件下和可能出现的极端情况下使用的运动技能；第二，职业实用性体操和职业实用性运动项目；第三，自然环境的锻炼因素，如专设的高温舱、压力舱、人造紫外线辐射、空气离子疗法、专门化营养等，这对提高机体适应力水平和抵抗职业活动特殊条件不良影响也是十分必要的。我国近年来对职业实用性身体训练的研究已见端倪，但不太系统，人们对此也重视不够。总的来说，我国的职业实用性身体训练还是一个尚待开发的领域。

二、脑力劳动者健身锻炼

随着社会生产力的不断提高，大脑正在适应着繁重的劳动功能，脑力劳动者在社会中的比重也越来越大。目前世界上的工业发达国家，其脑力劳动者的比例均显著高于其他国家。不能否定一定程度的脑力劳动对人的健康与长寿的积极作用。然而，脑力劳动者与体力劳动者相比，由于在劳动过程中人体长期处于固定状态，大肌肉活动极其缺乏，从而造成积累的"运动饥饿"状态，就会对身体健康状况造成不良的影响。

长期从事脑力劳动而不注意锻炼身体，一方面，会造成机能活动少的部位发达，甚至衰退、萎缩；另一方面，工作时大脑需要消耗大量的氧和能量物质，由于长期缺乏适宜的肌肉运动，新陈代谢不强，从而使大脑得不到充分的氧和能量物质供应，极易引起大脑和神经系统的疲劳。久而久之，就会出现大脑各种神经性疾病。与此同时，随着生活水平的逐步提高，人们吸收的营养物质也会逐渐增多，脑力劳动者由于身体缺乏运动，营养物质就会变成脂肪在体内储存起来，形成肥胖综合征。此外，脑力劳动者一般在体内活动多，接触外界自然环境较少，因此，适应外界自然环境变化的能力差。因此，脑力劳动者参加体育健身活动，是增进健康、保持体力的充分必要条件之一。

在现代社会里，人们所说的"文明病"，指的是大肌肉活动缺乏与营养过剩相伴随的生活能力低下。就群体来说，则以脑力劳动者最为典型。克服这种文明病的重要途径，就是合理而有效的体育健身活动。因此，脑力劳动者参加体育活动是十分必要的。世界上许多长寿的脑力劳动者，如达尔文、爱迪生等著名学者，并不是他们从事脑力劳动之故，而是由于他们坚持不懈地进行适合自身的体育活动所致。脑力劳动者参加体育活动，有利于弥补机体活动之不足，改善大脑的血液循环和促进新陈代谢，并有利于调节机体的工作状态，以保持充沛的精力，提高对外界环境的适应能力，从而有效地增强体质。

组织脑力劳动者从事体育活动必须注意以下四项。

（1）要在作息制度中坚持身体锻炼，形成每日锻炼的生物节律，从而养成锻炼的稳定习惯。

（2）要选择合适的锻炼内容。根据脑力劳动者长期处于固定姿势，大肌肉群缺少活动这一特点，要在全面安排身体锻炼内容的基础上，重点强调保持与增强心肺功能和身体协调发展的内容，促进内脏器官的全面均衡发展。

（3）要利用一切可能的条件和机会，多到户外进行体育和其他活动，改善机体对外界的适应能力。

（4）要有意识地利用工作和生活之机进行体育活动，如形成工作间歇的"分钟体育"，行走中保持良好的身体姿势，适当改变工作姿势，进行适当的按摩等多种活动。

三、体力劳动者健身锻炼

在我国，体力劳动者仍是我国生产劳动的主体，最为主要的是农民、工人和其他体力劳动者。从身体运动的角度考虑，这一群体较少存在肌肉衰退现象。但由于现代社会中的体力劳动仍有明确的分工现象，因而对人的身体健康的影响是利弊兼有。一般而言，侧重于人的全身运动和肢体活动的劳动类型，对身体健康的影响相对要优越一些。侧重于局部用力的劳动类型，对身体健康的不良影响也大一些。但无论如何，体力劳动遵循的是生产劳动的规律和要求，而不是人体健身的规律和要求，因而对人的体质的负面影响总是存在的。不管这种体力劳动组织得如何科学合理，总是不能代替体育活动的。因此，组织体力劳动者参加各种体育活动，是我国体育的重要任务之一。

（一）农民的体育健身锻炼

我国农村人口占80%，加强对农民体育活动的组织指导是我国社会体育发展的重要工作。我国农民基本上是在自然环境中根据农作物的生长情况，进行着繁重的体力劳动。

（1）应该采取有效手段，促使农民的身体全面发展，以弥补不同季节、不同农活对身体的负面影响，避免身体的畸形发展；尤其要选用一些柔韧性和灵敏性的练习内容。

（2）应进一步强调农民坚持身体锻炼的必要性。对农民来说，体力劳动仍然不能代替体育活动。即使在农忙季节，也要运用身体练习手段，调节身体某些部分的活动，达到积极性休息，保持身体全面发展。

（3）在农闲季节，要大张旗鼓地组织各种适合农民特点的体育文化活动，丰富农民的社会文化生活。

（二）工人的体育健身锻炼

工人一般在稳定环境和作息制度中从事不同工种的劳动，其体力劳动的内容受不同工种的限制与影响。有的学者将工人的体力劳动分成以下几种类型，并分别提出体育健身活动的特定要求。

1. 重体力劳动

如搬运工人劳动负担过重，易引起身体局部劳损或工伤，因此，他们的健身锻炼应当注意以下三项。

（1）在工间或工后，可常采用运动负荷较小而动作幅度较大的身体练习，还可选择一些同重体力劳动的动作相反的动作进行，使机体得到积极性休息，防止身体畸形发展和促进身体全面发展。

（2）从重体力劳动的实际出发，采用强化锻炼的方式，增强体力，以保证他们完全胜任这种体力劳动。锻炼的内容有：各种姿势的举重、负重练习；提高心血管系统的耐力性练习等。

（3）在自然环境较好的环境中，选择一些动静结合或较为平静的身体练习，以促使承担过重的机体得以调节与恢复，如选择气功、太极拳和散步之类的内容进行锻炼。

2. 高空作业与地下作业

除采用一般体力劳动者共用的身体锻炼方法手段外，还应注意以下三项。

（1）要坚持经常性的身体锻炼，提高体质水平。

（2）增强腿部力量和心肺功能，如开展长跑锻炼，采用按摩、气功和太极拳等手段锻炼身体，消除疲劳，促进人体功能恢复与增强体质。

（3）除采用温水帮助消除疲劳外，还可采用冷水浴或冷、温水交替浴，以提高人体对外界环境的适应能力。

3. 人体局部负担过重的工种

纺织女工长期在车间行走，翻砂铸造工长期处于固定的弯腰姿势进行以上胶为主的体力劳动，售货员长期站立在柜台前接待顾客等，都是长期在特定的环境中从事某种固定姿势的作业，从而造成身体活动不全面或身体局部负担过重。因此，容易引起体质逐渐下降和形成职业病。

针对上述情况，可运用身体锻炼以防治职业病，改善健康和体质状况。要注意以下四项。

（1）根据不同工种使人体局部负担过重的情况，有针对性地选编某些身体练习和生产操。选编时应注意身体各部位充分舒展，并可选定与固定姿势相反的动作等，以发挥身体练习对生产活动的互补作用。

（2）从事全身性的某些运动项目，促使整个有机体活动和提高心血管系统的机能能力，如球类运动、游泳和长跑等。

（3）对局部负担过重的肢体进行按摩或放松活动，促进血液循环和消除局部疲劳。

（4）离开工作地点在较好的环境中进行身体活动，改善身心状态。

第三节　特殊群体的健身路径

一、特殊人群（残疾人）体育

残疾人是指身体残疾或者精神障碍者，包括身体残疾、感官残疾与精神（心理）残疾以及复合残疾。智力落后也属于精神残疾范围，亦称"精神发育不全"。

残疾人是一个很大的群体。联合国1983年公布，全世界共有4.7亿残疾人，其中，盲人3000万，聋人7000万，其他残疾人3亿。根据我国官方公布的数字，残疾人也有5000人之多。

残疾人问题是一个社会问题，是社会文明的标尺。我国宪法规定："国家和社会帮助安排盲、聋、哑和其他有残疾的公民的劳动、生活和教育。"利用体育手段，促进残疾人身心健康，使其享受与普通人一样的正常生活，是我国体育运动中应引起人们充分重视的一项事业。

在国际上，残疾人的体育运动得到全社会的关注。自从英国人路德维希1948年在伦敦组织了第一次残疾人体育比赛以来，国际残疾人体育比赛十分活跃。1960年在举行第 17 届奥运会的同时，也在意大利组织了第一届残疾人奥运会，此后逐渐形成了各种类型的国际残疾人体育组织。我国政府历来十分关心残疾人体育事业，是国际残疾人体育组织和各种残疾人体育比赛的积极参加者。我国残疾人运动员参加国际性残疾人体育比赛中，多次为我国争得了荣誉，也为残疾人顺利地走上健康生活道路起到了榜样作用。

二、特殊人体育健身的注意事项

开展残疾人体育活动时必须注意以下四项。

（1）应根据残疾人的身心状况，从实际出发，开展有益于身心的体育活动，以促进他们的健康发展。因此，应分析残疾人的具体情况，选择适合他们的身体锻炼内容和方法，安排适宜的运动负荷，并加强医务监督，以保证身体锻炼取得良好效果。

（2）残疾人的身体锻炼，除了增进身体健康外，一个重要的方面，是要促进其心情愉快，增强生活的信心，增添生活的乐趣，促进人际交往等。因此，选择锻炼的内容，除了个人活动外，更要选择集体性、娱乐性的体育内容。

（3）残疾人的身体锻炼，特别要注意全面发展身体，要强调心肺功能的锻炼，对衰退的身体部位，要有针对性选择手段，进行锻炼。

（4）对精神性残疾人的身体锻炼，应区别对待，选择适宜的锻炼手段和方法，不能强求一律。

第四节　康复群体特殊健身路径

一、体育健身的防治疾病机制

人体的生命活动过程，是机体与外界环境，以及机体各器官系统之间活动的对立统一，从而不断地维持其动态平衡。这就是祖国医学所讲的"天人合一""阴阳调和"。然而，在一定致病因素的作用下，人体与外界环境的平衡遭到破坏，机体的抗损害（如防御屏障、应激反应及代偿适应能力等）与损害之间的对立统一会失衡，从而导致"阴阳失调""阴盛阳衰"或"阳盛阴衰"，这时机体就会出现某些系统、器官、组织、细胞乃至分子发生结构、功能和代谢等方面的病理性变化，出现相应的自觉症状和体征，从而造成健康水平下降和劳动能力的降低，这就是疾病。

疾病的发展过程是损害与抗损害这一对矛盾的斗争过程。当致病因子作用于机体后，一方面引起代谢、机能和形态结构上的各种病理性变化，另一方面也引起机体对抗各种损伤的反应。如果损害占优势，则病情继续恶化，甚至导致死亡。反之，如果抗损害反应占优势，则疾病就向机体恢复正常功能的方向发展，直至痊愈，机体恢复正常。

健身对预防、治疗疾病和病后康复有着重要的作用。但是，健身对疾病的抵抗作用是有条件的。有许多疾病是不可能通过体育健身手段治愈的，如遗传病。有许多疾病在发作期间也是不宜从事健身的，如炎症、高烧等。因此，应该正确认识和科学使用健身手段来进行康复。

二、康复体育的特点

康复体育也称"医疗体育"，它是随着康复医学的兴起而逐步兴起的。康复医学是20世纪中期出现的新概念。学者们认为："康复医学是一门关于对伤病者和残疾者在身体功能上、精神上和职业上进行康复的科学。"相对于临床医学、预防医学而言，康复医学被称为"第三医学"。康复医学是一个涵盖面极广的领域，按其对象和应用范围来看，康复医学包括对老年病和儿科疾病的康复，运动器官系统、神经系统、心血管疾病、呼吸系统、慢性消化系统等疾病的康复，以及精神病、癌症、不良生活方式引起疾病的康复。从体育增进健康、增强体质的角度来说，体育对所有疾病的康复都具有非特异性的积极作用。然而，与康复医学最有关系的，则是提高患者肢体功能的运动器官康复和提高全身机能水平的康复以及心脏康复。康复体育正是在这个基础上发展起来的。

康复体育属于理学疗法的内容，又与中医养生康复密切相关。在我国，康复体育有着十分悠久的历史。早在远古时代，流传着用于肢体康复的"消肿舞"。《内经》中就有关于瘫痪、麻木、肌肉挛缩等病症治疗时，采用导引、按摩、针灸等进行功能恢复的记载。流传至今的五禽戏、八段锦、易筋经，都是某些疾病康复的有效手段和方法。今天，我国医疗和体育工作者重新整理与创编了不少的康复体育手段，并注意引进国外康复体育的先进理论和方法，极大地丰富了康复体育的理论与实践。

康复体育具有如下特点。

（1）康复体育是主动体育。它是患者在指导下为达到恢复目标而主动参与治疗过程，主动进行运动，用自己的意志和身体运动来治疗自身，达到自我康复。因此有利于调动病人的积极性，促进健康的恢复。

（2）康复体育是全身体育。它是通过身体运动而作用于全身，并通过神经和体液的调节机制，来改善血液循环和营养吸收功能，达到增强体质，提高抵抗力的目的。

（3）康复体育是自然体育。它是利用人类固有的运动功能，一般不受地点、时间、设备等条件的限制，又更多的是在大自然中运动。正确组织的康复体育，也不会产生副作用。

（4）康复体育是监护体育。一般而言，康复体育要在个人或医务工作人员的严格监护下进行健身，并与疾病治疗密切结合。在康复体育活动中的不适，既可能是身体负荷所引起，也可能是身体疾病的症状，因此，必须加以区分和监控。

三、康复体育的适应症和禁忌症

适宜进行康复体育的疾病有以下几种。

（1）心血管系统疾病，如高血压病、冠心病、心肌梗死后恢复期、心脏手术后恢复期。

（2）呼吸系统疾病，如慢性支气管炎、肺气肿、支气管哮喘、肺结核、胸腔炎、肺与肺手术后恢复期等。

（3）消化系统疾病，如慢性胃炎、消化性溃疡、胃下垂、胃功能紊乱、慢性胆囊炎、慢性肝炎、便秘等。

（4）神经系统疾病，如偏瘫、脑震荡后遗症、面瘫、周围神经损伤、多发性神经、截瘫、眩晕综合征、舞蹈症及神经衰弱等。

（5）运动系统疾病及创伤，如骨折、四肢肌肉及韧带劳损与撕裂、腰部肌肉或关节劳损、腰椎间盘突出、脊柱畸形、颈椎病、肩周炎、类风湿性关节炎等。

（6）代谢性疾病，如糖尿病、肥胖症、高蛋白血症等。

（7）妇科疾病，如盆腔炎、痛经、子宫位置异常等。

（8）其他，如烧伤、胸腔或腹腔手术后、肾移植手术后恢复期。

体育疗法的禁忌症，主要包括：各种传染病；疾病的急性期；高热、全身症状严重，脏器功能失调代偿期；各种创伤、局部有出血倾向；创伤后血管及神经附近有金属等异物；心血管系统疾病急性发作、心功能不全或严重心律失常等。

在现代，心血管系统疾病是造成死亡的主要原因，约占全世界死亡人口总数的1/4，在发达国家中接近1/2。随着我国人民生活水平的逐步提高，饮食结构、生活方式也发生了很大的变化，心血管系统疾病的死亡率逐步处于较高水平。

近200年来，对心血管系统疾病患者是采用静养好还是采用动养好，一直存在着尖锐的争论。现代科学已经证实，康复体育对于心血管疾病患者也是同样适用的。它有助于提高心脏工作的耐力，改善血管的外周阻力，对心血管疾病的康复有利。

四、常见系统性疾病的康复疗法

（一）呼吸系统疾病的康复疗法

呼吸系统疾病主要包括慢性支气管炎、肺气肿、支气管哮喘、肺结核、胸腔炎、硅肺与肺手术后恢复期等。运动实践和科学研究表明，参加跑步、游泳、划船和球类等运动，最有利于促进呼吸功能的发展。跑步、球类等项运动能刺激呼吸器官加强活动，引起呼吸功能发生较大的变化，游泳、划船等专项运动还有助于增强胸肌，促进胸廓的发展，有利于增强呼吸功能。单纯的呼吸体操健身，对改善呼吸功能也有一定的作用。

1. 慢性支气管炎

慢性支气管炎是一种常见病。引起慢性支气管炎的原因很多，由病毒、细菌和肺炎支原体引起的上呼吸道感染是发病的重要原因。还有物理、化学因素，如空气被有害的化学毒物、粉尘或有害的工业废气所污染等。另外，喘息性慢性支气管炎的发病与过敏因素更为密切，如对粉尘、油漆、花粉、食物等过敏。指导患者进行科学的体育健身，是一种较好的治疗慢性支气管炎的办法，其体疗方法如下。

（1）每天早晨用冷水洗手、洗脸；还可用冷水擦胸和两臂，甚至全身。可从夏天开始，习惯后全年坚持。

（2）呼吸体操。着重练习腹式呼吸，养成柔和、缓慢而较深长呼吸的习惯。具体动作可参见李鸿江主编的《运动健身宝典》。

（3）健身运动。可根据体力情况，坚持急行、上楼梯、慢跑、爬山、打太极拳、练气功、做广播操等运动，多在户外新鲜空气中活动。

（4）医疗体操。

①揉搓颈部。两手搓热，然后用双手摩擦颈部，到发热为止，每天做2次。

②拍打胸部。挺胸吸气后，左手拍打左胸，右手拍打右胸，先轻后重，重复30～50次，每天2次。

③捶击肩部。左拳捶击右肩，右拳捶击左肩，重复20～30次，每天2次。

④两手摸墙。面对墙站立，两臂上举，两手摸到最高处，然后两臂放下，重复

20 ~ 30 次，每天 2 次。

⑤跪撑臂屈伸。跪在床上，两臂伸直。两臂弯曲，胸贴床上，然后两臂伸直，重复 20 ~ 30 次，每天 2 次。

2. 肺结核

肺结核是一种呼吸道传染病，它是由于结核杆菌感染而引起的，结核杆菌通过呼吸道进行传播。肺结核有一半以上发生在中老年人身上。目前对肺结核采用综合疗法，即精神疗法、药物疗法、食物疗法和体育疗法。实践证明，在药物等治疗配合下进行体疗，可获得良好的效果。

肺结核患者的康复体育疗法，可根据病情分三组进行。

（1）弱组。

弱组患者包括各种类型肺结核病吸收好转不到一个月者，血沉正常或少块，体温基本正常或偶有低热，活动后有轻度心悸气短。弱组患者体疗方法有气功，采取自然呼吸法，腹式呼吸每分钟 10 ~ 20 次，不要求深长缓慢。弱组患者也可练习简化太极拳，或做医疗步行，每分钟 80 ~ 100 步，距离得 500 ~ 1000 米。上午、下午各 1 次。弱组患者还可做空气浴。

（2）中等组。

中等组患者可进行广播体操、呼吸体操，以及四肢、躯干较复杂的全身活动，每次 30 分钟以内，继续练习气功，可改练强壮功，练习较为复杂的太极拳，或将简化太极拳单个动作重复数遍；医疗步行路程可延长至 3000 ~ 5000 米，分 2 ~ 3 段进行。每天 1 ~ 2 次。中等组患者还可做空气浴和水浴。

（3）强组。

强组患者可做广播操，进行增强肌力的全身活动，包括医疗球、体操棒、慢跑等。每天进行 1 ~ 2 次，每次 30 ~ 45 分钟。强组患者还可做空气浴、水浴和日光浴。

（二）消化系统疾病的康复锻炼

1. 慢性胃肠炎

慢性胃肠炎是中老年人常见的疾病之一，其中慢性胃炎最多，此外还有溃疡病，主要病变多发生于胃和十二指肠。

对胃肠炎除了注意药物治疗外，特别要注意饮食卫生，戒除烟酒，保持良好的情绪，再配合体育疗法，可收到较好的胃肠炎疗效。现介绍几种适合于慢性胃肠炎患者的体育疗法。

（1）气功。用侧卧式或坐式练内养功。每天2次，每次约30分钟。

（2）按摩。

揉腹。早晨起床前或晚上睡觉前，仰卧床上，天气冷时可在被窝内进行双手掌重叠，置于肚脐部位，按顺时针和逆时针方向各按揉60次。

点按。用一手拇指在腹部穴位或任何一点缓缓用力下按，达到一定深度后，手指慢慢抬起。一个部位可点按6～9下。用于止痛时，可点按足三里穴位。饱腹时不宜进行揉腹和点按。

（3）太极拳（剑）练习。每天早晚各1次，每次20～30分钟。

（4）医疗体操。各种腹背活动的徒手操，对于改善胃肠功能都有一定的作用。患者可针对自己的实际情况，选择下列全部或部分动作练习。

①腹肌运动。两脚自然开立或者坐在凳子上，两手放在上腹部。用力鼓肚子，等肚子鼓大以后，停2～3秒，然后再收回肚子，一直回到最低程度，也停2～3秒。重复20～30次，每天做3次。

②腹背运动。两脚开立与肩同宽。两臂上举，挺胸、抬头，尽力体后屈，吸气；然后慢慢体前屈，两手摸脚背，呼气。重复20～30次，每天2次。

③俯卧挺身起。仰卧在床上，两手在腹间支撑，上体尽力抬起。停2～3秒，吸气；然后还原到开始姿势，呼气。重复30～50次，每天2次。

④仰卧起坐。仰卧在床上，两臂体侧伸直或两手抱头，用力收腹，上体起立坐起，随后体前屈，两手摸脚面，然后还原到开始姿势，呼气。重复20～30次，每天2次。

⑤仰卧举腿。仰卧在床上，两臂体侧伸直，两腿伸直前上举，保持不动，停2～3秒，吸气；然后还原到开始姿势，呼气。重复20～30次，每天2次。

2. 便秘

便秘是指食物残渣在肠内滞留时间过长，内含水分过量吸收，以致粪便过于干燥，难以排出或欲大便而艰涩不畅。长期坐着工作，生活不规律，缺少运动或体力劳动，大便无定时，或者经常食用很容易吸收，残渣少的食物，很少吃纤维质食物，都会造成肠胃蠕动减弱而引起便秘。体育健身能起到强身的作用。

（1）医疗运动。

医疗运动如步行、慢跑、游泳等。晨起后到户外快速行走30分钟，然后喝一杯温开水即去排便。每日一次，长期坚持，有良好的防治效果。

（2）气功。

气功可做内养功，仰卧位，深腹式呼吸，意守丹田，每天2～3次，每次30分钟左右。

（3）按摩。

搓热两手，然后相叠，着肉或单衣，用掌心在以脐为中心的腹部，顺时针方向，分小圈、中圈、大圈各转摩12次。

（4）医疗体操

主要增强腹肌和提肛肌的力量。具体动作如下。

①腿贴腹。仰卧在床上，两腿伸直，两臂体侧伸直，上体保持不动，两腿弯曲，大腿贴腹，吸气；然后还原到开始姿势，呼气。重复10次左右。

②收腹举腿。仰卧在床上，两腿伸直，两臂体侧伸直。用力收腹举腿到垂直位置，两腿伸直，吸气；然后还原到开始姿势，呼气。重复10次左右。

③腿屈伸。仰卧在床上，两腿举起，两臂体侧伸直，两腿交替屈伸，做骑自行车蹬踏板的动作。呼吸自然，动作要轻快，屈伸幅度要尽量大。做20～30次。

④仰卧起坐。仰卧在床上，两臂体侧伸直，用力收腹，上体起立坐起，随后体前屈，两手摸脚尖、深吸气；然后慢慢地还原到开始姿势，深呼气。重复10次左右。

⑤原地高抬腿踏步。直立，两臂下垂，高抬腿踏步1～2分钟，自然呼吸。

⑥转体。两脚自然分开，两臂下垂，上体左右转，同时两臂左右侧平举，吸气；然后还原到开始姿势，呼气。每侧重复10次左右。

3.慢性肝炎

慢性肝炎是肝脏的慢性炎症，它是由急性肝炎或迁延性肝炎发展而来的。如及时治疗，可导致肝硬化，危及人的生命。因此，必须高度重视治疗慢性肝炎。体疗方法如下。

（1）气功。

可练放松功（仰卧、静息、放松自然呼吸）或内养功（右侧卧位或平位，腹式呼吸），每天2～3次，每次20～30分钟。呼吸不要过深，否则引起肝区疼痛和头晕。

（2）太极拳。

宜练简化太极拳，体弱者可练基本动作，最好配合气功疗法，在气功后进行。

（3）医疗运动。

散步、乒乓球、广播体操，可每天或隔天进行一次，运动量要小些，每次10～20分钟。

（三）神经系统疾病的康复锻炼

1. 神经衰弱

神经衰弱多是大脑持久的情绪紧张和焦虑，或脑力活动持续过度紧张而引起的神经系统功能紊乱特别是大脑皮质的内抑制过程减弱，从而出现过度兴奋和迅速疲劳，自主神经功能紊乱而出现的一系列症状。神经衰弱者固然需要安静休息，但适当地参加体育活动则更为有利。因为在运动时，来自肌肉和关节的神经感受器的冲动传到中枢神经系统，有助于调整神经系统的活动状态。体疗方法如下。

（1）太极拳。

用太极拳治疗神经衰弱效果良好。神经衰弱患者打太极拳要特别注意静（精神宁静）、松（全身放松）、慢（动作缓慢）三个字。

（2）强壮功。

对神经衰弱者也很适宜，一般用坐式，体力太弱者也可用卧式。体力较好者可练习站桩功。练习时强调入静，每天2～3次，每次约30分钟，失眠病人也可利用放松功诱导入静。

（3）散步、慢跑。实验证明，神经衰弱患者做较长时间的散步，有助于调整大脑皮层的兴奋和抑制过程，减轻血管活动失调的症状。根据身体情况做一些慢跑活动也是有益的。跑的速度可以放慢，或走跑交替进行。

（4）其他方法。

如八段锦、广播体操、医疗体操等运动量较小的球类活动。对体力较好的患者，可组织爬山、划船、游泳等活动，也可在户外做适当的体力劳动。

2. 失眠症

失眠症主要是由于大脑皮质的抑制功能减弱和兴奋过程增强造成的。失眠是神经衰弱的症状，但失眠症状者，不一定就是患神经衰弱。如确实患了失眠症，要找出失眠的原因。

除了药物治疗外，还可采用体育疗法。

（1）睡前进行适宜的体育活动。如散步 10 ~ 20 分钟，或打太极拳 10 ~ 15 分钟。然后用温水洗脸，温水泡脚 10 ~ 15 分钟；待情绪稳定后上床睡觉。

（2）"干浴"按摩。临睡前，取卧位或盘坐位，进行自我全身按摩，先双手轻轻按摩面部；然后左右手交替按摩左右臂，再用双手轻轻地、慢慢地抚摩胸部和腹部；最后按摩脚心，即涌泉穴。一般 10 分钟左右便出现倦意和睡意。如睡不着，可再重复按摩一遍。

（3）防治失眠"十二字诀"：肢体活动、穴位按摩、呼吸入睡。

① 肢体活动。睡前 10 ~ 15 分钟做四肢和躯体的柔和缓慢上下起伏，左右扭转，前后伸屈等简单动作。

②穴位按摩。主要采用手掌按摩胸腹部的中府、中院和丹田；再按摩颈背部的风、安眠、风池穴；然后按摩腰部，搓手和擦面各 20 ~ 30 次。

③呼吸入睡。在上述活动后，身体开始安静和倦乏，此时即可上床，最好向右侧身而卧，将手置于胸前，随着均匀的呼吸，做大拇指和食指的开闭动作（吸气时开，呼气时闭）。进行片刻，即可逐渐入睡。

（四）心血管疾病的康复疗法

1. 冠心病

冠心病的全名叫冠状动脉粥样硬化性心脏病，又叫缺血性心脏病，是一种因冠状动脉内膜发生粥样硬化，使管腔狭窄，或阻塞，从而导致心肌供血不足而引起的心脏病，它是中老年人员常见的多发病、也是引起老年人死亡的主要病症。冠心病的康复可分三个阶段，即急性期（住院）阶段、恢复期（门诊）阶段和家庭康复阶段。冠心病患者进行体育健身可改善冠状动脉血液循环。

恢复期的体疗康复强身，开始时要在康复专业人员的监护下，按照运动处方进行健身。随着心脏功能能力的提高，可逐渐减少门诊健身次数，在家中按处方的要求在自我监督下健身。家庭体育康复健身的目的是使病人逐步恢复到正常人的生活和工作，健身的内容可多样化，但强度要严格控制。健身的主要内容包括以下几种。

（1）步行。

此法的运动负荷较易控制，是发展心肺功能较好的手段，对冠心病尤为合适。适合冠心病患者的行走速度大致可分为慢速（70～90步/分）、中速（90～110步/分）、快速（110～130步/分）。距离1000～3000米，每天1～2次，每次30～60分钟，脉搏不超过100～110次/分。

（2）慢跑。

每天1次，距离1500～2000米，速度每分钟100米左右。此练习只适用于病情基本稳定，很少发作心绞痛，一般情况良好者。

（3）太极拳（剑）。

选择一套简化太极拳，或练习其中的某几个动作，如野马分鬃、揽雀尾云手等。练习时注意精神集中，肌肉放松，体位端正，配合自然腹式呼吸。

（4）气功。

练放松功或强壮功，以卧式为主，配合坐功，呼吸不要过于深长，切忌闭气。适宜于病情较重或合并有神经官能症的患者。每天练32～33次，每次20～30分钟。

（5）舒心平血功。

每天练1～2次，每次练一遍。体质较好者略作休息后可以接着练。其功法见张广德著《导引养生功》（北京体育大学出版社出版）。

2. 高血压病

按世界卫生组织规定，成年人正常血压为收缩压≤18.6kPa，同时舒张压≤12kPa，即≤140/90毫米水银柱。高血压诊断标准为，收缩压≥21.3kPa和舒张压≥12.6kPa即≥160/95毫米水银柱。血压在21.2～18.8/12.5～12.1kPa（159～141/94～91毫米水银柱）为临界高血压。现代医学认为，高血压病是脑中风和冠心病的主要危险因素。高血压病的最后结局，70%为脑中风，20%为心脏病，10%为肾脏病，是我国人民死亡和致残的主要原因之一。

运动对治疗高血压有明显的疗效，反之，缺少体育活动则认为是影响心血管功能的危险因素。高血压病运动康复疗法的作用机理在于：第一，它作用于大脑皮质和皮质下血管运动中枢，使血压下降；第二，能调节自主神经功能，降低交感神经兴奋性，提高自主神经的兴奋性，缓解小动脉痉挛，从而有助于降压；第三，改善情绪，从而减少血压波动幅度并减少神经官能症状。

高血压患者体育疗法总的原则是运动量宜小不宜大，以放松性质的练习为主，主要手段有三大类。

（1）走、跑练习。

散步可在清晨、黄昏或睡前进行，时间一般为30～60分钟，每天1～2次，速度中等。对于年龄不太大，心功能尚好的早期高血压患者，可进行慢跑健身，速度为100米/分为宜，距离从100～200米开始，一般不超过2000～3000米。

（2）中医传统医疗手段。

气功、太极等传统体疗手段，对降压有良好的治疗康复作用。如太极拳，体力较好者可练全套简化太极拳，体弱者可选择几个动作反复演练，每天1～2次，每次20～30分钟。气功对高血压患者有明显的降压和调整身体异常反应的作用，以放松功和站桩功疗效最好。要求"松""静""降"，意守丹田或涌泉穴。张广德主编的舒心平血功，对防治高血压病也有一定的作用。

（3）医疗体操。

周士枋创编的降压舒心操（参见周士枋等著《实用康复医学》，东南大学出版社），以及黄美光等创编的高血压、冠心病医疗体操，对降压也有良好的作用。

（五）运动系统疾病的康复锻炼

1. 关节炎

对关节炎的发病原因，西医尚无定论，中医认为此病是风、寒、湿三种外邪合并侵袭身体所致，其体育疗法如下。

（1）太极拳。

一般来讲，关节炎患者症状轻，且在症状没有发作阶段，可做太极拳健身，有助于增强体质，改善关节活动功能。但如果下肢关节，特别是膝关节以及骶髂关节炎症的症状比较严重，就要慎练太极拳。有些患者在练太极拳初期，虽有疼痛反应，但经过健身逐步适应后，疼痛减轻，病情逐步好转，可继续进行，如果打太极拳后症状明显加剧，就应暂停。

（2）步行。

以散步的速度进行，每天2次，每次1500～2000米。

（3）温水浴。

将手指、腕、肘、踝关节等浸泡在37摄氏度左右的温水中，每次5～10分钟。

（4）关节体操。

①手指屈伸练习。握拳，紧握铅笔或稍大的棍棒，伸指，使手掌和手指平贴桌面。

②手腕屈伸练习。两掌在胸前相对，成合掌姿势，用一手压另一手，使一手腕伸展，反复进行，要快速有力，还可以握着轻哑铃做手腕屈伸运动。

③肘屈练习。用力屈肘，同时握拳，使手触肩，然后用力伸肘，同时放开手指。

④肩前屈练习。两臂下垂，从前方举起在头上拍掌。

⑤肩外展练习。两臂伸直下垂，从两侧举起在头上拍掌。

⑥肩外旋内旋练习。两手掌放在头后，两肘正向侧方，肩外展外旋；两手背放于背部，掌心向后，肩内旋。

⑦跟关节练习。足踝屈伸，绕旋。

⑧髋、膝屈伸练习。立位，弓箭步，两腿轮流在前；立位，尽量深蹲，起立，足掌着地，反复进行。两腿轮流做。

上述练习，每节可做 10 ~ 20 次，每天至少做 2 遍。

2. 肩周炎

肩周炎即肩关节周围炎，是肩关节、关节囊和关节周围软骨组织慢性退行性变化的疾病，多发病于 50 岁以后，俗称"五十岁肩"。肩周炎发生的主要原因是人到中年以后，机体代谢水平降低，身体各器官机能减弱，全身血液循环相对缓慢，体力活动减少，从而影响了血液对肩关节及其周围组织的供应，使肩关节和周围软组织得不到充分的营养物质，而逐渐发生退行性变化。在这种情况下，只要肩关节发生急性扭伤或慢性劳损，甚至着凉受风寒都容易导致肩周炎。肩周炎康复体育疗法如下。

（1）医疗体操。每天练习 1 ~ 3 次。

①摆动。先热敷和按摩肩部，然后，上臂做内收外展——用手摸对侧耳轮，接着向后摆动，逐渐摆动到有疼痛感。

②压肩。双手与肩同宽，扶栏杆或桌面，直臂上体下压，利用身体的重力，使肩关节前屈，达到有疼痛感时，坚持下压 10 秒，每下压 1 次，中间休息 10 秒，连续练习 10 ~ 15 次。

③手爬墙。双手直臂扶墙，在身体向墙壁靠近的同时，双手直臂沿墙体往上爬，达到有疼痛感时，坚持 10 秒左右，屈臂放松。连续练习 10 ~ 15 次。也可在他人推动下做练习。

④屈膝悬垂。双手与肩同宽,抓握低单杠或类似的栏杆等,身体逐渐屈膝下蹲到肩部有疼痛感时,坚持 10 秒左右。每做 1 次间隔 10 秒。练习 10 ~ 15 次。

⑤直臂肩绕环。两臂放松,自然下垂,然后伸直,从下向前、上、后、下做直臂绕环,1 周为 1 拍,做 4 拍,再反方向绕环 4 拍,1 节为 8 拍。4 节为 1 组,共做 5 ~ 6 组。每组之间休息 2 分钟。

(2)点穴按摩。

①用拇指、中指或食指按肩及肩前压痛点,肩后压痛点、天宗、曲池等,每穴按 1 ~ 2 分钟。

②左手伸向右侧肩部,用拇指、中指、食指拿捏肩部三角肌、痉挛的肌纤维及上臂部,计 5 分钟,然后换右手做左侧的拿捏 5 分钟。

③用左手掌拍打、轻扣右肩,同时用右手臂拍打腰部的命门穴。左右手轮换,如此反复交替做 50 ~ 60 次。

3. 颈椎病

颈椎病是颈部脊椎长骨刺,发生了退行性关节炎和椎间盘的病变。这是由于经常落枕,外伤劳损或长期从事低头伏案工作,缺少运动等所致。采用体育疗法,能收到良好的疗效。

(1)颈椎牵引。

在床头上或门框上安装一根带滑轮的立杆,滑轮上穿一根绳子,绳子的一端拴上沙袋或铁锤,重量可从 4 公斤开始,逐渐增加到 10 公斤,甚至 15 公斤。绳子的另一端连接颈圈或牵引带,固定在患者的下颌与后枕部。牵引时头前倾 20 度左右,使牵引力主要作用于颈椎体后缘、椎间孔及后关节等。每日牵引 1 ~ 2 次.每次 30 分钟左右。有合并高血压者慎之。在牵引过程中遇有头晕、恶心等不良反应时,应暂停牵引或减轻牵引重量。

(2)医疗体操。

①左右旋转。自然站立,双手叉腰,头颈交替向左、右旋转。动作要慢,要稳,幅度尽量大,眼睛努力向后方看。两侧各转 50 次。如果旋转时颈部出现响声,属正常现象。

②头侧屈。自然站立、双手放在体后。头向左侧屈至最大限度,再向右侧屈,不加旋转动作,共做 50 次。

③低头仰面。自然站立,双手叉腰。头颈后仰,眼睛看天,并逐渐加大幅度;然后低头看地。抬头低头交替进行。动作以缓慢为宜。各做 20 次。

④颈项环转。患者取坐位，头颈放松，自然呼吸。缓慢地做颈部转动，幅度由小到大。顺、逆时针方向交替进行。

⑤双手擎天。自然站立，双手指相交叉置于胸前，掌心向上；同时颈部充分前屈，一颌接触前胸、眼看掌心，缓慢抬头；同时翻掌向上伸展至最大限度，掌心向上，眼看手背。共做30次。每日早晚各1次。

（3）保健按摩。

①按揉法；②提捏法；③点穴法。

4.腰病

腰痛是常见病之一。外感、内伤、闪挫、跌扑等都可发生腰痛。重点介绍腰部（腰肌）劳损和痹症范围的腰痛（外受风寒湿侵袭所致）及老年性骨关节病引起的腰痛，也就是常说的慢性腰痛。

（1）按摩疗法。

点按拨揉肾俞、委中、阿是穴；指压手部腰病友、养老穴；分拨理顺腰骶部棘上韧带和阳性反应物，即先以拇指或食指、中指左右分拨，至有酸胀发热感时为止，然后以手指指腹从上而下推压理顺。

（2）气功疗法。

可选用小周天、大周天功法。重点在腰背部，也可用冲关法。因腰痛必然局部经络阻塞，气血不通，周天运通气血，通则不痛。

（3）动功或体操疗法。

①晃腰。

站位，双手叉腰或放手腰眼处，两脚分开与肩同宽，全身放松，左右旋转腰部各18次。晃腰时以腰椎为轴，目的在于活动椎间关节。

②自牵。

双手攀单杠或抓住架在一定高度上的铁棒、木棒、树杈等，悬挂5～15分钟，体质好或有一定臂力后可轻轻晃动腰部。自牵要循序渐进，选择的攀抓对象要粗细适中，结实。全身放松，自然呼吸。

八段锦、太极拳等对防治腰痛病也是较好的功能健身方法。

腰痛的体疗应注意，患者忌睡席梦思等弹簧床，同时要注意腰部保暖，防止受凉。治愈后仍应坚持健身，以巩固疗效，防止复发。

五、代谢性疾病的康复疗法

（一）糖尿病

糖尿病古称"消渴病"，是人体胰岛素分泌不足而引起的糖类代谢紊乱、血糖增高为主的一种慢性病、是危害老年人健康较重的多发病。引起糖尿病的原因尚不完全清楚，一般认为，糖尿病与遗传、病毒感染、自身免疫等因素有关。目前除控制饮食外，还没有一种理想的药物既能控制糖尿病又没有副作用，而体育健身能达到这一目的。

糖尿病的运动治疗历史久远。我国隋朝巢元方在《诸病源候论》中，对"消渴病"主张"先行一百二十步，多者千步，然后食之"。20世纪初。曾有"三驾马车"之说，即治疗糖尿病主要在于三个方面：饮食疗法、运动疗法和胰岛素（药物）疗法。控制糖尿病患者运动的强度，是运动疗法能否成功的关键。主要手段方法有以下几种。

1. 步行

每天2次，每次2000～3000米，一般在饭后30分钟进行，中间可休息2～3分钟。步行速度为每分钟100～110步，要求动作放松，步幅大，有节奏。

2. 慢跑

此练习适用于体力较好者。每日1次，每次2000～3000米，速度为每分钟100～110米。开始健身时可走跑交替，要严格控制运动量，以不费劲，感到轻松、愉快为前提。

3. 太极拳、气功

可练习简化太极拳或全套太极拳，也可练某些动作，每日1～2次。气功可练内养功，每天2次，每次20分钟。

4. 医疗体操

每日2次，每次练2遍。

（1）扩胸运动。立正、两臂胸前平屈，掌心向下。两臂经前向后振动，还原成立正姿势。如此算1次，共做8次。

（2）振臂运动。立正，左臂上举，刚刚右臂向后摆动；左臂经前向下、向后摆动，同时右臂经前向上举。如此上下振臂 10 ~ 20 次。

（3）踢腿运动。立正，两手叉腰。左脚前踢，与上体约成 90 度。左腿还原。右腿前踢，与上体约成 90 度，右腿还原。左右腿交替踢腿 16 ~ 20 次。

（4）体侧运动。

立正，左脚侧跨一步，脚尖点地，同时两臂侧举。左臂弯曲至背后，前臂贴于腰际；同时右臂上举，身体向左侧屈 2 次，还原。出右脚，换相反方向做，运动相同。共做 8 次。

（5）腹背运动。

立正，两臂经体前上举，掌心向前，抬头，体后屈。体前屈，手指尽量触地。上体伸直，屈膝半蹲，同时两臂前举，掌心向下。腿伸直，两臂还原成直立。连续做 16 ~ 20 次。

（6）原地跳跃。立正，两脚跳成开立，同时两臂侧举。两脚跳成并立，同时两手叉腰。连续跳 20 ~ 30 次。

（7）原地踏步。两臂自然放松，随踏步做前后摆动。连续踏步 30 次左右。

（二）肿瘤

肿瘤是指机体细胞在某种因素影响下发生的病变，引起异常繁殖，进而形成肿块，造成组织形态、功能、代谢变异。根据肿瘤对人的危害程度，可分为良性肿瘤和恶性肿瘤两种。恶性肿瘤又可分为癌和肉瘤两类。凡是从上皮组织生长出来的恶性肿瘤，即分布在人体表面，人体所有器官里，各种腺体的分泌部分和感觉器官接受刺激的部分上的恶性肿瘤统称为"癌"，如食管癌、胃癌、乳腺癌等。癌症多发生于中老年，肉瘤多发生于青少年。

人们常用"谈癌色变"来形容癌症对人类的肆虐，癌症确实是威胁人类健康的大敌。根据统计，全世界每年至少有 500 万人死于癌症。据日本 1981 年统计，癌症占到死因的首位。据《中国统计年鉴》记载，1989 年列入我国前三位的死因是恶性肿瘤、呼吸系统疾病和脑血管病。在我国城市因病死亡人数中，恶性肿瘤占到了 21.42%。

随着现代科学特别是医学的发展，癌症的预防和诊治措施也在不断地提高，手术、放疗、化疗、免疫治疗等手段都在不断地改进，癌症正在由原来的不治之症逐步向可治之症过渡。世界卫生组织曾经指出："在所有恶性肿瘤中，1/3 是可预防的，1/3 是可以治愈的，还有 1/3 在发现时已属晚期，但也能通过积极的医疗、护理，使病人生命延长，痛苦减轻。"我国在用中西医结合治疗癌症方面也取得了明显的进步。

目前对肿瘤发生的原因还不太清楚，根据一些调查资料表明，引起肿瘤的外界因素可分为化学性、物理性和生物性三大类，还有人体的内在因素，如先天性免疫功能缺陷、内分泌失调、神经功能紊乱和遗传因素等。

癌症的治疗有手术切除、放射治疗、化学药物治疗、免疫治疗和综合治疗，体育康复健身也是预防和治疗癌症的有效手段之一。

德国艾恩斯特·范阿肯博士，长期从事运动与癌症关系的研究，他在1969年曾对近千名中老年男性进行了为期8年的追踪观察，结果发现，经常慢跑组只有0.66%的人患癌症，1人因脑瘤死亡，而不跑步组有6.49%的人患癌症，其中有17人因癌症死亡。

1. 按摩

合谷、足三里、太冲、然谷。全掌重力按摩关元、肾俞。用指腹点按百会、大椎、命门、涌泉。此外，太极拳、健身跑、跳舞、广播操等日常健身活动，对于防治癌症也有很好的作用。

第十一章　走跑健身的诀窍

第一节　走跑健身的成功条件

参加走跑健身运动的目的是从走跑过程中得到乐趣，增强体质，提高健康水平，收到良好的锻炼效果，这是每个参加走跑健身者期望的。那么怎样才能实现呢？库珀博士经过 20 多年的艰苦探索和研究，创造性地揭示了走跑健身成功的秘诀。

享受运动乐趣和得到锻炼效果是每个人期望的，要想实现这两个目的必须具备以下四个条件。

（一）安全性

（1）走跑是人类最基本的运动形式，锻炼方法简便、易行，其运动形式对技巧的要求不高。它不需要有专门的场地和器械，只要有平整的道路，较干净的空气就行了。因此，参加走跑健身，简便易行，安全可靠，不易受伤。

（2）走跑是一种可进行自监自控安全而有效的方法。走跑健身的负荷强度，练习的数量，持续的时间和每周锻炼的次数，四个变量之间的关系，容易协调，完全可以自我监控，不会造成对机体的损害。

（二）效果好

库珀博士在《有氧代谢运动》一书中讲到，选择一种最能促进你的全面身心健康的运动——有氧代谢运动形式。而走跑是有氧代谢运动的形式之一，锻炼效果好，是大家值得终生从事的一项健身活动。

（三）有趣性

选择自己有兴趣并能长期坚持下去的有氧代谢运动，才会得到理想的锻炼效果。从事自己不感兴趣的运动，不但享受不到运动的乐趣，而且锻炼效果极差。

（四）恒心

一旦确定自己所从事运动，就应按照计划，循序渐进，持之以恒地坚持下去。在开始锻炼时，由于人体缺乏运动而引起的体质下降是慢慢发生的，要扭转这个局面，同样需要一段时间，一般至少锻炼6周才能收效。训练效果通常可维持6~8周，若停止运动，运动能力则在2周内显著降低，12周后会降低恢复到运动前水平。因此，重在恒心，务求速成。

第二节　个人走跑锻炼的计划

在制订个人走跑锻炼计划之前，应进行全面体检，对目前的健康状况进行评定，以便根据个人的身体状况制订完备的锻炼计划。

（一）全面体检的项目和内容

从未参加过走跑或中断较长时间又开始走跑的人，应在运动前对身体做一次检查，这对中老年人尤其重要，全面体检的项目和内容如下。

（1）基本测量及身体脂肪测定：身高、体重、体脂、肥胖度等；

（2）心脏功能：脉搏、血压、心电等；

（3）肺功能：肺活量；

（4）运动负荷试验：活动平板、功率等；

（5）体力测验：12分钟跑及运动能力测验；

（6）X线检查：胸部、胃肠等；

（7）血液生化学检查：血常规、血糖、肝功、血脂；

（8）尿检查：尿蛋白、尿糖、尿沉渣等；

（9）其他：视力、眼底、眼压、听力。

在全面体检中，运动心电图测试尤为重要，无条件地至少要做普通心电图检查。在库珀有氧代谢运动中心30年内几乎没有出任何安全问题，其重要预防措施之一就是进行及时体检，有引起心肌梗死可能的病人通过一段时间的恢复锻炼可以恢复体能，甚至跑马拉松！这是因为库珀在对每个人开始训练前、训练中，都进行运动心电图测试，以保证不发生任何意外。如果你想开始锻炼，但还没有全面体检时，走跑时一定要严格遵守循序渐进的原则，按照本章中六周训练计划去做。运动中一旦出现身体不适，务必及时去找医务人员或专家解决，不能有侥幸心理。

（二）有氧代谢运动项目的选择

理想的有氧代谢运动必须符合以下三个标准。

（1）全面大肌肉群的活动，能把锻炼者的心率提高到一定范围并保持 20 分钟以上。

（2）简单易行，有兴趣，能使锻炼者在较长一段时间，最好是终生从事的运动项目。

（3）受条件限制较少，能在绝大多数场合和气候条件下进行。

有氧代谢运动项目包括步行、跑步、游泳、公路骑车、健身操等。步行是人类最基本的活动形式，动作柔和，不易受伤，特别适合老年人与肥胖者，但是步行锻炼费时间，需要用大约两倍于跑步的时间来取得同样的效果；跑步被称为"有氧代谢运动之王"，它是全面、短时内见效果的运动，不需要复杂的技术、用具和场地，但跑步时下肢关节受力较大，如果跑步的姿势不正确或运动量过大时，受伤的机会会大于步行和游泳；游泳是全面发展心肺功能和肌肉的运动，受伤的可能性小，但由于游泳池的局限性，除非你有天天接触室内游泳池的条件，否则坚持常年锻炼是困难的；公路骑车是种只能使腿部大肌肉群，并且时速至少达到 20 公里才能增强有氧代谢功能的运动，骑车的姿势对腰背不利，上肢肌肉也得不到足够的运动，另外还受天气与道路的限制，拥挤的交通与频繁的红灯，都会使锻炼效果降低；健身操是近年来深受女性欢迎的运动项目，一套时间、动作编排得当的健身操，同样能起到健身的作用，但男性参加者较少。

以上我们分析了 5 种有氧代谢运动的优缺点，选择哪种由自己决定。但是走跑运动健身风行国内外，有最广泛的爱好者，况且目前，中国从京城到全国各地正在兴起的健身潮中，也只有走跑运动拥有数量最大的群体。

（三）确定走跑运动心率

当你选择了走跑运动后，接下来就确定走跑时要达到的运动心率。因为，人体在走跑运动时，心血管系统只有在一定的运动强度刺激下才能得到提高。强度过大，有氧代谢转化为无氧代谢。强度过小。心血管系统受到刺激作用甚微。只有在走跑时心率达到了一定的范围，才会起到强身健体的作用。那么，这个心率所达到的范围叫"有效心率区"或叫"靶心率"，确定靶心率需要掌握以下四步。

（1）确定自己安静时每分钟心率。自己将手放在颈部（锁骨上面）、腕部或在胸部摸到你的心跳，数15秒的心率，再乘以4，记录下安静时的心率。

（2）确定自己的最大心率。美国库珀提出的按年龄计算出最大心率的公式如下。

男性，最高心率 =205– 年龄 /2；

女性，最高心率 =220– 年龄。

以 50 岁的男、女为例，男性最高心率为 205–50/2=180，女性为 220–50=170。

（3）确定走跑时的有效心率范围。对普通走跑健身者来说，有效心率范围应该是最高心率的 60% ~ 85%。

以 50 岁的男、女为例，男性有效心率范围 =180×（60 ~ 80）% =108–153，女性有效心率范围 =170×（60 ~ 85）% =102–144。

如果在走跑运动时，50 岁的男性心率低于 108 次，女性低于 102 次，锻炼效果就不好。如果在走跑运动时，50 岁的男性心率高于 153 次，女性高于 144 次时，则运动太剧烈，对老年人不太安全。老年人锻炼心率保持在 130 次最合适。

国内外科研成果表明，最适宜的锻炼强度在 65.75%，即心率在 130 ~ 150 次 / 分。日本池上教授认为，运动心率在 110 次 / 分以下时，机体的血压、血液、尿和心电图等指标均无明显变化，健身价值不大；心率为 140 次 / 分时，每搏输出量接近并达到最佳状态、健身效果明显；心率为 150 次 / 分时，心脏每搏输出量最大、健身效果最好；心率在 160 ~ 170 次 / 分时，虽无不良的异常反应，但也未出现更好的健身效果；心率达到 180 次 / 分时，体内免疫球蛋白减少，易感染疾病，并易产生疲劳或运动伤病。因此，运动最佳心率应控制在有效心率区内进行。

（4）测出走跑时的运动心率。当你没有一个特定的仪器测定走跑的运动心率时，可用这样一个简单的办法计算、推导。具体方法是在运动刚结束时立即把脉搏（桡动脉或颈动脉）数 15 秒钟再乘以 4，并且再加 10%，因为，当你停下来摸着脉搏，大约需要15 ~ 20 秒。

例如，你在运动后即测 15 秒的心率为 40 次时，则运动心率如下。

（40×4）+[（40×4）×10%]=176 次 / 分。

（四）一次走跑课锻炼计划的制订

一次完整、安全、有效的走跑锻炼，必须经历准备活动、基本部分、整理活动及力量练习四个过程。

1. 准备活动

准备活动的目的在于能使机体逐步地从安静状态过渡到紧张的肌肉活动状态，并在此基础上通过进行各种预备练习，进一步提高神经系统的兴奋性，并达到适宜水平来克服肌体惰性，使各器官系统尽早进入"工作状态"，为正式走跑起到一个预热作用。

准备活动的作用。准备活动能够促使代谢活动的旺盛，提高机体呼吸及循环功能；利于氧气的吸入及运输，提高氧在体内利用率，提高体温，使肌肉、肌腱的供血充分，预防肌肉撕裂拉伤及肌腱断裂；增加关节的活动灵活性和肌肉的柔韧性；促使身体内部各功能器官进入运动适应状态，有效预防运动创伤发生；充分发挥肌体运动功能，提高运动效果，提高运动成绩。

美国洛杉矶加州大学医学院詹姆期·巴纳德博士进行了一次研究，让 44 名 21 ～ 50 岁的健康男子事先不做任何活动，就在快速旋转的跑台上跑步，结果 2/3 以上的人出现心电图异常现象，然后，再让这些人先做 2 分钟准备活动后再上跑台，检查发现几乎所有人的心电图异常现象都消失或减轻了。中老年人在跑步时容易出现小腿后侧、跟腱周围和足跟部的疼痛。这是因为，人到中年以后，肌肉力量会逐渐减弱，肌肉和韧带的伸展性与弹性随着降低，肌肉收缩和放松的协调性也相应变差，小腿后面的肌群和跟腱往往经不住长时间的牵拉。在跑步前若能多做下蹲、提踵及压腿等准备活动，让下肢各关节和肌群充分活动开，就可以预防上述痛感，库珀研究证明，只要做好充分的准备活动，心脏病人也能安全地进行有氧代谢锻炼。

准备活动通常需要 5 ～ 10 分钟。一般先快走，慢跑 2 ～ 4 分钟，然后再做一套全身的柔韧性练习，也可先进行柔韧性练习再开始快走和慢跑。比较安全有效的柔韧性练习方式是坐在地上或躺在垫子上进行的静力伸展活动，也就是保持某一部分肌肉韧带在被牵拉的状况下静止 30 秒至 1 分钟。这比传统的反复"振"的动作要好。准备活动的强度的大小，应根据走跑者的年龄、身体情况、训练水平、季节气候等不同而定，一般以身体微出汗为宜。年龄大、训练水平差或在夏季的，准备活动就不要练得太久，以免引起疲劳。准备活动后可以直接进行锻炼，也可中间休息 1 ～ 2 分钟，切忌休息时间过长而失去作用。

2. 走跑运动

这一部分是整个练习的核心，质与量都必须予以保证。所谓"质"就是锻炼中的心率要达到"有效心率范围"，并保持在这个区域中。所谓"量"就是每次至少20分钟的走跑运动，每周3次以上。库珀有氧代谢研究中心曾进行过各种运动量的效果试验，其结论是每周练2次，每次练20分钟的人，运动效果不明显；每周练3次，每次练30分钟和每周练4次，每次练20分钟的人，运动效果十分明显；每周练5次，每次练20～30分钟者，运动效果最明显。但是天天练习是不必要的，因为它的成效不比5次大多少，而受伤的可能性却增加了。以"有氧代谢运动得分制"（我们在下一节要讲到）为标准，男子每星期至少应达到35分，女子为27分。这个部分，最理想的是把它分成了3～5次完成，在周末突击运动是一种有害无益的习惯。

走跑运动虽然在不同体质、性别，不同锻炼水平之间差别很大，但共同点是运动消耗热能。有氧代谢运动得分值，就是在计算人体从事运动时热能消耗的基础上建立起来的。例如，你在20分钟内快步走了1600米，消耗了大约70千卡热量，另一个人用6分15秒跑了同样的距离，消耗了100千卡的热量，这样的跑步得分就比走路高。但步行更适合于老年人与体质稍差的人，他们可以用多走一些时间来弥补较低的"单位得分"。还有一个值得一提的问题是运动的"连续性"，有氧代谢运动的原则之一是不间断并持续一段时间，如你一口气跑完了3000米的得分高于你每跑1000米歇一会，各种运动的"价值"都是根据它们的性质和强度计算出来的。

3. 整理活动

（1）整理活动的意义。运动锻炼后的整理活动是加速代谢产物的清除、加快体力恢复及防止运动锻炼后昏厥，甚至是预防死亡事故发生的重要措施。因而要认真对待整理活动，不可不做。

一般人都会有这样的体验，当急速地停止剧烈运动时，会产生恶心呕吐、头晕眼花等感觉，或遗留下严重的疲劳感。其原因是运动中持续亢进的机体生理功能，不可能一下子恢复到正常水准，恢复过程是需要一段时间的。突然停止运动时，各器官功能失去平衡，特别是植物性神经系统功能就会紊乱，所以会产生上述症状。国外有一个实验：让100名健康男子在活动平板（mook）上做极限强度运动，完成规定运动后一下跑台就让他们站立不动，结果当即就有17人昏倒在地。这是什么原因呢？原来，在剧烈运动时，大部分血液集中到下肢，骤然停止运动时，下肢肌肉中就有大量血液淤滞，也就是说没有足够的血液回心参加循环，导致了心脏和大脑暂时性缺血，即发生"重力性休克"的一系列症状。国外曾报道过因此而使心脏骤停造成死亡的例子。

为了预防这种不良症状的发生，应当注意在剧烈运动后不可立即进入安静状态，而应继续进行一段时间的轻量运动，使亢进的功能逐渐恢复到基础水准。这种在高强度运动之后的轻量运动，称为"整理体操"或"整理活动"。

（2）整理活动的主要内容。①1～2分钟的缓步慢跑或步行；②下肢的柔软体操和全身的伸展体操；③下肢肌肉群的按摩（特别是针对运动后容易痉挛的肌肉群）或自我抖动肌肉的放松动作。

停止剧烈运动后，若立即进入安静状态，则体内积累的乳酸消失一半所需的时间是30分钟；如接着进行轻量运动，达到同样效果只需用15分钟。也就是说，轻量运动能够加速乳酸的消失。为此，近年来提倡进行较强的运动（40%～60%）后，再改换为原运动强度的1/2量做整理活动，对排泄乳酸最有效。锻炼者也会在主观感觉上觉得轻松，同时又能促使呼吸循环功能保持一定水平，并加速疲劳的恢复。

（3）整理活动的顺序。美国福斯克提出一条原则，就是整理活动内容的安排顺序和准备活动完全相反。根据这一原则，整理活动可先慢跑或步行一些时间，然后做和训练内容有关的专门性整理活动（如伸展四肢、抖动肌肉、局部按摩等放松动作）。

整理活动所需的时间，大致为5～10分钟。

4. 肌力练习

此练习主要针对在走跑运动中，没有得到充分锻炼的上肢肌与腰腹肌。你可以做徒手的俯卧撑，引体向上，仰卧起坐，俯卧挺身等，最后再做几分钟的放松性柔韧性练习，整个走跑锻炼过程就可以结束了，总共大约需要40～50分钟。

第三节　初期走跑健身的计划

当你掌握了一次走跑的锻炼计划后，那么你是否有长期坚持走跑的锻炼计划呢？这一节我们主要为新参加走跑的人做了8～12周的走跑计划，你可以根据自己的爱好、年龄、体质情况选择走跑内容，并根据库珀的"有氧代谢得分制"累计你每周的得分，男子每周至少得35分，女子为27分。当你锻炼一段时间并积累了足够的经验时，你可以自己给自己制订计划。

（一）初期阶段循序渐进走跑锻炼计划

库珀博士根据不同年龄、不同体质的人，制订了10周、12周循序渐进走跑锻炼计划表。

到第六周，每周运动的最低得分已经达到，但如果可能的话，进步是更理想的。

（二）初期阶段循序渐进走跑锻炼计划应注意事项

不同年龄、不同体质的人在执行以上初级阶段走跑锻炼计划时，请注意以下4点。

（1）正确理解计划目标。按照预备性锻炼标准，锻炼到周末时能达到一周规定的计划目标就可以了，切不可在每周第一次就达到这周最后要达到的目标。否则，身体会受到损害。循序渐进地增加运动量，这是整个预备性锻炼中的一个最重要原则，必须充分注意。

（2）认真按规定进行锻炼。锻炼开始的前6周是最艰苦的时期。如果前8周的锻炼能下决心坚持下来，毫不含糊地完成规定的锻炼计划，那么以后的锻炼就比较轻松了。从第8～10周出现效果，形成习惯，自己会变得渴望运动。为了在锻炼中能互相鼓励，最好以锻炼小组的形式进行，效果会更好。

（3）锻炼要因人而异循序渐进。如果你的能力跟不上规定的进度，那么你可以把锻炼标准降格进行锻炼，也可以把上周确实锻炼过的项目再重复进行一周。如果重复一次不够，可以再重复一次，这样循序渐进地锻炼，最后能达到每周锻炼取得的标准。

锻炼的时间也要因人而异。有人用31周的时间才达到了规定要16周达到的标准，这种从实际出发，认真锻炼的精神实在可嘉。

（4）中断锻炼后起点要适当降低。健康在于锻炼，锻炼贵在坚持，中断一段时间重新开始时，最好从评分表的前一级体力标准开始锻炼，切不可为补偿分数而急躁冒进。

（三）保持已取得体能的锻炼计划

当你经过10周、12周预备阶段循序渐进走跑锻炼，并且体能也达到了规定的目标时，为了保持锻炼已获得的体能，应该继续锻炼下去。

以上无论是循序渐进锻炼计划，还是保持已取得体能的锻炼计划，走、跑可以任选一种。但总的原则是每次运动量大时，每周次数少些；每周次数多时，则每次运动时间就可以短些。

第四节　体力测验指标

体力测验是制定运动处方的必要条件，这与医生必须根据临床诊断来开药物处方是一样的道理。因此，日本学者提出了"体力诊断"的概念。因为要确定适合于个人走跑的运动强度、持续时间和次数等，必须预先做"体力诊断"；然后，根据其体力诊断结果制定运动处方，这个步骤不能省略。

（一）12 分钟跑、2400 米跑、4800 米步行的体力测验

库珀提出的有氧代谢运动的体力测验，其中包括 12 分钟跑、2400 米跑、4800 米步行等，你可以任选其中之一，用来检查和衡量心血管系统的功能。由于是测验，它们的运动强度就比平常锻炼高，并要求尽全力而为之，因此参加测验的人必须符合下列三个条件。

（1）35 岁以下身体健康；

（2）有半年以上的运动经历；

（3）按锻炼计划至少运动 6 个星期。

除了这种定时间的耐力跑以外，定距离的耐力跑和步行也广泛采用。库珀认为，在定距离方面，跑 2400 米（1.5 英里），步行 4800 米（3 英里）做有氧代谢能力测试法最好。

（二）12 分钟跑、2400 米跑、4800 米步行注意事项

12 分钟跑、2400 米跑、4800 米步行，是测定在规定时间内和规定距离内竭尽全力运动的测验，对身体有相当大负担，并有一定的危险性。因此，即使医学检查通过了，也不要立即进行，必须有个适应性准备阶段。2400 米跑和 4800 米步行测验的准备阶段，一定要按照本章走跑锻炼计划表，至少锻炼 6 周以后，再进行体力测验。而 12 分钟跑也必须通过以下四个阶段的锻炼。

12 分钟以快为主，中间穿插慢跑；12 分钟步行与慢跑交替；12 分钟全部进行慢跑；12 分钟按测验要求尽力跑完。

从以上各个阶段，至少要进行一次。在任何一个阶段，运动后身体感觉非常疲劳，就不要进行下一阶段，而要再重复练习一次。根据自己的体力情况，不同的人可从不同阶段开始锻炼。总之，走跑者必须根据自己的体力状况进行一段时间的锻炼后，方可进行体力测验。

体力测验前，应提前到达场地，最好选用 400 米的田径跑道，每隔 20 米或 50 米用白灰或旗子做一记号，以备测验时能准确掌握距离。

测验前，要充分做好准备活动，2 人一组，一人跑时另一人进行距离和时间测量。测验中，是以评价自身的运动能力为目的，绝不可和别人比赛争胜，要用自己的步调速度，全力跑完，走完全程。如果在途中感到身体不适，必须坚决停止，检查其原因。避免途中拼命跑和终点前进行冲刺。

测验后，当到达终点或 12 分钟时，不要突然停止，而该继续慢跑和步行一会儿，做些整理放松活动。

（三）根据 12 分钟跑、2400 米跑和 4800 米步行的成绩对体力进行评价

准确了解自己的体力水平，对于制定走跑运动处方，锻炼目标都是重要的。通过 12 分钟跑、2400 米跑、4800 米步行测验，可以根据每个人测验成绩所对应的等级，每个等级所对应的分数来评定自己的体力情况。库珀就把 30 分和相当于 30 分的运动量定为锻炼的目标，并认为每周锻炼 5 次，每次得 6 分的方案可作为目的基本锻炼计划。这就是说，一周取得的分数如果超过了 30 分，就表明训练效果增加了；分数正好是 30 分就表明可以保持已取得的训练效果；如果少于 30 分，就表明训练效果减退了。

根据库珀的调查，美国大约有 80% 的人，体力属于 1、2、3 级，说明身体情况不佳的人多。日本体育科学研究中心将 12 分钟跑测验成绩，按库珀对体力划分的标准加以分级，发现日本各年龄组都有 70% 以上的人体力属于 4 级（好）以上。

根据运动处方从事走跑锻炼，最终要达到什么目标，这要依每个人的健康状况、锻炼目的而定。但走跑运动处方应以提高心肺功能、增强体质、促进健康为目的，所以在制定走跑锻炼目标时，可采用 12 分钟跑、2400 米跑、4800 米步行的成绩作为指标，并应根据现有的体力基础来确定具体目标。例如，经过 12 分钟跑、2400 米跑和 4800 米步行测验，体力水平被评为 1、2、3 级的人，必须提高警惕，加强锻炼，目标可分别定在

相应级别的上一级。

　　只要自己确定了目标和所要完成的任务，就可以把自己的体力水平升向更好的一级。最终目标可确定为 4 级（好），或达到现代人平均体力水平（3 级）就可以了。一开始就被评为 4 级或 5 级的人，可以说是耐力相当好的人。所以，不必进行预备性锻炼了，只要每周的运动至少取得 30 分就可以了。为了健身而从事的走跑运动，级别应适可而止，不可无止境地向更高级追求，否则就失去健身的意义。中老年人更应该注意这一点。

　　要保持良好的锻炼效果，必须坚持有规律地走跑锻炼。如果停止锻炼 2 周，心肺功能明显下降；停止 4 ~ 12 周后，已改善的最大摄氧量将丧失 50%；停止 10 周，心肺功能退回到接近锻炼前水平。不过，长年坚持锻炼者，保持的效果较长，停止锻炼 5 ~ 15 周，效果减少不多。因此，要想始终保持住高水平的体力，必须努力坚持适度的走跑锻炼，不可因 12 分钟跑、2400 米跑、4800 米步行的成绩好，而"一曝十寒"。

第十二章　走跑健身的基本知识

第一节　季节与气候差异下的走跑健身

（一）春天走跑健身

春天是跑步较好的时机，特别是刚脱下冬装，跑起步来有一种全身轻松的感觉，对常年坚持跑步者来说，可以大显身手，对未参加过跑步的人来说，从此季节开始跑步最为理想。春天跑步应该注意以下四点。

（1）气候的变化。春天气候反复无常，忽冷忽暖，所以在跑步锻炼过程中，要注意随着气候的变化增减衣服。开始跑步时，衣服不能穿得太少，应当跑得全身发热后再脱衣服。运动后马上把汗擦干，及时更换衣服，同时要注意防寒，防止冻伤和感冒的发生。

（2）运动量的掌握。在冬季坚持跑步的人，此时运动量可以逐渐加大，但也不宜过大过急。冬天没有参加跑步的人，运动量要从小开始，不能图一时高兴，更不能急于求成，盲目地超量跑步，以免发生运动创伤或其他疾病。

（3）避开北方风沙。春天北方风沙较大，而风沙灰尘中带有各种病毒和细菌，所以，在风沙较大的天气中，进行长跑要注意选择避风的地方，并尽量用鼻子呼吸。

（4）防止潮湿。在春天里进行跑步，要注意防止潮湿。因为春天早晨雾多，空气湿度大，特别在南方或沿海地区，空气非常潮湿，所以，跑步时，要穿得暖和些，不要把身体暴露过多，特别是妇女和有关节炎的人更要注意。

（二）夏天走跑健身

有人认为跑步是冬天锻炼的项目，到夏天就应中断不练，这种看法是不正确的。其实，跑步和其他体育运动项目一样，如果中断、停止锻炼，神经系统、心肺等主要器官的活动规律就会被打乱，身体机能对外界变化的适应能力就要降低，原先在锻炼中取得的效果将逐渐消失，体质减弱，这就是常说的不练则退，常练则进。"冬练三九，夏练三伏"是人们的宝贵经验，只有通过锻炼，才能提高身体适应各种恶劣环境的能力。

不过夏天毕竟炎热，走跑锻炼时，也应讲究科学，如果不注意锻炼的方法，很容易发生中暑等疾病，影响身体健康。那么，夏天做健身跑时应注意些什么呢？

（1）走跑时间最好选择在较凉快的清晨和傍晚，走跑的地方最好是平整的道路、河流两旁和树荫下，最好不要在反射热能强的沥青路和水泥路面上走跑。

（2）因为夏天走跑出汗多，水分消耗多，需要适当补充身体因出汗失去的水分和盐分。特别要注意饮水卫生，不要喝生水，也不要一次喝水太多，要多次少量地喝些淡盐水或低糖饮料，防止身体因缺乏矿物质而引起痉挛。

（3）健身跑后满头大汗，不要贪图一时凉快而用凉水洗澡。因为这时身体的血管处在扩张状态，汗毛孔又敞开着，洗冷水澡最易着凉而引起感冒。

（4）夏季经常下雨，走跑时被雨淋以后，也要马上用毛巾擦干身体，换上干燥的衣服，防止着凉而发生感冒。

（5）夏天昼长夜短，睡眠时间少，天热走跑的运动量又比较大，为了让身体休息好，中午应睡一会儿午觉，对身体更有帮助。

（6）夏天练走跑，还要和其他体育锻炼相结合。如游泳、球类、打拳等，这样才能使身体得到比较全面的发展，而且能提高兴趣。

（三）秋天走跑健身

入秋后天气渐渐地变凉，是走跑运动更易蓬勃开展的季节。但在秋天参加走跑锻炼，一定要注意以下几点。

（1）注意气温的变化。秋天的气温忽热忽凉，所以，走跑锻炼前要根据自己的身体情况及当时的气温情况安排活动量和增减衣服，同时更要注意深秋季节的运动创伤。

（2）秋季的运动量可以在平时坚持跑步的基础上适当加大。增加走跑的时间、距离和速度时，切不可过大、过快、过猛，以免超量而适得其反。

（3）秋天气候容易引起人疲乏，想睡觉。因为夏天太热吃不好，睡不好，所以一到秋天，反而感到疲乏想睡觉。跑步后应多注意休息，保证足够的睡眠时间。

（四）冬天走跑健身

冬季参加走跑健身锻炼，不仅有助于增强体质，还有助于磨炼不怕严寒的坚强意志，进一步增强身体对寒冷的适应能力。

冬季参加健身走跑，由于肌肉不停地收缩，心跳加快，呼吸加深，消化加强，新陈代谢旺盛，可使整个身体条件得到改善。

冬天参加健身走跑，还能提高大脑皮质的兴奋作用，提高体温调节中枢的工作能力，使身体能够灵敏、准确地调节体温，适应寒冷的环境。所以，坚持冬季健身跑步的人们抗寒能力强，不容易发生感冒和冻伤等。

冬季参加跑步锻炼，由于受到冷空气的刺激，身体的造血机能发生变化，血液中红细胞、白细胞、血红蛋白质以及抵抗疾病的两种蛋白显著增多，对疾病的抵抗力增强，所以坚持冬季健身跑步者，很少患贫血、感冒、扁桃体炎、气管炎和肝炎等疾病。

冬季昼短夜长，阳光微弱，如果多在室外锻炼走跑，能弥补阳光照射不足。照射阳光对身体好处很大，阳光中的紫外线能杀死体外衣服和皮肤上的病毒病菌，起到消毒作用。阳光还能促进身体对钙、磷的吸收，助长骨骼生长发育，对青少年来说更有重要的意义。

冬季的气温较低，体表的血管遇冷收缩，血流缓慢，肌肉的粘滞性增高，韧带的弹性和关节的灵活性降低。所以，在冬季健身走跑前应充分做好准备活动，防止发生运动损伤。另外，健身走跑时注意增减衣服，注意手、脸、耳等部位的保护，防止发生感冒和冻伤。

（五）风天走跑健身

天气是千变万化的，刮风是一年四季常有的现象，风天练习走跑，正是锻炼身体和意志的好机会，但是，风天走跑也要讲点科学，特别应注意以下几点。

（1）逆风走跑时，身体应加大前倾角度，适当降低身体的重心，减小身体的投影截面，以减小风的迎面阻力。同时，加大后蹬力量，以对抗大风造成的阻力，头侧向正前方。

（2）顺风走跑时，应减小身体前倾角度，减小后蹬力量，适当控制走跑速度，注意稳定身体的重心，以免被风顺势吹倒。

（3）风天走跑时，可能感到呼吸费力，上不来气，这时，更应掌握好呼吸的节奏和深度，不要张嘴吸气，以免冷风刺激咽喉和气管，引起咳嗽和肚子痛。应当用鼻子吸气，用嘴呼气。如风太大且尘土飞扬、天气很冷，就应在背风的地方进行走跑。

（4）如有感冒、气管炎、关节炎及身体不舒适时，不要勉强在风太大的时候练习，应暂停一下，以免加重病情和影响身体健康。可在室内做些扶墙的后蹬跑、原地高抬腿跑等辅助练习。

（六）雾天走跑健身

雾天一般发生在秋冬季节的早晨，气温较低，地面上的水蒸气遇冷凝固成极小的水珠飘浮在空气里而形成雾。有些人担心吸进有雾的空气对身体健康有影响，这要具体问题具体分析。田野里有雾的空气和无雾的空气一样新鲜，只是空气中多了一些极小的水珠，稍微潮湿一点，吸进去不会影响身体健康，所以雾天照样可以走跑锻炼，不过速度要稍慢一点。城市的空气里常有一氧化碳和二氧化硫等废气污染，雾能阻止这些废气向高空扩散，使空气变得更坏，所以在这种地方的雾天一般不要去跑步。另外，雾太大，视线不清，跑时要当心来往车辆，以免发生碰撞、跌伤等意外事故。

（七）雨雪天走跑健身

我国幅员辽阔，气候多变，有些地方夏天多雨，冬天多雪，而跑步是一项经常性的运动，最好不要因雨、雪天而中断练习跑步，那么在雨雪天应该怎样跑步呢？

（1）下小雨时可戴上防雨帽，穿上雨衣和胶鞋，仍可在柏油和水泥马路上练习。练习时要全脚掌着地，速度不要太快，遇有泥泞的地方要绕行，防止滑倒。练习后要用毛巾擦干身上的汗水和水迹，换上干的衣服和鞋袜。雨大时就停止野外锻炼，可以在室内做些针对性练习。

（2）下小雪时要戴上棉帽和手套，在平坦的路边和田野里及田径场上练习，步子要小，速度要慢，防止踏在不平的地方扭伤踝关节或滑倒受伤。雪后练习，最好在太阳出来之前，防止雪反光刺伤眼睛，引起雪盲。如下大雪，就不要到野外锻炼，可在室内做些专门性的练习，如原地跑、高抬腿跑等，也能达到锻炼的目的。

（八）走跑健身避开污染的空气

在空气有污染的环境中，能不能做到既坚持走跑锻炼，又避免环境污染对人体的危害呢？我们认为，对空气污染是应重视，但也不能因怕污染而不敢到室外锻炼，实际上，只要根据空气污染的特点，正确选择和掌握合适的锻炼时间与地点，还是可能减少空气污染对人体的危害的。

首先，要根据空气污染的特点，来选择走跑锻炼的时间。一般空气污染的程度是随着燃煤数量、季节和时间变化而有明显的差别的。从一天中来看，污染危害较重的有两个高峰，根据各季节日出日落时间不同，这两个高峰还有一定的变化。一般来说，第一个高峰夏季在 5 点钟左右，冬季在 7 点钟左右；第二个高峰夏季在下午 7 点钟左右，冬季在下午 6 点钟左右。这样，我们锻炼的时间就应当尽量错开空气污染的这些高峰时间。

其次，锻炼地点应当选择污染危害较轻的地方或去除污染（用科学方法净化大气污染）的地方。有些工厂是通过烟囱排放废气，以其主要污染源的烟囱高度 15 ~ 20 倍的地方污染最为严重，锻炼就必须避开这个区域，同时注意选择在烟囱排气的上风向或侧风向的地方活动，较为合适。一般树木、花草、绿地、林带空气都较新鲜，而且它们具有明显的净化空气的作用，因此，有条件的最好选在公园绿地和林地附近进行走跑锻炼。如果客观条件限制，只能在工厂附近、住宅区旁锻炼，也必须尽量选宽敞或空气流通的地方活动。这样，可以大大地减少空气污染对身体的伤害。

最后，还要注意，大气污染和逆温层也有密切关系。一般大雾天不利于有害气体的扩散，在烟囱林立的工业区里，污染会比较严重，这时尽量不要在室外活动，或将走跑速度减慢一些，在有风的天气里，有害气体易于扩散，空气污染的程度即使在高峰时间也不太严重，这时走跑锻炼则可以照常进行。

第二节　走跑健身的装备

（一）健身走选鞋要点

（1）鞋子合脚是最基本的要求。每个人的脚型都不相同，因此，每个人要挑选一双适合自己脚型的鞋。不要穿大、小鞋。

（2）鞋内加海绵垫。步行的运动量虽比不上跑，但步行的距离、步速要逐渐增加的，鞋内加垫，走起远路来使脚感舒服，勤换洗鞋垫保持鞋内卫生。

（3）鞋跟平稳，硬度适宜。鞋跟底面平，接触地面时能支撑地面也稳定，有硬度的鞋跟部，脚跟着地时可以保护脚撑的稳定性。

（4）鞋要柔软。步行时脚趾要用力蹬地，因此鞋前帮要柔软，走起路来使前脚掌、脚趾表面不受磨损。

（5）鞋底有坡度。走路时步伐要连贯，省力，坡跟鞋能防止胫骨、胫肌酸麻。

（6）鞋重量要轻。走路时两脚要不停地向前迈步，鞋子轻便才好走远路。

（7）鞋的前脚掌部位要宽形。脚掌、脚趾在蹬地时要撑开，以防脚趾互相挤压引起血泡。

（8）鞋的透气性能要好。走步时脚出的汗水可随时被蒸发，避免脚气病。

（9）要穿线袜。线袜吸湿性能好，在鞋内不打滑，有利于固定脚的支撑。

（二）健身跑选鞋要点

别以为选衣服只为爱美，进行慢跑时应该配合天气穿适当的衣服，同时选用一双良好的跑鞋，如果你是位爱好跑步而又经常从事跑步练习的人，就不应该为省钱而购买品质较劣的跑鞋。缓跑鞋的设计跟其他运动鞋不同，着意增强脚部的保护。

一双好的跑鞋，应具备以下的质料和特点。

（1）鞋面。理想的跑鞋，鞋面应舒适贴脚，采用良好的透气质料造成，以保持脚部干爽。此外，鞋面要柔软而不易变形。

（2）鞋的内部。内里要平滑柔软，避免脚部与鞋边产生摩擦；脚趾应有足够空间伸展，以免跑步时造成脚趾被挤压而受伤；鞋的足弓部分通常有支撑软垫，保护足弓，当踏在坚硬地面时可以将震力分散。

（3）鞋跟。鞋跟是整双跑鞋中最重要的部分。因为要减少脚跟的震力，垫子比其他部分的要厚，鞋跟的高度应与脚跟吻合而略为提高，减轻拉聚小腿的力度。外围质料较硬，或用硬托承接脚跟基底部分，以巩固跟脚，使脚跟更加坚挺，不易侧扭或变形，并且可以减少跟腱的劳损。此外，鞋底部分应略向外伸张，使脚跟着地时更加稳定。

对于一位经常跑步的人，如果穿着一双不合规格的跑鞋，极可能会造成跟腱发炎或关节的劳损。慢跑时，足部受力很大，鞋底的设计便是要把这股反撞力分散，鞋底应具弯曲能力，不能太硬或太软；太硬时震力较大，太软则令跑步者费力。

（三）健身跑着装要求

说明在不同天气和场地进行缓跑时应穿着的衣服、跑鞋、理想的时间，以及一些特别应注意的事项。

第三节　走跑健身的科学饮食

（一）走跑健身者的饮食

1.适当增加碳水化合物

在过去许多年中曾有人认为，跑步者很累、很辛苦，消耗体能大，所以要比其他人需要更多的蛋白质。可现在营养学家则认为并非如此。跑步者更多需要的是碳水化合物，这是因为身体内部把食物内的化学能转化为机械能。尽管蛋白质在其他方面是很重要的，然而对人体及时供应能量这点来说，它却无足轻重。

2.多吃蔬菜和水果

除了大量的碳水化合物外，走跑健身者吃的食物同其他人一样，不管你是多么辛苦地消耗体力，都没有必要专门去增加维生素。但是，应当注意多吃些新鲜的蔬菜和水果。因为蔬菜和水果中含有大量维生素，尤其是维生素 C，维生素 C 能增强耐久性，减轻疲劳，对恢复体力等有很大的好处。蔬菜和水果是用来消化碳水化合物与脂肪所需要的维生素的重要途径。只要吃的是各色各样有益于健康的食物，哪怕仅有 1200 ~ 1500 克，就会供你所需要的一切维生素。

3.多吃普通饭菜

走跑健身者只要吃普通的饭菜即可，遇有比赛多吃一些好的饭菜，还是需要的，但最好不要吃那些炒鸡蛋、腊肉、香肠等容易胀肚的食物，相反应该吃些涂有果酱或蜂蜜的烤面包、酥松的饼之类的食物。一般走跑健身爱好者多吃些普通饭菜，吸收多种营养，这样对身体有益，而且也有足够供应自身的热量。

4.不要专吃糖类食品

长期以来，人们一直认为在锻炼前或在中途靠吃什么巧克力等糖类食物来养精蓄锐，这是不明智的。因为糖会起到痉挛、恶心等副作用，甚至会引起比正常人的血糖还要低的过度反应。

在跑步中应注意的是补充液体养料，这很重要。所以在马拉松比赛时，规则规定专门设饮料站，就是这个道理。体内水分只要消耗 1.3 升，就会影响你的跑速；消耗 2.6 升，会引起水盐代谢失调。因此，应该及时补充体内的水分。当损耗的水分得到及时补充时，人体各部位的活动便正常了。

（二）走跑减体重者饮食

（1）膳食要平衡。尽量每餐吃多种花样的食物，这样就可为机体提供各种营养素。例如，水果、蔬菜和谷类食物含有碳水化合物；肉、奶、蛋及豆类食物含有蛋白质；肉类、油类食物含有脂肪。食物的种类多，提供的营养素就丰富，就能满足机体对各种营养素的需要，机体就会有充足的能量。另外，请记住"50-20-30"最佳热量来源比例原则。

"50-20-30"为三大营养成分热量来源的最佳百分比。库珀博士的有氧代谢运动中心，建议人们每日所摄入的热量中，50%来源于碳水化合物，20%来源于蛋白质，30%来源于脂肪，不论你是否想减轻体重或保持现有体重不变，这个比例都是最基本的原则。

（2）保持一日三餐有规律的饮食习惯。有规律的饮食习惯有利于食物的消化吸收。一日三餐按时吃饭是人类长期进化形成的科学规律。这种进食节律能使血糖水平维持在较稳定的范围。

要避免忽而暴食，忽而饥饿。请记住三餐热量分配比例是 25-50-25 和 25-30-45，前者适用于减体重者，后者适用于保持体重不变者。

如果你打算减轻体重，一日三餐热量的最佳分配是：早餐占全天热量的 25%，午餐占 50%，晚餐占 25%。如果你现在体重合乎理想，并想保持现有体重不变，那么一日三餐热量的最佳分配为：早餐占全天热量的 25%，午餐占 30%，晚餐占 45%。这条原则简称为"25-50-25"或"25-30-45"三餐最佳热量分配原则。

（3）若要减体重，就要减少热量的摄入，增加热量的支出。机体内 450 克脂肪相当于 3500 千卡热量。如果你每周减 0.9 公斤脂肪（相当于 7000 千卡热量），就应每天少摄入 1000 千卡热量的食物。要想减掉脂肪，同时不减少肌肉，就必须参加有氧运动锻炼，如行走或跑步等。减体重时，不要急于求成，每周减 0.45~0.9 公斤体重是最好的减肥速率。

（4）尽量少吃含脂肪高的食物。脂肪含量高的食物有肥肉、油炸食品，而鸡肉、鱼肉中含脂肪较少。1 克脂肪含 9 千卡热量，而 1 克蛋白质或碳水化合物含 4 千卡热量。

（5）尽量少吃糖。含糖高的食品有蜂蜜、果酱、软饮料、糖果、甜点心等。糖含热量高，又营养价值低。换言之，糖除含热量外，维生素、矿物质的含量极少。

（6）多吃含纤维素丰富的食品，如新鲜水果、蔬菜、全麦粉等。这些食品不但含热量少，纤维素与水结合还能增加食物的体积，这样可以减少热量的摄入。

（7）吃肉类食品不要过多。每日吃 3～4 两瘦肉或鸡、鱼肉即可。

（8）少饮酒。酒中含热量高，一瓶啤酒含 150 千卡热量。酒中其他营养素含量很少。

（9）在轻松舒适的环境中进餐。吃饭时要细嚼慢咽，切勿匆忙进餐。一餐的时间最好是 20 分钟，这不仅有助于消化，也可避免吃得过多。

（10）少吃含盐高的食品。吃盐多的人容易患高血压。人体每日需要钠盐 2 克左右，而一般美国人每日钠盐的摄入量为 12～20 克。

（11）活动多样化，有规律地锻炼，可消耗掉多余的热量，可减少食量和增强心肺功能。另外，运动还可以减轻心理压力。

（12）建立良好的饮食和运动习惯，并持之以恒。你的最终目的是要保持身心健康和预防疾病。时刻注意饮食，坚持运动锻炼是最有效的途径。半途而废会导致前功尽弃。你要经常测量体重，不要让体重超过理想体重 1 公斤。

总之，你的饮食不仅要平衡，而且又不能吃得过多或过少。只要你能遵循这些营养平衡的原则，就为进行有氧代谢运动锻炼打下了良好的基础，你的身心健康就有了保证。

第四节　健身跑比赛的常规

随着全国各地健身跑的蓬勃发展，各种竞赛活动也广泛地开展起来。健身跑比赛和中长跑比赛不同，它是因地制宜，灵活多样，没有固定的距离，不全是在运动场的跑道上跑。健身跑比赛的比赛路线是由承办单位，根据具体情况确定，也有在城市市内主道路选择一条环城比赛路线，杭州就举行过绕西湖跑一圈的比赛。其比赛的宗旨也以健身为目的，设的级别较多，使男、女、老、少都能参加，具有广泛的群众性。

（一）赛前的科学知识

（1）首先在赛前要安排好锻炼计划，使比赛时的体力处于最佳状态，比赛前两周，要按比赛距离跑 2～3 次：第 1 次是看看自己是否有能力跑完规定的距离；第 2 次要用比赛的速度跑一次，如有可能再用中速跑一次，这样比赛时就可信心十足；最后一次最好在比赛前第 4 天跑，比赛前的 3 天，轻松活动，以养足体力参加比赛。

（2）赛前一定要熟悉一下比赛路线。尤其是到外地去比赛，应提前 1 ~ 2 天到达比赛地区，以便熟悉比赛路线的上坡、下坡、拐弯等情况，做到比赛时体力分配心中有数。在本地区比赛，赛前的全程训练就可在比赛路线上进行了。

（3）赛前一定要进行身体检查，防止意外事故的发生。有些人身体存在着隐疾（有病而自己尚未发现），去参加运动强度和紧张程度很大的比赛，有可能使隐疾爆发出来，对健康是不利的。特别是在心血管或脑血管存在着隐疾，没有经过医生同意，就贸然参加比赛，有可能发生更严重的后果。通过身体检查发现下列情况之一者，就不应参加比赛：①安静时心率每分钟达 85 次以上；②血压在 160/95 毫米水银柱以上；③安静时呼吸频率每分钟达 24 次以上；④体温在 37 摄氏度以上；⑤经过尿检查，尿中蛋白、尿胆素呈阳性（站立性蛋白质除外）。

（4）要做好准备活动。人体进行运动是在中枢神经的指挥下进行的，只有使运动中枢神经首先兴奋，才能通过大脑皮层传至躯体神经和植物性神经，再由人体各器官进行运动。所以，比赛前，必须引起运动中枢神经的兴奋灶兴奋，必须使身体各系统、器官（肌肉、血液循环、呼吸器官等）之间建立一定的协调性，这些只有通过准备活动才能达到。

在跑的过程中，人体需要的氧气和能量，比平时的需要量大几倍甚至几十倍。安静时人的脉搏为 70 次 / 分左右，输出血液 3 ~ 5 公升，呼吸每分钟 14 ~ 16 次，肺通气量 4 ~ 7 公升。而在剧烈运动时，每分钟心脏必须输出血液 30 ~ 40 公升，肺通气量增加到 70 ~ 120 公升，才能满足身体新陈代谢的需要，心脏和肺的工作一下子发生这样巨大的变化，在身体没有充分活动开之前，是很困难的。因此，人体从安静状态过渡到剧烈的竞赛状态，必须做好充分的准备活动，才能适应比赛的需要。

人体运动是由肌肉的收缩、放松而形成的。而肌肉的第一物理特性——粘滞性，却阻碍着肌肉的收缩和放松。肌肉的伸展性、弹性和粘滞性都是随着体温的变化而变化的，做好充分的准备活动，使体温升高，则肌肉的伸展性和弹性就会得到提高，而肌肉的粘滞性却得到降低。使人体能更快和更好地进入运动状态，同时还可避免外伤等事故的发生。

准备活动的时间，一般以 20 ~ 30 分钟为宜，冬季可稍长些，夏季可稍短些。以全身发暖、微微出汗为标准。准备活动的内容，先慢跑 5 ~ 8 分钟；接着做行进间徒手体操，由上肢、躯干、腿到脚，包括伸展性和柔韧性练习；最后用比赛速度进行几次加速跑 80～100 米。准备和比赛的间隔时间不可过长，要掌握好。应当在准备活动后休息几分钟就开始比赛，这时身体机能正处于良好的状态。

（5）消除赛前的紧张。临近比赛，在大脑皮层作用下，心跳有所加快，血压有所上升，呼吸加深，这些反应叫"赛前状态"。这种"赛前状态"能使人精神抖擞地迎接即将到来的比赛，有助于发挥出良好的锻炼水平。但过于兴奋，形成赛前的紧张，是一种不良的"赛前状态"，会妨碍正常技术水平的发挥。可采用转移兴奋点的方法，消除赛前的紧张。

（二）比赛时的科学知识

（1）距离比赛只有几分钟时，不要考虑比赛的问题，让情绪安定下来，消除不必要的紧张。这时不要坐下来休息，应进行一些轻松的活动，以便身体各器官在比赛时，能迅速投入紧张的运动。发令员让比赛者到起跑线前集中时，应当从容地走到起跑线前，做几次深呼吸，然后等待发令员发令。当发令员喊"各就位"时，应做好起跑姿势，不要看发令员，注意听枪声，枪声一响就迅速跑出去。

（2）"极点"的克服。

当进行 1～3 公里比赛时，跑到中途可能出现胸部发闷、气喘、动作的协调性差、脉搏加快、血压升高、呼吸困难、肌肉有些酸痛、跑速减慢，甚至想退出比赛，这种现象就叫作"极点"。

"极点"的出现，是当人体由相对静止状态到参加剧烈运动，肌肉能很快地投入紧张的工作，而内脏器官的生理惰性较大，不能立即把它的功能全部动员起来，这样就出现了内脏器官的工作落后于肌肉系统的工作，不能较充分供给肌肉活动所需要的营养物质，不能及时排出代谢产物——乳酸，因而在一段时间里感到很难受。

当内脏器官的工作适应肌肉系统的活动，上述难受感觉也就消除了。"极点"出现的时间是短暂的，只要坚持跑下去，适当降低跑速，有意识地进行几次深呼吸，过一会儿，这种不舒服的感觉就会消失，跑起来又感到轻松了。

"极点"的出现是一种正常的生理现象，它出现的早晚，持续时间的长短，难受程度的轻重，是健身跑锻炼水平高低的一个标志。

经常进行健身跑锻炼并取得较高锻炼水平的人，在比赛中"极点"就很少出现，或出现较晚，难受感也较轻。因此，克服"极点"的根本办法，就是不断提高健身跑的锻炼水平，提高有机体对"极点"的适应能力。比赛前充分做好准备活动，使机体保持在一定的活动水平上和处于适宜的兴奋状态，把内脏器官的机能动员起来，以便在比赛中适应肌肉的工作，就可以减轻"极点"的难受感。

当内脏器官的工作和肌肉系统工作相适应，跑起来又感到轻松，又能加快跑的速度，这个"极点"过后，人体工作能力重新得到提高的现象，叫作"第二次呼吸"。在比赛中应尽量缩短"极点"的时间，使"第二次呼吸"尽快到来。

（3）速度的分配。

跑速的分配，有先快后慢、先慢后快、途中变速、全程匀速等方法。其中以匀速跑最有利于出较好成绩，"极点"也能平稳度过。

有人不能掌握自己的速度，比赛一开始就跟随别人快速跑进，这样就会很早出现"极点"，而且"极点"的时间越长，难受感越强。但是，由于比赛人数较多，为防止比赛开始就被人群包围起来，当听到起跑的号令，就用较快的速度跑 50 ～ 100 米，占据有利位置后，再按计划的速度去跑，也是应当的。如果开始跑得太慢，被别人拉开过远，就难于追赶。在跑的转弯处，应当沿切线跑进，这样跑的距离是最短的。

（三）赛后的科学知识

比赛结束后要做好整理活动。人在比赛后，身体的一切变化，呼吸加快，肌肉强烈收缩等。不会因运动停止就立刻恢复到原来状态，是要经过一定时间，才能逐渐恢复。整理活动可使身体由运动状态逐渐过渡到静止状态。如果赛后马上坐下来休息，会妨碍呼吸系统的工作，影响氧的补充，影响静脉血回流，使心脏的血液输出量减少，血压降低，由于重力的影响，血液不易送到头部，甚至可能造成暂时的脑贫血，出现恶心、呕吐、面色苍白、心慌，甚至晕倒等。另外，整理活动是消除疲劳的良好方法，应该认真做好。

整理活动大体上包括：①比赛结束，要进行几分钟很慢的跑，同时做几次深呼吸；②做下肢缓慢的屈伸动作，使下肢的血液能较快地流回心脏；③做下肢、上肢、腹背肌肉的放松练习，也可以进行按摩。

（四）比赛用鞋的选择

参加比赛要穿适宜的鞋。在比赛过程中，每跑一步，脚掌都要承受一次地面对它的冲击，一次比赛要跑几千步到几万步，因此脚受到的冲击是很大的，每次冲击都要产生一次振动，这个振动不仅直接影响脚，而且会波及下肢各关节以至大脑。每次振动的影响是很小的，但要跑上万步，这个振动的影响就大了。如果比赛是在柏油马路上进行，这种振动就会更大。因此，除要改进跑的技术，做好缓冲动作外，还要穿一双有弹性的鞋，以缓冲这种振动。应当穿胶鞋或越野跑鞋为好，鞋内的海绵是泡沫橡胶，有较大的缓冲性，它对脚起保护作用。

鞋过大过小都不好。应当是穿上鞋后，脚在鞋里比较舒适，并稍有空隙。鞋小会使脚趾相互挤压，容易打血泡；鞋大穿上不跟脚，跑起来使不上劲，比赛中不能发挥出应有的水平。比赛时，最好穿已穿过的八成新的鞋。这样的鞋弹性比较好，还比较柔软，鞋底的纹路还没有磨掉，跑起来能用上力量。如果鞋破了，应在赛前一个月换一双新鞋，在锻炼时穿过一个月左右，穿这样的鞋比赛较为合适。

第五节　走跑健身的认识误区

现代人注重走跑锻炼，值得大力提倡。但在走跑运动中存在一些误区，也必须指出，尽快纠正。

（一）闻鸡起舞

"闻鸡起舞"往往是中老年人的锻炼习惯，但从医学的角度来看，并不可取。因为中老年人的心肌梗死和缺血，以及心律失常等病变，在一日 24 小时内，早晨至中午期间是发作高峰。若在此期间特别是清晨体育锻炼，会诱发急性晕厥、持续和严重心律失常、心肌缺血等意外，甚至引发突然死亡的灾难性后果。而在下午至傍晚期间，则很少发生类似突发性心脏意外。

（二）晨练走跑于树林

众所周知，绿色植物的叶绿素在白天日光的作用下，吸收环境中的二氧化碳进行光合作用，同时呼出氧气到环境中，使树林中的空气净化，这样的环境有益于人体健康。绿色植物在无法光合作用的夜晚，它的吸收作用与光合作用相反，它要吸收空气中的氧，放出二氧化碳。一片树林一夜之间排出的二氧化碳数量是相当多的，加之树丛茂密，二氧化碳不易散发，而且它的比重较大，沉积在树林底部。因此，清晨树林中含有大量的二氧化碳，这个时候的空气是一天当中最不清洁的。如果人们在这种环境里活动，对于

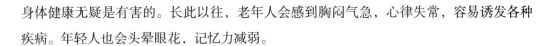

身体健康无疑是有害的。长此以往，老年人会感到胸闷气急，心律失常，容易诱发各种疾病。年轻人也会头晕眼花，记忆力减弱。

（三）空腹走跑

运动需要能量，人体平时的能量来源主要是从饮食中摄入的碳水化合物。但是空腹运动，例如晨起慢跑时，主要的能量来源就靠脂肪的分解。这时，人体血液中游离脂肪酸浓度显著增高。在运动中，这些游离脂肪酸是心肌活动的能量来源；反过来，蓄积过多又可成为心肌的毒物。尤其是老年人，由于心肌活动能力降低，过剩脂肪酸带来的毒性，往往会使老年人产生各种心律失常，甚至导致休克而死亡。此外，血中游离脂肪酸增高，使肝脏合成的甘油三酯增高，还会引起和加剧老年人的冠心病与动脉硬化症。但是，一般体育爱好者在清晨长跑的距离都不太长，一般在 1000~5000 米左右。这样的运动距离，热能消耗量较小，体内贮存的糖足够使用，不会引起低血糖反应，所以这样的空腹长跑是不会伤害身体，更不会引起什么"病"的。

为解决这一矛盾，专家建议：①前一天的晚餐须吃好，米、面等含丰富碳水化合物的主食应摄入充分，蛋白质也应丰富些（当然也不宜大吃大喝）；②前一天的晚餐可晚些吃，一般宜在八九点钟，以便晨练时还有足够维持运动的糖原储备；③晨练前可喝上一小杯白开水（糖水更好），这不仅能解除清晨细胞的缺水，而且能帮助身体驱寒。

（四）雾中走跑

冬日的许多清晨，往往是雾的世界。由于城市大气的工业污染，雾气紧贴地面，极易吸附地表的一些可溶性有害物质，如各种酸、碱、胺、苯、酚等。而且细小水珠升浮到低空时，也会吸附尘埃、病原微生物等有害固体微粒。早晨 7—9 时，雾气中的有害物质浓度最高，对人的危害最严重。因此，冬日有雾的清晨，特别是工业污染严重的市区，走跑不宜在室外，最好改为室内走跑。

（五）走跑后"急刹车"

有一些经验较少的走跑者，往往在剧烈地走跑后"急刹车"，造成身体出现一系列的反应。由于肌肉有节奏地收缩、舒张，活动停止时，对血管的挤压作用大大减弱，而肌肉的血管仍处于扩张状态，在血液自身重力的作用下，体内的血液大量滞留在下肢，不能迅速回流到心脏，使回心血量不足而导致心血输出量不足，血压下降，这样输送到脑部的血液也不足,因而导致脑的暂时性贫血,出现眼冒金星、面色苍白、嘴唇发紫、气喘、头晕、出虚汗、恶心、全身无力,甚至晕倒,即"重力休克"。轻度重力休克,只要有人扶持走一会就会消除。重度休克则要仰卧,脚部垫高,头部放低,并向心脏方向按摩腿部,促使血流回心,保证脑部血液供应,直到恢复正常。所以,长跑后不能马上停下来不动,要继续慢跑、慢走一阵。并加深呼吸,或做几节放松性的徒手体操,使机体进行自行调整,逐步恢复到平静状态。

(六)跑得过分

坚持长跑一段时间后,许多人都会误认为已经变得不会受伤了。日复一日,越来越大胆地用尽全力去跑,短时期内又没有发生什么意外。因此,就把这看成是自己可以多跑和快跑的根据了。

但是应该说明的是,这样做迟早会使肌肉、肌腱、骨头受伤,体质受到损害。因此,不能总是不断地增加跑速和跑的距离,除非这种增加是十分微小和谨慎的。

如果把跑步安排得太紧,就不会有进展。如果注意了自身的感觉,就会很容易地知道自己要休息多久。有时,不知为什么,会感到迟钝和懒倦,在那种时候,只要一旦开始跑步,就会感到自己并不是真正疲劳,而是很有活力,懒倦会一下子消失。而有些时候,虽然做完了全部准备活动,但是双腿仍然感觉沉重,不想再跑,如果是这样的话,不要催促自己,要耐住性子,慢慢跑,内心要意识到,这种状态一定会很快过去。

疲劳不是由于速度和距离本身引起的,而是因为跑的速度和距离都大大超出了一个人所能较轻松应付的程度。如果你每天都把自己搞得筋疲力尽,疲劳就会积累起来。由于疲劳过度而引起的症状之一,首先是极不舒服的感觉,漫无边际地胡思乱想,情绪激动,急躁,日常工作也难以顺利完成了。疲劳积累过度,其症状表现如下:①关节、肌肉、韧带均感疼痛,尤其是在较激烈的活动时更甚;②难以入睡或昏睡难醒;③比平时更易着凉,起烧泡,流鼻涕较多;④老觉得口渴;⑤感到疲劳,特别是在睡了一晚上,第二天起床后仍然感到十分疲劳。在以上症状中,如果仅有其中一种的话,就没有什么可担忧的,但是如果有两种或两种以上,那就确实是疲劳过度的表现。防治办法就是休息一段时间,特别是不要再快跑。只有等到精力和兴趣恢复以后,才能继续正常地跑步。

(七)晨跑后再睡觉

有些人早晨跑步锻炼后又钻入被窝睡觉,此法不可取。因为这既无益于健康,又影响锻炼效果。

由于晨跑时的肌肉骨骼活动使全身各器官功能从低水平提高到较高水平，神经系统的兴奋性及对全身的协调指挥能力也得到提高。这不仅能增强体力，而且能使身手敏捷，动作协调，思维活跃，有助于提高工作效率。如果跑后再睡觉，既影响锻炼效果，又不能睡踏实。因为跑后人的心跳加快，身体产热较高，在被窝里容易出汗，神经兴奋，难以再入睡；肌肉产生的代谢物如乳酸不易消除，会产生疲劳感。此外，也不利于心肺功能的恢复。

（八）睡前跑步助睡眠

睡前跑步有助于睡眠的理论，早就有人提出，但对睡前怎样安排跑步的问题，却研究得较少。最近有人对这个问题进行了追踪观察。

把参加受试的人分为3组，每组32人，规定用三个不同的强度，跑完三个不同的距离，观察结果表明，不同距离、不同强度的跑步对睡眠的影响是不同的。

从而可以看出，第一组以每秒3.4米的速度跑完600米，受试者在跑步时，心率达到每分钟150次左右，并感到跑后大脑处于长时间的兴奋状态。生理学研究表明，大脑皮层过度兴奋将会导致兴奋扩散。因此，强度较大的跑步是不利于睡眠的。第三组以每秒3米的速度跑完1500米，强度虽然不大，但距离较长，中枢神经系统通过兴奋的综合作用，同样诱发了大脑皮层的高度兴奋，跑后使受试者迟迟不能入睡。而对于促进睡眠有良好效果的第二组，它以每秒2.7米的速度，每分钟121次的心率，跑完900米的距离。这组受试者感到：跑步时，头脑只是清醒，但不兴奋；身体只是发热，但不出汗（值得注意的是，跑步时，身体出汗容易使大脑兴奋，造成失眠，这在生理学上已被证明），跑后较容易进入睡眠状态。

在观察中还发现，跑步后到上床睡觉的间隔时间以15～20分钟为宜。这时脉搏可以基本上恢复到安静时的状态。当间隔时间太短，脉搏基本没有恢复时，上床睡觉会感到气喘、难受，从而影响入睡。

睡前跑步为什么会有助于睡眠呢？研究分析认为，跑步主要使大脑运动中枢形成一个新的"兴奋灶"，通过神经调节作用，抑制大脑中学习或其他中枢的活动。但过度兴奋则会导致兴奋的扩散，起不到抑制学习等中枢活动的作用。因此睡前跑步的关键是要掌握合理的强度，控制距离，使大脑处于适宜的兴奋状态。它的标志是：心情放松而不紧张，大脑平静而不烦乱。这样才能为入睡创造一个良好的心理环境。

对睡前跑步的探讨虽然是初步的，但通过观察可以认为，要想用睡前跑步促进睡眠，必须掌握适当的强度、距离和睡眠间隔的时间才行，这一点应当引起人们的注意。

（九）跑步后立即用餐

天气转冷以后，天亮得晚，一些大专院校的学生，往往多利用下午课外活动时间进行跑步锻炼，其中不少人锻炼后也不休息就立即匆匆忙忙地赶到食堂吃晚饭。这样安排是否有利健康？跑步与用餐中间是否应有一段时间的间隔？间隔多长时间较好？

从生理学上看，晚饭前跑步与吃饭应该有段时间的间隔。为什么要有间隔？这主要得从长跑后身体血液重新分配及植物性神经调节变化两方面来看，从血液分配方面来看，人们在进行跑步等锻炼时，由于肌肉激烈活动，肌肉中毛细血管开放数量比安静时增加20 ~ 50倍，单位时间流过肌肉的血量大大增加。这样，就从流经内脏器官的血液中抽调一部分支援肌肉，从而减少了消化器官等的血液供应，使消化道蠕动减弱，消化腺分泌减少，消化吸收过程减慢。当跑步刚结束时，由于肌肉中的代谢产物还需及时清除，肌肉毛细血管仍开放较多，因而要经过一段时间，才能逐步恢复对消化器官的血液供应。从神经调节方面来看，内脏器官都受交感神经与副交感神经双重调节，在进行跑步等运动时，交感神经兴奋加强，心肺功能随之增加而消化功能逐渐减弱；锻炼结束后交感神经兴奋应该减弱，但由强变弱，还需一个过程，跑步刚结束时，由于交感神经仍处在较高兴奋状态，消化功能也还较弱，这时如马上进食，就容易引起消化不良。因此跑步后应该经过一段休息恢复时间再去吃饭，这样才有利于健康。

跑步与晚饭的间隔时间应多长？这要看饭前运动的激烈程度如何。一般来说，如果是参加运动量很大的激烈运动或激烈比赛，就应该与吃晚饭有1 ~ 2小时的间隔。而一般大中学生平时的课外锻炼并不算激烈，健身长跑的强度及运动量也不会太大，因此饭前锻炼和晚饭只需半小时左右的间隔时间就够了。这也就是说，课外锻炼跑步结束后，做好整理活动，回宿舍洗换完毕，略作休息，待呼吸和心率等平复下来时，再去吃晚饭，就正合适。当然，早晨跑步与早餐之间也应该有个时间间隔，但是一般大中学生晨跑时间较短，运动量都没有课外活动时间那么大，间隔20分钟左右也就可以了。

第十三章 走跑健身的运动负荷监控

第一节 自我监督

（一）自我监督的目的、意义

自我监督又称"自我检查"，它是健身跑爱好者在走跑健身过程中，对自己健康状况和生理功能变化作连续的观察并定期记录。

自我监督的目的在于评价锻炼结果，调整锻炼计划，防止过度疲劳和运动性损伤，更有利于提高健康水平。经常的自我监督对于增进信心，坚持科学锻炼，防止过量或不足，对提高锻炼效果和养成良好运动卫生习惯等都有重要意义。指导者和医师应经常检查自我监督记录表，必要时进行重点检查，采取相应措施。

（二）自我监督内容和方法

自我监督的内容包括主观感觉和客观感觉，可依据进行。

自我监督包括以下两方面内容。

1. 主观感觉

（1）一般感觉。它是人体功能状态，尤其是中枢神经系统功能状况的反应。身体健康的人，就会精力充沛，活泼愉快；若患病或过度训练，就会精神不振，软弱无力，疲倦，易激动。在记录时，若精力充沛可记为良好；若未出现不良感觉可记平常；若精神不振和疲倦等，可记为不好。

（2）锻炼心情。心情是和精神状况有关的。在锻炼过程中，若出现对走跑不感兴趣，甚至厌倦，这可能是锻炼方法不当或疲劳的表现，也可能是过度训练的早期征象。可根据自己的锻炼心情，分别记录为"很想跑""愿意跑""不想跑""冷淡"或"厌倦"等。

（3）不良感觉。在健身走跑时，出现肌肉有些酸痛是正常的，经过适当减量锻炼就会消失。若跑后出现头痛、头晕、胸痛、胸闷、恶心、呕吐或其他部位的疼痛，说明运动量过大或健康状态不良。在记录时，应写清具体感觉。

（4）睡眠。经常进行健身走跑锻炼的人，应当是入睡快、睡得熟、少梦或无梦，次日精力充沛。若出现失眠、屡醒、多梦或嗜睡，次日精神不振，应当改变锻炼方法和减小运动量。记录时可分别写良好、一般、入睡迟、易醒、多梦、失眠等。

（5）食欲。健身走跑爱好者的食欲，一般都比较好。若出现不愿进食、容易渴等现象时，可能和运动量过大与健康状态不佳有关。记录时应按实际情况填写良好、平常、减退或厌食等。

2. 客观检查

（1）安静时脉搏。健身走跑爱好者，每天早晨醒后，先不起床立即仰卧测1分钟的脉搏数，这就是安静时脉搏，也有把它称为"晨脉"。用这个脉搏来检查身体机能状态，十分必要，若安静时脉搏比平时高12次以上，可能和过度训练有关，应立即改变锻炼方法和减少运动量；若比平时高6～8次，说明运动量大了，应当进行调整；若比平时高4～5次，就不要再增加运动量了，当安静脉搏恢复到正常，再逐渐增加运动量。

（2）锻炼后即刻脉搏。应控制在四段锻炼法规定的脉搏数。若连续几天超过规定次数，身体又有不适感，说明运动量大了，应进行调整；若几天均未达到规定数，身体感觉良好，可适当增加运动量。

（3）体重。刚进行健身走跑锻炼，体重会逐渐减轻，尤其是身体肥胖者，这是由于机体的水平和脂肪减少的缘故。体重应逐渐趋于稳定。若出现体重不断减轻，并有其他异常感觉，可能与过度训练或患有慢性消耗性疾病有关，应减小运动量并到医院检查。体重每周测1～2次，测体重应在一天的同一时间进行，穿的衣服也应一致，如果条件允许，每天都在同一时间测更好。

（4）血压、肺活量、心电图。这三项内容应每月到卫生所测一次。健身走、跑爱好者的血压应趋于稳定。锻炼后收缩压上升20～25毫米水银柱，舒张压下降5～10毫米水银柱，应视为正常的。

测肺活量时，应连续做5次，每次测的结果是逐渐上升的，说明呼吸机能良好，若逐渐下降或前后显著下降，说明呼吸肌耐力差，是反应不良的表现。若血压突然升高，肺活量明显下降，心电图异常应减小运动量并到医院进行检查。

第二节　运动负荷监控

在走跑健身运动过程中，自我的健康状况如何，运动量是否适宜，可以通过一般感觉、健康状况、心脏恢复时间、心率监测等方法来进行评定。这些方法简便、容易操作。

（一）通过一般感觉判定走跑运动量

适宜的运动量标志为：锻炼后有微汗、轻松愉快、食欲和睡眠良好；虽有疲劳感和肌肉酸痛，但休息后可以消失；次日感觉体力充沛，有运动的欲望。

运动量过大的标志为：锻炼后大汗淋漓、头晕眼花、胸闷气喘、非常疲劳、睡眠不佳、食欲不振，脉搏在运动后 15 分钟尚未恢复，次日周身乏力、缺乏运动的欲望。

运动量不足的标志为：运动后身体无发热感、无微汗，脉搏无较大的变化或 2 分钟内很快就恢复。

（二）自我评定走跑运动量

走跑健身者健康状况如何可以用安静状态下的脉率、心脏恢复时间、运动最高脉搏和心率监测运动量等方法进行测定，把测定的结果作为评定身体健康状况的参考指标。

1. 测定安静状态下的脉率

安静时的脉率是反应心血管健康状况的一项简单而又准确的指标。随着健康水平的提高，安静时的脉率将变得更加缓慢、有力和有规律。

测定方法：清晨刚醒时测定每分钟脉搏次数，按脉的部位应在腕部桡侧或颈动脉处。不同性别、不同年龄的人安静时标准脉搏的参照值。

可以用台阶测验来测量因运动而加快的脉率需多久才能恢复正常，从而确定心肺向全身供氧的效率。测验方法是：双脚在 20 厘米高的台阶上交替上下，每分钟上、下 24 次，连续做 3 分钟。然后测量脉搏，30 秒后再测一次，并对照，在参加数周锻炼后，再重复以上测验，试看你的脉搏是否恢复得快些。

老年人做此测验切勿让脉搏超过安全限度，感觉头晕、恶心或气短时，应立即停止测验。

2. 掌握最高安全脉搏

作为运动健身，练习时的脉搏最好不超过以下值。

3. 心率监测运动量

能准确地测定自己的心率：在运动前先测安静心率；运动中停下来测 10 秒钟脉搏，再乘以 6，由于此时心率恢复很快，所以，应再加 10%，学会计算自己的靶心率，把运动心率调整到本人最大心率值的 60 ～ 85% 之间。下限的计算为：（220- 年龄）× 60%；上限的计算为：（220- 年龄）× 85%。比如一个 40 岁的人，他的最大心率为 220–40=180 次 / 分；其适宜的运动负荷，上限为 180 × 0.85=153 次 / 分，下限为 180 × 0.60=108 次 / 分。这就是说，此人在锻炼时的心率如在 108 ～ 153 次 / 分，则表明运动量是合理、安全而有效的。高于或低于此范围，就要适当减少或增加运动量，把运动心率调整到这个靶心率范围。

第三节　健身跑效果的评价

健身跑的效果如何，通常用机能评定和自我监督的方法进行评定。自我监督法我们已讲过，现在着重介绍机能评定的方法。

（一）健身跑指数

经过实践，用 K=[10+（B×s）⌣]÷t 公式来计算出健身跑指数，查出自己健身跑的水平，K 是健身跑指数，B 是健身跑者的年龄，s 是跑的距离（单位是公里），t 是跑的平均速度（单位是分 / 公里），T 是全程的时间。这个公式表示的范围，B 由 20 ～ 70 岁，S 由短跑到马拉松。

一个 60 岁的老人，用 32' 30 " 跑完 5 公里（平均每公里 6' 3 ″）。

这样就有了年龄、跑的距离和平均速度 3 个数字，按公式就可以得出这个老人的健康跑指数。

K=[10+（60×5）1721/2]÷6.5=4.2

查出，这个老人的锻炼水平和效果是良好。

（二）测定心脏功能的方法

瑞典体育联合会在多年的科研工作中，找到一种测定人体心脏功能的简易方法。具体做法如下。

（1）先让受试者静坐 5 分钟，然后测出 15 秒钟的脉搏数，再乘以 4，得出 1 分钟的脉搏数，标以 P1；

（2）让受试者下蹲 30 次，每秒钟下蹲一次，最后一次站起来就测脉搏，测 15 秒钟再乘以 4，得出 1 分钟的脉搏数，标以 P2；

（3）休息 1 分钟再测 15 秒钟的脉搏数乘以 4，得出 1 分钟的脉搏数，标以 P3；

（4）按下列公式计算：K=（P1+P2+P3−200）/10；

（5）所得数小于 0 或等于 0；心脏功能最好；0～5 为很好；6～10 为中等；11～15 为不好；大于 16 为很坏。

一个健身跑爱好者在静坐 5 分钟后的脉搏数为 70 次 / 分，做 30 次下蹲后的即刻脉搏数为 120 次 / 分，休息 1 分钟后的脉搏数为 100 次 / 分。按公式计算，K=（70+120+100−200）/10=9，此人的心脏功能为中等。

（三）哈佛式阶梯试验法

这是美国医学会运动和健康委员会设计出来的，是检查和评定心血管功能的一种简易方法。让受试者以每分钟 30 次的频率做上下台阶的运动。男子用的台阶高为 50.8 厘米，女子用 42 厘米高的台阶。一般应持续进行 5 分钟，共上下 150 次，上下台阶时可左右腿轮流进行，每次上台阶的腿应当伸直，然后再下，如果不能坚持 5 分钟，可以中途停下来，要记下进行的时间。如果身体健康情况不好，或患心血管疾病，就不要进行这个试验，因为此试验的强度较大。

在受试者完成 5 分钟上下台阶后，立即休息，测定登台阶后第二、第三、第五分钟的前 30 秒钟的脉搏数，这 3 个脉搏数要测得精确。用下列公式测定受试者恢复指数。

指数 =[登台阶运动的时间（秒）×l00] /（2×3 个 30 秒脉搏数的和）

恢复指数小于 55 为劣；55~64 为中下；65～79 为中上；80～89 为良好；大于 90

为优秀。一个健身跑爱好者，进行登台阶 5 分钟后，第二、第三、第五分钟前 30 秒的脉搏数分别为：85 次；70 次；45 次。他的恢复指数为：

（5×60×100）/ [2×（85+70+45）]=75，是中上水平。

（四）12 分钟跑测验法

美国的库珀博士经过 14 年的研究，研制出 12 分钟跑测验法。这个测验法是对身体机能的评定法，不是锻炼身体的方法。它是以 12 分钟跑的距离来衡量身体机能和健康水平的，既简单又实用。受试者在跑时要尽力去跑，在 12 分钟跑的过程中把自己的能力发挥出来，这样才能反映出受试者的实际水平。然后，以 12 分钟跑的距离在测验法中查出受试者的等级。

如 45 岁的男子在 12 分钟跑完 1900 米，他的等级为中等。

（五）仰卧站起试验的差数计算法

此法适合于老年人。受试者先平静地仰卧 3 分钟，测出 10 秒钟的脉搏数，再乘以 6，得出 1 分钟的脉搏数。然后慢慢站立起来，成直立姿势，立即测 10 秒的脉搏数，再乘以 6，得出 1 分钟的脉搏数。用站立后的脉搏数减去仰卧的脉搏数，这个差数在 12 次以下为优秀；13～18 为良好；19～23 为一般；24 次以上为不好。如一个老年人，仰卧的脉搏为 62 次 / 分，站立后的脉搏为 76 次 / 分，其差数为 14，其心脏机能状况为良好。

第十四章 走跑中常见的运动损伤及预防

第一节 走跑损伤成因

长期从事走跑健身运动，特别是跑步运动，受伤的机会也相应地增高，因此我们有必要了解导致受伤的原因，并及早加以预防，这才是一个积极的保健方法。

造成跑步受伤的原因很多，主要有以下几点。

（1）弱足——弱足是"扁平足"的前期，足中的足弓部位较平，在长时间的跑步训练后容易造成脚部伤害。研究指出，长跑者若以 7~10 分钟的速度跑 1 公里的话，每只脚会踏踩地面约 1000 次，而且在跑步过程中，每只脚平均要负荷 3 倍于自己体重的重量。

因此有弱足的人士应特别注意足部的保护，例如适当地使用足弓护垫是有帮助的。

（2）长短脚——约 15% 的跑步者会遇上这个问题。在很多例子中，长短脚不会造成伤害，但其他一些长短脚跑者则会有肩膀和肩胛骨移离正常的排列线，脊椎弯曲而引起神经痛；椎间盘、膝和脚腕关节的不正常旋转等这些结果会造成各种背、腹与足部伤害。在较短的一只脚的鞋跟内加上垫子来平衡双脚的长短是必要的，此外，额外的伸展和肌肉强化运动，对双脚也有帮助。但有一点要注意，如果长短脚跑者没有问题发生，或没有痛的症状，就不必理会它。

（3）差劣的柔软度——运动受伤用力与柔软度优劣有密切关系。绷紧和缩短的肌肉容易受伤害。跑步前后应做伸展运动，对跑步来说，跟腱、小腿、大腿前后、背和腹等部分的伸展很重要。

（4）强化相对的肌肉群——跑步虽然能强化大腿后面及腰背肌肉群，但亦会令这两部分的肌肉柔软度减少，为了避免腰背及膝关节受伤，跑步者应增加以上部分肌肉的柔软度，并且强化其相对应的肌肉群，如大腿前部分及腹部肌肉，而蹲起和仰卧起坐可锻炼这些肌肉。

（5）过度作用症候群——过度训练，或生活太繁忙，都会容易导致运动伤害或疾病。跑步应逐渐增加运动量。如果不适的症状持续，应找运动医学医生诊断。

（6）压力与紧张——压力和紧张会使肌肉不自觉地绷紧收缩，不但会导致都市病——腰背痛，而且更会增加肌肉在运动时的受伤机会。运动前后做些伸展和放松活动可帮助缓和肌肉的紧张。

（7）不适当的训练习惯——在练习中，突然间改变训练的强度、次数和时间长度等，都会感到身体一时间难以适应，像这样突然改变惯常的训练方法应尽量避免。如果要更改训练形式或增加训练量，就必须要慢慢逐步实施。另外，如果以往你都习惯跑泥地或草地，而又想转跑硬地，那你更要特别留意脚部的受伤讯号。开始时适宜降低跑速和距离，此外，应该经常留意采用适当的跑姿，避免只用足尖着地的跑步方式，并且躯干要尽量保持直立的姿势。

（8）不适当的跑鞋——不论怎样坚固的鞋子，经过日积月累的使用，必定会逐渐损坏，而跑鞋最易损坏的地方是足跟外侧和大脚趾底部。因此要注意当发觉跑鞋损坏或软垫的避震作用渐失时，也就是需要更换跑鞋的时候了。

第二节　常见损伤类型与预防

经常运用走跑运动健身的人群，较易发生各种下肢伤害，其中最常见的是足跟痛及足底伤痛，这些伤痛的普遍导因包括足底筋膜炎、跟腱炎及跟骨骨折等。另外，较常见的损伤还有肚子痛、肌肉酸痛、肌肉痉挛、胸痛、重力性休克、扭伤、拉伤等。

（一）足底筋膜炎

1. 原因

对于长跑或慢跑者来说，造成足跟痛的最普遍原因是足底筋膜炎。足底筋膜是一种坚韧及低延展性的纤维组织，它贴附在跟骨内缘，并延伸至足趾下，主要作用是维持足弓（足掌的弓形弧度）的正常弯度。

足底筋膜炎患者通常在早上起床或久坐后起来步行时的疼痛感受最为剧烈，但当经过一段时间行走或跑步后，疼痛会渐渐减缓，因此有很多爱好跑步的人士在伤患初期仍然继续练习，导致伤势逐渐恶化。

足底筋膜炎最常见的导致原因是足掌的结构异常，如扁平足（足弓弧度较平），会使得足底筋膜长时间被伸展，增加筋膜与跟骨连接处的拉力；另外，小腿肌群，特别是比目鱼肌的紧缩（柔软度不足），亦会增加伤患的严重性。

伤势到达严重地步时，患处会出现红肿、疼痛，病症亦可能会延伸至足底的中间位置。

2. 处理方法

（1）减少跑步的距离，甚至停止跑步一段时间；

（2）较轻微者可采用冰敷方法，并且休息；

（3）尽量避免足趾过分伸展（上跷）的动作，如上斜坡或上楼梯；

（4）如果仍然想利用运动来保持心肺耐力，最好从事一些非负重的运动，如游泳、原地划艇或踏单车等。

伤患较严重者，最好接受骨科或对运动伤害有经验的医生诊治，如果足底筋膜炎的确由于足掌结构异常而导致的话，矫正足掌的治理是必须的。方法有利用矫正器具或置于鞋内的足底承托软垫，详细和正确的使用方法可请教对这方面有经验的医生。

3. 预防方法

伸展及强化有关肌肉及韧带组织也是非常重要的。伸展的部位包括足底筋膜、大腿后肌群及小腿后肌群部分，每日最少要做10～15分钟。至于其他身体部分的伸展运动，对于整体体能来说也有帮助的。还有，用肌肉强化（阻力训练）来锻炼小腿肌群，亦可以帮助减少足底筋膜炎的伤害。

（二）跟腱炎

1. 原因

导致跟腱炎的最大可能原因是跟腱多次受到拉扯或挫伤，终致发生细微撕裂的情形。

经常在不平坦或太硬的地面上跑步，或是跑得太多，以及突然改变练跑的程序等，也是造成跟腱炎的原因。其他的因素还有小腿后肌群的柔软度不足、扁平足或足弓过高等。跟腱炎的痛楚会由足跟后开始，并可能扩散至跟腱的整个部分。

2. 处理方法

跟足底筋膜炎差不多，如果伤患与扁平足或足弓过高有关，则要借助器具来矫正。伸展方法可采用足底筋膜炎中使用的方法。

3. 预防方法

在鞋跟内加一层厚约 0.33 厘米的软垫，可帮助减缓跟腱的紧张和拉力。

最后大家还要谨记："伤要早治。"这个做法为大多数的保健医生和健身指导所推崇，很多严重的伤害都是因为一些细微的小伤演变而成，因此，一旦发现受伤，就应立即停止运动，并尽快找医生诊疗，这样不但可以避免伤势进一步恶化，而且也缩短了康复的时间。此外，在受伤康复后，再次运动练习时也应由容易地做起，慢慢地增加受过伤部位的锻炼，不然，一开始便大运动量强练，很容易会使伤患复发。

（三）肚子疼

在进行中长距离走跑的练习、训练和比赛过程中，有时发生肚子疼，反应疼痛的部位不一样，其原因是多种多样。一般痛点是左右上腹和上腹中部，痛的反应有钝痛、胀痛、刺痛，个别的还有绞痛。

1. 产生的原因

（1）进行健身锻炼前没有认真做好准备活动。在进行较剧烈的中长距离走跑锻炼时，由于心脏器官的惰性较大，不能很快适应急剧的肌肉工作，而引起腹部某些器官的机能紊乱，造成局部疼痛。

（2）锻炼时呼吸没有节奏，造成呼吸紊乱。打乱了呼吸和血液循环的协调关系，造成肝脾肠的血液淤积和缺氧，或小呼吸肌痉挛而致的"岔气"。

（3）由于长时间的震动胃肠道，改变了正常的蠕动规律，使肠里的气体和食物积聚在一起而刺激了肠神经，或因大量排汗、体内盐分随汗排出过多，而引起胃肠痉挛。

（4）饭后、饮水后立即进行长跑，使肠系膜受到过分的牵拉，而引起疼痛。

（5）有慢性腹部疾病的患者，如胃肠溃疡、肠结核、慢性阑尾炎、慢性肝炎、寄生虫病和痢疾等症。

（6）某些神经性和心理方面的原因。

2. 处理措施

当出现肚子痛时，首先应降低运动幅度，加深呼吸，调整呼吸节奏，再用手按压疼痛部位，疼痛就会减轻或消失，如疼痛仍不减轻，就要暂时停止锻炼，进行休息、按摩、热敷，严重者请医师检查治疗。

3. 预防方法

锻炼前要做好充分的准备活动，使人更好地适应中长距离走跑锻炼的需要。掌握好呼吸的节奏和深度，防止呼吸紊乱提高心肺功能，不致使内脏器官发生淤血现象。不要在饭后或饮水后进行中长距离走跑锻炼，运动要与体质水平相适应。有慢性疾病者应及时进行治疗。

（四）肌肉酸疼

1. 原因

中长距离走跑锻炼后一般都是小腿肌肉反应酸痛，这是正常的生理现象。若强度大，大腿也有酸痛反应，这对健康没大影响，经过适当休息就会自然消失。中长距离走跑锻炼在肌肉收缩产生能量的同时，肌肉内部也在进行着一系列的变化，肌肉中的磷酸腺苷、磷酸肌酸和肌糖原等化学物质大量分解放出能量，供给肌肉收缩的需要。这时如果运动强度大，血液循环跟不上，氧气供给不足，肌糖原就分解出大量乳酸积存在肌肉中，刺激肌肉中的神经，就会使人感到肌肉酸痛。当氧气供给充足时，约在 20% 的乳酸氧化成水和二氧化碳，同时放出能量。80% 的乳酸仍变成肌糖原存在于肌肉中，如此反复循环。

初期进行中长距离走跑锻炼的人，由于心肺功能不强，血液流通不快，肌肉容易缺氧，乳酸不能及时处理掉，所以肌肉感到酸痛。经常进行中长距离走跑锻炼的人则不同，出现酸痛也能很快恢复。

2. 处理措施

如果腿部肌肉酸疼得厉害，可以用热水烫烫脚，洗洗腿或进行按摩，就能很快好转。

（五）肌肉痉挛

肌肉痉挛又称"腿抽筋"，是一种强直性肌肉收缩不能缓解放松的一种现象。常发生在腓肠肌、屈姆肌和屈趾肌，通常在冬季发生。

1. 产生原因

冷天进行中长距离走跑锻炼，事先准备活动不充分或穿衣太单薄，小腿肌肉受到寒冷的刺激，静止状态的肌肉不能适应剧烈运动的需要，肌肉就会发生痉挛。

2. 处理措施

首先注意保暖，对痉挛的肌肉用力量加以牵引，如坐在地上，用抽筋的同侧手扶住抽筋的腿的膝盖，另一手扳住小腿下部，用力向上搬，拉长抽筋的肌肉，片刻就能解除。也可用按摩的办法，用手使劲按摩、揉搓抽筋的部位，或用热毛巾、热水袋敷都可以解除。

3. 预防方法

进行中长距离走跑锻炼前做好充分的准备活动。冷天练习时不要穿衣太少，锻炼后应该注意保暖，夏季走跑后因为出汗过多，应在饮水中加少量的食盐。

（六）胸疼

1. 产生原因

胸疼在走跑锻炼中并不多见，一般多出现在初期进行走跑锻炼的人中。其原因有三种：①呼吸不得法，呼吸表浅，肋间肌和膈肌收缩频繁，过度紧张，引起呼吸肌痉挛，刺激呼吸肌的神经发生疼痛；②没有用鼻子吸气，由于吸入的空气太凉，冷的空气吸到肺里，使肺的血管发生收缩，血液循环受到障碍，引起胸疼；③由于胸部紧张，长时间挺着胸膛走跑锻炼所致。

2. 预防方法

呼吸要有节奏，呼吸要慢而深，要用鼻子吸气。训练姿势要正确，不要挺着胸向前运动。

（七）尿色有变化

1. 尿色变化的表象

（1）训练后尿色变深。当进行较大运动量锻炼时，由于身体的新陈代谢加快，代谢产物增多。另外由于大量出汗，身体的水分和尿量减少，尿液浓缩，尿的颜色就会变成深黄色，这是属于生理上的正常现象。锻炼后进行适当休息，多喝些开水，尿的颜色

就会恢复正常。

（2）训练后尿色变混（白色混浊）。由于训练时体内供应能量的代谢很旺盛，磷酸盐的排泄增多，致使尿呈现乳白色雾状混浊，这也是正常的生理现象。经过休息和饮水就能恢复正常。

（3）尿色变红或呈酱油色。这是由于尿中出现大量红细胞和血红蛋白。尿中有红细胞的叫"运动后血尿"，尿中有血红蛋白的叫"运动性血红蛋白尿"。

2. 血尿产生的原因

"运动后血尿"通常有两种原因，一是由泌尿性疾病（急性肾炎、输尿管结石）或出血性疾患（出血性紫斑、血友病）引起的，应该停止练习进行治疗。二是大运动量训练时，肾脏血液循环暂时受到障碍，毛细血管通透性增强而引起的，休息后就能迅速消失，这和身体机能欠佳及运动量过大有关，出现后要进行休息，调整运动量即可。"运动性血红蛋白尿"，此种现象发生的原因还不十分清楚，多数学者认为在跑步时脚底的红细胞受到损伤而发出局部溶血所致。

3. 预防方法

（1）泌尿系统疾病检查和诊治。

（2）减少运动量，加强身体运动机能训练。

（3）在鞋中加海绵垫，最好不在太硬的地面上进行较长距离的运动。

（八）重力性休克

1. 产生的原因

在进行中长距离训练的时候，由于下肢肌肉活动剧烈，血液淤积于下肢。当训练终止时，因血液本身重力作用的影响，不能迅速流回心脏，则造成血输出量突然减少，血压下降，使脑部血液供应不足，便产生暂时性脑贫血。

2. 症状

面色苍白，头昏目眩，四肢无力，出冷汗，手足发凉，口唇绀紫，血压下降,脉搏微弱,瞳孔缩小，甚至晕倒。

3. 急救措施

应立即将患者平卧，足部高于头部，让下肢的血液很快流到头部。解开衣领和腰带，在冬季时注意保暖，同时可做自小腿向大腿方向的推摩，以帮助血液流回心脏。一般轻的患者可以喝少量热茶或糖水，由他人搀扶着慢慢走一走，便可使症状消除。若意识丧失，可掐人中、合谷、百会、涌泉等穴位。用热毛巾擦脸，清醒后喝些热茶水或热糖水。严重者要静脉注射 50% 葡萄糖 100 毫升。

（九）踝关节扭伤

1. 踝关节扭伤原因

在高低不平的场地上运动或运动前准备活动不足，踝关节易发生内翻，造成外侧副韧带的扭伤、断裂，甚至骨折。

2. 处理措施

扭伤后局部马上出现红、肿、热、痛，伤后应立即冷敷血，加压包扎，并抬高伤肢至少 30 分钟。冷敷止血常采用冷水、冰块进行，如皮肤破损，为防止细菌感染，不宜用冷水冲洗止血，止血后的抬高伤肢该特别强调，实践中很多人常忽略这一点，结果导致肿胀更加严重。为什么？因为冷刺激只能使该部位血管暂时收缩而起到阻断血流的作用，随后它会反射性地引起局部血管开放，使血流量增加。所以冷敷而必须抬高伤肢，伤后 24～48 小时后开始按摩、理疗等以加快功能恢复，如怀疑骨折或外侧韧带有断裂等，则应尽快请医生诊疗。

（十）鸡眼

1. 原因

鸡眼多由于鞋子不合适引起。当局部皮肤受到频繁而强烈的机械刺激时，表面角质层没能按一般规律脱落，而形成钉子状的角质过剩区，深入皮肤深处，刺激末梢神经引起疼痛。

2. 治疗方法

取 1～2 粒（视鸡眼大小而定，大的还可以用几粒）蓖麻子，在火上略加烧烤，皮变酥脆时，将皮揉去，将白色种仁捏碎趁热放在患处，外面用事先准备好的一块比鸡眼稍大的胶布贴紧，四周封严。过两三天后，打开胶布，可见鸡眼已被浸胀变白，这时可轻轻用刮胡子的刀片将上面角质层刮掉。由于蓖麻籽含油量丰富（40%～50%）且含一些硬脂酸的甘油酯，不易风干，浸润性又强，可以一层层地剥离表层直到见底。若鸡眼较大，一次未能浸透，不宜勉强剥离，可再用上法加上 1～2 粒蓖麻仁捻碎敷好，仍用胶布封贴好，再过 2～3 天做第二次剥离。当剥下最后一层时，可见粉红色表皮显露而不出血，这时皮肤呈现一圆形浅凹，应在上面贴一小块胶布，以避免直接的机械刺激。待数日后胶布脱落时，下面则显现出平整完好的皮肤。整个治疗过程可以毫无痛苦。

（十一）脚掌磨泡

1. 原因及水泡的处理

脚落地的技术不正确，穿不平的袜子，穿过小过紧的鞋或硬底鞋，就会造成脚掌起泡。如果泡不大，又不影响跑步，最好不要刺破，在上面抹点碘酒，泡里的水分就会被慢慢吸收。如果水泡很大，胀得难受，影响走路和跑步，可用消毒针刺破，抹上红汞或紫药水；也可用酒精消毒的头发或带线的针穿破泡，把头发或线留在泡里，让泡内的水顺着头发或线慢慢向外流。如有条件最好抹一些地霉素膏或磺胺软膏，用干净布包扎起来。

2. 预防方法

脚掌落地技术要正确，避免穿过小过紧的鞋或硬底鞋。还可在跑前先用肥皂干抹脚掌，减少脚掌与鞋袜的摩擦。

（十二）肌肉拉伤

1. 产生的原因

准备活动不充分，运动强度过大，肌肉的伸展性、柔韧性和收缩力较差。

2. 症状

拉伤部位疼痛、压痛、肌肉痉挛。严重者本人可以听到断裂声，拉伤部位肿胀和皮下出血，肌肉功能立即发生障碍。

3. 处理措施

一般肌肉拉伤，可用护腿、护踝和弹力绷带等绷扎。在不疼的情况下做些慢跑，等基本痊愈后再参加练习，但要循序渐进。若拉伤严重者，应由医师给予处理。

（十三）骨膜炎

1. 产生的原因

反复地在坚硬场地上进行中长跑或脚尖跑、跨步跑、后腿蹬；天气较冷，准备活动不充分，脚落地技术不正确，不能利用缓冲跑或运动量过大等，都会引起胫腓骨疲劳性骨膜炎。

2. 症状

小腿下 1/3 处，骨头发生疼痛，用脚尖向后蹬地时疼痛感最剧烈。用手轻轻抚摸有疼痛感。重者局部骨膜下有水肿、炎症或出血，有粗糙不平的小硬结，压痛很明显。

3. 处理措施

首先要停止大运动量练习，不要做剧烈的跑跳，用热毛巾或热水袋对患处进行热敷和按摩，用绷带将患处包扎起来，休息几天就会好转；若症状严重，请医师检查治疗。

4. 预防方法

（1）跑前做好充分的准备活动，特别是在冬季，使肌肉发暖后再进行练习或比赛。

（2）脚着地时技术要正确，要注意利用缓冲力。

（3）不要在水泥路、硬地上进行长时间的练习。冬季由于地硬，最好穿带有弹性的跑步鞋。

（4）初练中长跑的人，要掌握好适宜的运动量，防止过度疲劳。

第三节　普适性健身方法简介

一、步行

（一）走步的要求

走是人们生活中最基本的运动形式之一。一份国外运动医学专家在对 22 个国家的数千名医生进行的调查报告指出，绝大多数被调查者都赞成步行运动是最完美的运动，报告称："除高尔夫球需要大步前行外，没有其他的运动方式能够与步行相媲美。"他们很少发现一个经常步行的人，会有一个缺陷的心脏或发生体重的问题，超重肥胖是引起成年人慢性病形成的重要因素。

走步是一种全身运动，它不仅使你的腿和脚，而且也使你身体 70% 以上的肌肉能得到运动，并且能使所有器官组织活跃起来。走步是一种缓和运动，它能使肌肉发达，可以消耗多余的热量，能保持较低的体重，同时还可以增强骨骼的组织和心脏的力量，从而有利于防止动脉硬化，减少胆固醇。走步益于思考端正心态，故而能解除忧虑、紧张及精神压力，漫步中怡情益智。所以走步适合多年龄层次，对健身也最具效果。

养成良好的走姿与习惯非常重要。人的走步姿势、速度和力度体现着一个人的气质、素质及美的标准，同时也能提高长距离走和在不同自然条件下走步的能力。

走步健身，可以有效地增强下肢各部位关节、韧带、肌群的力量和柔韧性以及控制身体的平衡能力。

走步健身能促进人的血液循环，刺激人的大脑。因此，对人体压力的调节起着重要作用的自律神经的功能也将得到增强。此外，走步时大脑中枢神经活动完全转移到另一个地方，还能使人忘却日常生活中遇到的烦恼与不安。

有些人认为，大运动量、出汗多，锻炼效果就好。这种看法是错误的。运动专家和医学专家研究证明，人们只有通过适量的运动，才能获得健康的最大收益。美国科学家通过长期的研究，向人们提出了一些忠告：小量、随意的运动效果最好。

1. 步幅

步幅应自然而舒适，步幅过大会降低动作协调性，并使机体过早地进入疲劳状态。健身走要求膝关节以上的整个人体稍向前倾，在相对放松的情况下自然地确定步幅。

2. 摆臂

摆臂时肩关节要充分放松，肘关节弯曲 90 度左右为宜。如果很好地活动两臂而不是让它在身体两侧随意晃动的话，步行可以成为名副其实的全身运动。摆臂的主要作用是保持运动中身体平衡，锻炼肩部肌群，并促进血液循环，保证人体在运动中各种生理活动的正常进行。此外，摆臂与步频有着密切的关系，摆臂的速度越快，步频越快，步行速度也将越快。

3. 身体姿势

步行中的身体不能僵硬，头部和躯干应保持正直，小腹收缩，快速行进时身体略向前倾。良好的身体姿势不但对步行有益，而且有助于在日常生活中体现挺拔的身体和自信的形象。

4. 走步健身的速度

（1）慢速：每分钟 70 ~ 90 步或更慢些（3 ~ 4 公里 / 小时）。

（2）中速：每分钟 90 ~ 120 步（4 ~ 4.5 公里 / 小时）。

（3）快速：每分钟 120 ~ 140 步（5 ~ 7 公里 / 小时）。

对每个人来说，走的速度取决自己的身体条件和健康状况，可快可慢，年老体弱者以慢速为宜。一般健身者刚开始走步时，不要太快，锻炼数周后可采用中速，逐渐过渡到快速，每一次走步时最好匀速进行。

5. 走步健身的时间

为了有效地健身，走步时间最好是早晨和傍晚，每天 60 分钟，可分为一次或两次完成，应天天坚持、持之以恒。除此之外在日常生活中要寻求不同形式、不同途径和不失时机的走步。如上班以代步车、步行购物、多走楼梯等。

6. 走步健身的距离

在 1964 年东京奥林匹克运动会上提出"一人步行一万步"的口号，走一万步大约消耗 3000 大卡的热量。因而，现代人走步健身的标准是：每天一万步，这是人体每天运动量的最低限度。

每天为自己制定一万步的运动目标，并想方设法努力去完成每天这一最低限度的走步目标，这是现代健身的必要保证。

说到走步就不能不提日本，许多人都知道日本是著名的汽车生产国，汽车的生产量和拥有量都名列世界前茅，它也是一个"步行国"。在日本人们非常喜欢走步，各大公司想方设法、千方百计让自己的职工多走步，在国内还举办各种徒步活动和比赛。日本在 1966 年，以"徒步竞赛"的名义举办了第一次徒步越野比赛。如今全日本已有 500 余处竞赛道路，徒步越野已成为一项深入人心的体育健身项目。

人类从爬行的原始时代，进入直立行走的文明时代，在整个进化过程中，双脚起了重要作用。在高度发达的今天，人们行走的机会大大减少，对足底的刺激也减少，各种疾病增生。这就是文明提高了，健康下降了。因而有人主张"尽可能多利用你的双脚"，这种观点非常正确。中国古代养生学家也认为"足健则延年益寿""养生贵养足"。中医经络学家认为，人体许多经络的路线起源于脚，全身各器官在脚部均有反射区，刺激或锻炼脚对全身都有益。由此看来，脚的养护与锻炼对人体健康十分重要，"举足轻重"大概就是说的这个意思，为了自身的健康，放开双脚走吧。

（二）走步的方法

走步的健身方法，方式方法多种多样，不同的方法会产生不同的效果。因此，走步健身需要讲究科学性。

1. 步行健身法

别以为走路和健身无关，其实当你闲庭漫步的时候，体内的脂肪也在迅速燃烧，与跑步、跳绳等运动相比，走路不仅更加舒适，而且关节扭伤、运动伤害的概率也会小很多。走路时记得肩部要放松，目光平视远方，收紧小腹，这样健身的效果会大大超出你的想象。

这是一种简便易行的健身方法，它适宜于男女老少。走步时要注意姿势的动作，要自然放松，挺胸抬头、收腹、目视前方、摆臂自然、步伐稳健、呼吸平和。

这项练习可以在公园或走步机上进行，根据强度的不同由低到高分成 10 个等级，你可以按照下面的计划自己控制运动的节奏。

练习时间：60 分钟。

热量燃烧：300 ~ 450 卡路里（取决于速度）。

计划表如下。

0 ~ 5 分钟：热身时间、步伐和频率不应过大，保证自己可以轻松地讲话。运动强度：3 ~ 4。

5 ~ 10 分钟：提高运动强度和步伐的大小，使自己能说简短的句子。运动强度：5 ~ 6。

10 ~ 11 分钟：穿插进行弓步练习，双手叉腰，单脚向前跨步，身体重心放低，另一条腿弯曲。运动强度：5 ~ 6。

走步时要注意：在运动中，如感觉身体不适，最好暂时停止运动进行观察；症状严重者，必须停止运动。如以下症状。

（1）胸闷伴随心绞痛；

（2）呼吸非常困难；

（3）感到分外疲劳；

（4）恶心、头痛；

（5）四肢剧痛；

（6）两腿无力，行走困难；

（7）足、膝关节疼痛；

（8）脉搏显著加快。

走步运动后，最好有一个简单的恢复过程，这有助于疲劳的恢复和防止"重力休克"及运动性晕厥。恢复活动可以是轻松的散步或是徒手体操。总之要逐渐地降低运动量，持续时间为 5 ~ 10 分钟即可。

2. 倒走健身法

俗话说顺为凡、倒为仙。倒走是人体的一种反向运动。它消耗的能量比散步和慢跑大，对腰臀部、腿部肌肉锻炼有非常明显的效果。倒走不受年龄、性别和体质的限制。

倒走时，步子要小而稳，不要走得过快过急，可以走走停停，两臂轻松地前后摆动，用以维持身体平衡。对有腰病、腰肌劳损、关节炎患者，每天进行倒走练习 2 ~ 3 次，每次 100 ~ 400 步，中间休息几分钟，往复 4 ~ 5 次。或者，每天早晚两次倒走练习，每次进行 1500 ～ 2000 米。动作熟练后，可加速度或向后退跑。

倒走要点一：先后用右（或左）脚向后退，足尖先着地，脚跟后着地。

倒走要点二：后退时前腿是动力腿，发力迈步，后腿是主力腿，负载全身重量。

倒走要点三：重心和平衡是个技巧问题。

倒走要点四：腰在倒走中处于重要的位置。

倒走要点五：大脑对腿、脚发力的指令，是经过腰部传送给组织的。

倒走要点六：倒走时，肩、臂、肘手要与腿脚的节奏保持同步进行，脚走一臂摆一次，左右对应。

倒走时，最好选择平坦的运动场或较大的空地，在前方或两边定好标识物，以免方向有误，不可在公路上进行，以免发生事故。

3. 踏步走

（1）踏步走动作要领。

踏步走是原地走步或稍有向前移动的特殊走法。踏步走是一种非常安全的锻炼方法，几乎人人都会，不受任何限制，可锻炼下肢、腰腹部肌肉和内脏器官系统的机能。

踏步走身体姿势要求身体直立，两臂自然下垂。踏步走时两腿交换屈膝抬腿或前脚掌落地，两臂协同两腿前后直臂或摆动，屈膝抬腿达到最高点，直腿或膝落地均可。

（2）踏步走锻炼方法。

①踏步走这种走法只有步频要求。踏步走两腿交换频率因人而异，原地踏步者开始合脚着地时，由于支撑时间长，每腿 30 次 / 分为宜。随着体力增加，前脚掌撑地时由于支撑时间短，每腿 45 次 / 分为宜。踏步者可以根据身体素质情况，不断提高抬腿高度与两腿交换频率。

②踏步走脚落地最好用前脚掌先着地，然后滚动全脚着地，注意脚的缓冲，身体重量落在前脚掌上。

③为达到目的，运动时，可进行变速度原地高抬腿踏步走。

④每天早晚进行两次原地踏步走的锻炼，在踏步走中要不断创编出新的组合踏步法。如踏步 4 拍一转体、按音乐节拍踏步、闭眼原地踏步、有氧台阶踏步、有氧踏板等。

⑤踏步时用脉搏控制运动负荷，健康者一分钟踏步走脉搏最高可达到 180 次 / 分；一般练习者一分钟踏步走脉搏达到 120 ～ 150 次 / 分可达到健身最佳效果；身体不适者

一分钟原地踏步走脉搏控制在 120 次 / 分以下。

4. 快步走

（1）快步走动作要领。

快步走是一种步伐适中、步频加快、步速较快（130 ～ 250 米 / 分）、运动负荷稍大的走步。据美国健康学专家最新研究证实，"快走"的健身效果要胜过"慢跑"。因为快走比慢跑消耗更多的热量，而且快走不易对足部、踝关节造成伤害，更为安全。

快步走时，身体适度前倾 30 ～ 50 度，抬头、亚肩、挺胸、收腹收臀。在走步过程中，两臂配合两腿协同摆动，前摆时肘部成 90 度角，手臂高度不得高于胸；后摆时肘部成 90 度角，两手臂在体侧自然摆动，两臂摆幅随步幅的变化而变化。双腿交换频率加快，步幅尽量稳定，前摆腿的脚跟着地后迅速滚动至前脚掌，动作要柔和，后脚离地。

（2）快步走锻炼方法。

①两脚以脚内侧为准，踩成一条较直线，臀部随向前迈步着地完成后蹬动作而稍有前后左右的转动，但不宜过大。

②步速要均匀，也可走成变速，但不要出现腾空。

③步幅不要过分加大，主要加快步频练习。

④脉搏控制在 120 ～ 150 次 / 分，为进行跑步锻炼打下基础。

二、爬楼爬山

（一）爬楼

现代居住在市中心的人们，锻炼场所受到限制，借助于高层寓所进行走楼梯活动，将是一个非常不错的选择，现已逐渐成为市民一种时尚的健身项目。

据现代医学实验证明，一个正常人走（爬）10 分钟楼梯消耗热量 250 大卡，比跑步多 23%，比散步多 2 倍。它既是增强心肺功能的全身性有氧运动，也是一项可以灵活掌握运动量，无需投资的锻炼方法。走楼梯不仅可以增强心血管系统和呼吸系统的功能，达到疏关节、强柔韧、坚骨质的效果，而且也能增强腰腹肌肉和下肢肌肉群的功能，加速血液循环，促进人体能量代谢。大步地蹬跨楼梯，可使大腿肌肉得到充分的锻炼；用脚掌轻快地逐级快下，同时锻炼左右脑,提高大脑的反应速度,小步匀速地上楼,可使上肢、腰、背、腿部等关节参加运动。

1. 走楼梯法原理介绍

走楼梯是一项健康的有氧运动，它主要的运动部位是大腿，但又能锻炼全身。和其他有氧运动一样，走楼梯法让身体发热，增强新陈代谢，消耗体内食物转化的 ATP。全身性的有氧运动，加快整个身体中的血液循环，帮助大腿部位的脂肪代谢。

2. 走楼梯主要消耗下半身脂肪

我们知道，脂肪主要聚积在脸、颈部、腹部、侧腰部、臀部、大腿、小腿上等部位，而东方人的体质，脂肪多集中在下半身。走楼梯主要依赖腿部和腰部的力量，采用此方法，可以针对性地对下半身脂肪囤积部位进行锻炼，收到事半功倍的效果。

3. 走楼梯要掌握正确的方法

把力量集中在腿部。每步向上迈两三个台阶，动作平稳有力，保持匀称的呼吸，不需要快速跑。连续地爬四五层楼高的台阶，然后再放松双腿下台阶回到起始点。每次反复走楼梯在一小时左右，集中训练大腿。每天一小时或隔天一小时，一开始腿部会感觉酸痛，多坚持几天腿部酸痛消失了，你会在较短时间内发现大腿变得健美纤细、臀部也变翘了。

（二）爬山

现代生活中，爬山健身成了很多都市人的首选，爬山运动对身体有许多益处。首先，爬山属有氧运动，能帮助体内的有害物质排出，在促进新陈代谢的同时，还可以加快脂肪消耗。其次，爬山可增加骨中矿物质的含量，减少骨质疏松。可以说，爬山运动对身体多个系统都有促进健康的作用。

爬山膝关节最易受损伤，膝关节的负荷随人体的运动和步态方式有很大变化。据测定，膝关节站立位的静态受力（双足着地）为体重的 0.43 倍，而行走时可达体重的 3.02 倍，爬山时则可达体重的 4 倍。就像汽车的车轮轴承一样，载得越重，轴承磨损就越快，越容易出问题。

年轻人也不要经常爬山。研究表明，人在二十二三岁时，生长激素分泌逐渐减少，各器官进入维持期，并缓慢走向老化。关节软骨也由于代谢异常、磨损、老化等原因，丢失开始大于补充，发生退行性变化。也就是说，关节在年轻时就已经开始退化了，如果不加保护，将加快它的损耗。"髌骨软化"最爱在三四十岁的青壮年人身上发病，而髌骨软化正是膝关节骨性关节炎的早期表现。所以专家建议，即使是年轻人，关节没有任何问题，每周爬山次数也不要超过两次。

避免膝关节损害的常识。首先应当遵循少爬的原则，如果一定要爬，就要慢慢爬，频率不要快，更不要一次跨两三阶。老年人要手扶栏杆，也可以使用手杖，等双脚在同一个台阶时再迈下一步。平时应注意肌肉的锻炼，肌肉强度的增加、肌力的增强可以充分保护关节，减少关节磨损速度。最后，在爬山前要做好准备工作，包括长期的准备工作（如肌肉训练等）和现场热身。也可以以爬楼梯代替爬山锻炼。因为无论从动作过程、膝关节负荷等各方面来看，爬山和爬楼梯中膝关节的状态是一样的。所以，过量地上下楼梯活动，同样会对膝关节造成损害。

三、水中健身与游泳

（一）水中健身操

水中健身操有多种锻炼形式，依据练习者不同的身体状况和不同的游泳水平，可以选择不同形式的水中健身操。例如不大会游泳的人，可以扶着池边，做一些柔软和伸展的简单动作；游泳技术一般的人，可以站立水中，和着拍子或音乐做一些有难度的动作——站立式水中健身操；四种游式都游得不错的人，可以浮游在水中，伴随着音乐有节奏地做一些变形的竞技游泳动作——韵律游泳（节奏游）。无论采用哪种形式的水中健身操，都要注意掌握好运动量。一套健身操从头到尾做完后休息 2 ~ 3 分钟再重复做，运动后的即时心率：老年人应控制在 120 次 / 分，年轻人应控制在 140 ~ 160 次 / 分。每周锻炼 2 ~ 3 次，每次坚持活动 30 分钟左右，持之以恒才能达到健身的目的。

在设计水中健身操的每一个动作时，都必须考虑水对身体产生的影响。例如站立进行练习，水越深对人体的浮力越大，对动作的速度会产生阻碍作用，水越深，阻力也会越大、用力程度也要增加。通常扶池边的健身操比站立水中的健身操强度低些，原地的动作比移动位置的动作强度低些，诸如这些因素，都会影响练习者的运动强度。因此，在设计水中健身操的动作时，要有效地应用水的特性提高运动效果。

水中健身操的创编应根据教学对象的特点和需求，充分利用水这一特定环境，选择适宜的音乐进行总体构思和创编。水中健身操一般由 10 多个具有不同锻炼功能的组合动作构成，每个组合动作中有 2 ~ 4 个核心动作以及必要的连接动作，有 2 ~ 4 个 8 拍。每个组合动作根据健身的需要和音乐特点都可重复 4 ~ 8 次或更多。全套动作有开始动作、中间动作和结束放松动作。依据动作的性质、速度、幅度和运动强度确定成套动作的时间，一般在5分钟左右。

在创编过程中，第一，要考虑不同对象的年龄、性别、身体状况、职业等特点，以及他们的不同需求，进行有目的、有针对性的创编。如根据不同练习者的接受能力，选择的动作应该难易得兼。还应该结合对象的生理心理特点、场地条件等，如儿童健身操的动作应自然活泼、造型优美、易于模仿；而动作刚健有力、健美大方、节奏明快的健身操则适合青年；针对老年人的健身操则应动作简单、速度缓慢、易于重复练习。

第二，要考虑身体的全面发展。应选择使身体各部位肌肉、关节、韧带和内脏器官得到全面发展的动作，多考虑动作的强度和影响哪些肌肉与关节的问题；并且要注意肢体的对称发展，动作幅度、速度、节奏的合理变化，动作设计，包括动作的路线、表现形式和连接，以及成套动作运动方向和队形的变化等，都要体现价值性、艺术性；必须遵循人体运动的生理规律，运动负荷应由小到大再逐渐下降，呈波浪式变化，要由局部到全身，速度由迟到快。

第三，音乐是水中健身操的一个重要元素。在优美的音乐伴奏下，进行水中健身操锻炼，享受着运动的乐趣。一般水中健身操选择组合动作韵律、节奏的音乐，也可选择旋律优美、流畅、音质悦耳、节奏欢快的歌曲或乐曲作为伴奏，通过音乐表达确定成套操的动作风格。音乐选配有三种方法：一是先选乐曲，再按音乐的节奏、特点和段落来设计动作；二是先编好水中健身操，再请专家谱写乐曲，根据成套动作的节奏、风格、高低起伏搭配乐曲，达到更加理想的效果；三是先编好动作，后选乐曲，根据已编好的成套动作选择相应的乐曲，这就需要修改乐曲的动作，使音乐与动作和谐一致。

第四，创编水中健身操必须突出在"水"中运动的特点，充分利用水的浮力、阻力等特性设计动作，发挥在水环境中运动的优势，动作设计要不断创新，要力求新颖、独特和实用，符合健身要求；创编者要善于从其他体育活动、生活中寻找和发现，加以改进创编出各种各样、优美大方、益于身体锻炼的水中健身操。

水中健身操成套动作创编步骤是：先确定目的和任务，再设计动作、选择音乐；然后串联、记写成套动作；最后试做并修改成套动作。创编的具体步骤和方法可参考陆上健身操的创编。

（二）游泳

1. 运动的科学基础

（1）健康、体适能评价与锻炼计划。

参加体育锻炼之前进行健康与体适能评价是制订和实施健身运动计划的第一步，也是确保健身运动有效性和安全性的重要环节。其目的在于全面了解个人或家庭成员的健康状况，以便确定其是否适合参加某项健身运动以及根据自身的特点制订健身运动计划。

制订健身运动计划是一个依据健康检测、健康体适能水平评价以及个人健身锻炼目的和动机，来制定健身锻炼目标、规划强身锻炼项目和安排健身运动日程的过程。计划内容通常包括以下条款：个人健康体适能水平及其基本构成特点；健身锻炼的长期规划和阶段性目标；实现健身锻炼目标的各种健身锻炼手段、方法和日程安排；保证健身计划有效实施的各种建议等。

（2）健身练习。

健身练习通常是指为实现健身锻炼目的而进行的各种身体活动。依据人体进行身体练习时能量代谢特点的不同，生理学通常将各种身体练习分为有氧练习和无氧练习两类。有氧练习是指运动过程中肌肉所需能量主要来源于糖和脂肪等能源物质的有氧氧化的身体活动，这类练习的特点是运动强度相对较小、持续时间较长。无氧练习指的是运动过程中肌肉所需能量主要来源于能源物质的无氧代谢的身体活动，这类活动的特点是运动强度较大、持续时间较短。在日常生活、学习和工作中，机体活动需要的能量大部分来自能源物质的有氧氧化，而在进行各种竞技运动和体育锻炼时，绝大部分的身体活动是分别从有氧代谢和无氧代谢中获取能量的混合活动，只是获取能量的比例不同而已。

健身练习是保持、提高身体运动能力与健康体适能水平的基本手段。大学生在进行体育锻炼时应了解影响体育锻炼效果的锻炼强度、锻炼时间和频度等因素。

（3）锻炼强度。

①锻炼强度是指在单位时间内完成的运动量。锻炼强度对锻炼者的机体影响最大，所以强度安排是否恰当是影响锻炼效果的关键。

②锻炼强度的确定。第一种方法是用吸氧量确定强度。健康人、青年人可以用运动负荷实验中测得的最大吸氧量的百分比控制运动强度。例如，80%的最大吸氧量的强度为较大强度；50%~60%的最大吸氧量为中等强度；40%以下为较小强度。又如，为了提高心脏的功能、增强有氧工作能力，可以用50%~80%的最大吸氧量强度，用小强度

则无效。对无条件测定吸氧量的人，就无法应用该种方法了。

第二种方法是用最高心率确定强度。最高心率的测定也要通过运动负荷试验，只能用目标心率。例如，一位 20 岁的年轻人，安静时的心率为 65 次 / 分，按公式计算目标心率 =0.9（160–65）+65 ≈ 151 次 / 分。在运动负荷试验中，心率达到 151 次 / 分时就可以终止试验了，151 次 / 分为目标心率峰值，即上限，不可超越，如果超越就有危险。目标心率的均值 =0.7（160–65）+65 ≈ 132 次 / 分，有效强度的下限不能再低于 132 次 / 分，否则就不会获得锻炼的效果。因而，此人在运动中的心率必须控制在 132 ～ 151 次 / 分的范围内。

第三种方法是在没有条件进行运动负荷试验时，可用目标心率 =l70（或 180）– 年龄这个公式去估计适宜强度。

（4）锻炼时间。

①锻炼时间是指每次锻炼所持续的时间。锻炼时间的长短，要根据个人资料、医学检查、锻炼频度的大小而定。

②锻炼时间：每次运动的持续时间一般要求达到有效强度后，至少持续 30 分钟才能见效。但是运动时间的长短与运动强度成反比，强度大，持续时间可以相应缩短，强度小，时间应延长。例如，有氧锻炼每次锻炼持续时间一般在 30 ～ 60 分钟，具体时间依强度大小而定。

（5）锻炼频度

①锻炼频度是指每周锻炼的次数。锻炼间隔时间过长或过短都会影响体育锻炼的效果。

②锻炼频度：一般说每周 3 ～ 4 次或隔日 1 次。因为每周运动 2 次以下，不足以使最大吸氧量得到足够的提高，偶尔参加几次只能增大软组织损伤的可能性。另外，还要考虑体力的好坏，运动能力的强弱等因素。对体力好、运动能力强的人运动次数可以多一些，反之则可以少一些。

锻炼强度、持续时间和频率是构成体育锻炼练习负荷的几个基本要素，它们之间既互相联系，又互相影响。在其他要素不变的情况下，任何一个要素的变化都会改变身体承受的生理负荷，从而影响体育锻炼的效果。

2. 游泳锻炼方法

体育运动可以改善人体内脏器官功能和身体素质。游泳锻炼就具有这样的效果。锻炼者在游泳活动时可以通过不同的练习内容，达到不同的锻炼效果。

（1）游泳锻炼的运动负荷。

参加游泳锻炼时，练习负荷和练习强度要慢慢增加。开始时游一段短距离休息一次（比如每游一个 50 米就休息一会儿），然后逐渐延长运动距离和一次锻炼的总距离。

经过一段适应时间锻炼，就可以给自己拟订一个锻炼计划。下面这些例子是按 25 米为一程计算的，需要注意的是，练习过程中绝不要有过分吃力的感觉，尤其是锻炼计划完成后，如果感觉过累，就应该修正为较容易的课程。

1）小运动负荷练习（总距离为 400 米左右），一次锻炼时间在 20 ～ 25 分钟。

①5 分钟准备活动（陆上做操、慢跑）。

②使用浮板做自由泳打腿 25 米（150 米），每趟结束休息 45 秒（间歇时间）。

③25 米仰泳（或蛙泳），间歇时间为 45 秒。

④连续游 3 分钟，可用任何姿势，然后休息 1 分钟。

⑤25 米放松游。

2）中运动负荷练习（总距离为 700 米左右），一次锻炼时间为 30 ～ 35 分钟。

①5 分钟准备活动（陆上做操、慢跑）。

②仰泳单臂划水 25 米，间歇时间为 30 秒。

③仰泳打腿练习 25 米，间歇时间为 30 秒。做②/③这两种姿势都要注意技术。

④自由泳 300 米连续游。

⑤蛙泳 25×6 米快、慢游交替，间歇时间为 45 秒。

⑥100 米放松游。

3）大运动负荷练习（总距离为 1500 米左右），一次锻炼时间为 45 ～ 60 分钟。

①5 分钟准备活动（陆上做操、慢跑）。

②25×5 米蛙泳，间歇时间为 30 秒。

③25×5 米自由泳，间歇时间为 20 秒。

④20×3 米仰泳（或蛙泳、自由泳），每 200 米休息 1 分钟。

⑤25×6 米混合泳，交替使用所有泳姿（如有可能可包括蝶泳），间歇时间为 30 秒。

⑥200 米放松游。

（2）提高心肺功能的锻炼方法。

以有氧代谢功能为主的练习可以有效提高心肺功能，而游泳锻炼是提高有氧代谢能力最佳的运动项目之一。大学生可以采用以下方法达到提高心肺功能的目的。

1）练习方法。

①以长距离为主的练习，要求练习强度较小。例如，400米以上距离游、单位时间内完成一定的距离游（20分钟游）等。

②间歇游练习，要求练习强度一般，休息时间较短。如200米（也可100米）游，速度要求不高，但间歇时间较短，如休息1分钟。

⑤手腿分解技术有练习，一般强度。如20×3米或400米打腿或400米划手练习，一般速度。

2）简易评价方法。

经过一段时间（如半年、一年）的锻炼，可以通过测定早晨安静时的脉搏以及肺活量等指标来评价自己的健身效果。

（3）提高肌肉力量的锻炼方法。

游泳是全身运动，它通过克服阻力来获得推进力。因此，在游泳锻炼过程中，练习者的肌肉始终处于运动负荷状态之中。

1）练习方法。

①肌肉耐力练习。游泳是周期性运动项目，它对肌肉耐力的要求非常高，因此游泳锻炼可以有效提高肌肉抗疲劳能力。发展肌肉耐力的练习方法主要有中、长距离游。

②专门性练习。通过水上专门性练习，发展身体各部分肌肉的力量，例如短距离冲刺练习。25米自由泳快速游，间歇时间稍长，发展肌肉的爆发力。25米快速打腿，可以发展下肢肌肉力量，25×8米快速划手发展上肢及躯干部位肌肉力量。50×8米速度游，可采用各种泳姿进行练习，强度大，间歇时间可稍长（脉搏基本恢复至练习前的次数）。

③不同泳姿发展不同部位肌肉力量。游泳姿势有多种，不同的泳姿侧重于不同的肌肉群。

蛙泳要求手臂与肩部肌肉充分伸展，且抬头吸气时，要求颈部肌肉与背部肌肉有一定的紧张度。腿部力量对蛙泳的速度起着重要作用。

自由泳中对速度起决定性作用的是两臂划水，主要靠胸大肌来发力，因而自由泳对发展胸大肌效果明显。

仰泳的肢体运动与自由泳类似，不同之处是这种姿势有利于充分锻炼背部肌肉，同时对大腿股四头肌力量要求也较高。

蝶泳对身体素质要求较高，因身体做波浪形运动，故要求背部与腹部肌肉协调用力。

④陆上辅助力量练习。为了提高水上肌肉运动能力，还可以采用陆上力量练习。例如，卧推杠铃，发展胸大肌、腹三头肌和伸小臂肌肉群的力量。滑轮拉力，俯卧在凳上进行单臂或双管的练习，主要发展背部肌肉与上肢耻三头肌力量。负重杠铃下蹲，增加大腿股四头肌的力量。

2）简易评价方法。

①超短距离速度的提高，如百米冲刺游泳成绩比较。

②握力、俯卧撑考评比较（大学生体质测试项目）。

③水中练习自我感觉，如长距离游泳练习后肌肉疲劳状态的比较（与从事游泳锻炼前）。

（4）提高柔韧性的锻炼方法。

柔韧素质是指人的各个关节的活动幅度，以及肌肉和韧带的伸展能力，柔韧素质的好坏直接影响游泳技术的正确掌握。影响柔韧素质的因素主要有肌肉、韧带组织的弹性，关节的骨结构和关节周围组织的体积大小。

1）练习方法。

与游泳运动有关的柔韧练习方法主要有以下几种。

①发展肩关节柔韧性：A.压肩（正压肩、反压肩）；B.转肩。

②发展下肢柔韧性：A.弓箭步压服；B.后拉腿；C.正压腿；D.侧压腿。

③发展踝关节柔韧性：A.跪压踝关节；B.提踝练习。

④发展腰腹部柔韧性：A.体前屈；B.体侧屈；C.转体。

⑤牵拉练习。A.动力牵拉是用较快的速度和较大的力量使关节活动到最大幅度。例如，快速肩绕环。B.静力牵拉是轻柔缓慢地将关节移到最大活动范围内，然后静止50～60秒。例如，坐式体前屈。C.被动牵拉，是静力牵拉的一种，即让他人施加一个压力，使活动幅度增大。D.慢速动力牵拉是用较慢的速度进行动力牵拉，可与舒力牵拉结合进行，当关节移到最大幅度时静止5秒或更长时间。E.收缩—放松法是根据神经肌肉的本体感受器特征发展起来的，其依据是肌肉先收缩后，可以更充分地放松，使活动幅度增大。

发展柔韧性要注意循序渐进、持之以恒，速度由慢到快，力量由小到大，幅度由小到大，出动力到静力。切忌用力过猛，避免肌肉损伤。

2）简易评价方法。

①坐位体前屈（大学生体质测试项目）。

②肩关节柔韧性（压肩）。

③踝关节柔韧性（伸足和勾足）。

四、太极拳

太极拳是我国传统的健身拳术之一，它吸收和发展了我国古代哲学、医学、武术、养生、兵法与气功等文化精华，形成一套独特锻炼方法，深受广大人民群众的喜爱，是一种行之有效的传统健身养生法。太极拳源远流长，流传很广，其起源和创始者尚待考证，其发展过程中形成各种派别。无论何种流派，都是在入门五步十三势的基础上发展起来的。在练习中打套路（俗称"盘架子"）和推手两种形式，两种形式综合练习才能体会到太极拳真谛。除此之外，养生健身入门五步的功夫都可以单独练习。

（一）养生机理

太极拳是"以意领气，以气运身"，用意念指挥身体的活动，用呼吸协调动作，融武术、气功、导引为一体，是"内外合一"的内功拳。

重意念，使神气内敛。练太极拳要精神专注，排除杂念，将神收敛于内，而不被他事干扰分神。神内敛则"内无思想之患"而精神得养，身心欢快；精神宁静，乐观，则百脉通畅，机体自然健旺。《素问·上古天真论》云："恬淡虚无，真气从之，精神内守，病安从来。"

调气机，以养周身。太极拳以呼吸协同动作、气沉丹田，以激发内气营运全身。肺主气调呼吸，肾主纳气，为元气之根。张景岳云："上气海在膻中，下飞海在丹田，而肺肾两脏所以为阴阳生息之根本。"（见《类经营卫三焦》）肺、肾协同，则呼吸细、匀、长、缓。这种腹式呼吸不仅可以增强和改善肺的通气功能，而且可以益胃而固护元气。丹田气充，则鼓荡内气固流全身，脏腑、皮肉皆保其养。

动形体，以行气血。太极拳以意领气，以气运身。内气发于丹田，通过旋腰转脊的动作带动全身，即所谓"以腰为袖""一切无有不动"。

由于太极拳将意气、形结合成一体，使人身的精神、气血、脏腑、筋骨均得到濡养和锻炼（参见任督脉系结构图）。达到"阴平阳秘"的平衡状态，所以能起到有病治病，无病健身的作用，保证人体健康长寿。正如《素问·上古天真论》所说："提挈天地，把握阴阳，呼吸精气，独立神守。肌肉若一，故能寿敝天地。"此即太极拳之所以能健身养生的真髓。

（二）太极拳要领

神静意守：排除杂念，全神贯注，用意识指导动作，神静则气血流通。含胸拔背、气沉丹田：含胸，即胸略内含而不挺直；拔背，即指脊背的伸展，能含胸自能拔背、使气沉于丹田。

松体：身体放松，不得紧张。故上要沉肩坠肘，不要松胯松腰肩下垂即沉肩；肘松而下坠即坠肘。松体则经脉畅达，气血易周流。

全身协调、浑然一体：太极拳要求根在于脚、发于腿，主宰于腰，形于手指。只有手、足、腰协调一致、浑然一体，方可上下相随、流畅自然，外动于手，内功于气，神为主帅，身为驱使，内外相合，则能达到意到、形到、气到的效果。

以腰为袖：太极拳中，腰是各种动作的中袖，始终保持中正直立，虚实变化皆由腰转动，故腰宜松，宜正直。腰松则两腿有力，正直则重心稳固。

连绵自如：太极拳动作要轻柔自然，连绵不断，不得用僵硬的松动，宜用意不用力，动作连续，则气血流畅贯通，轻柔自然，则意气相合，百脉周流。

呼吸均匀：太极拳要求意、气、形的统一协调，呼吸是十分重要的，呼吸深长则动作轻柔。一般来说，吸气时，动作为合；呼气时，动作为开，呼吸均匀。气沉丹田，则必无血脉偾张之弊。

简化太极拳（二十四式太极拳），简便易学，格式名称如下：起势，左右野马分鬃，白鹤亮翅，左右搂膝拗步，手挥琵琶，左右倒卷肱，左揽雀尾，右揽雀尾，单鞭，云手，单鞭，高探马，右蹬脚，双峰贯耳，转身左蹬脚，左下势独立，右下势独立，左右穿梭，海底针、门通臂，转身搬拦捶、如封似闭，十字手，收势。

（三）适应范围

（1）太极拳有强身益寿之功，适宜于中老年人修炼。

（2）适应于高血压，心脏病，神经官能症，神经衰弱，哮喘，肠胃不适等疾病的治疗与康复。

（四）注意事项

（1）呼吸要自然。

（2）要持之以恒。每日练 1～2 次，每次 1～2 遍，早、晚为宜，清晨最好。

五、健身器械运动手段

由于世界范围内大众健身运动特别是健美运动的普及，使得以前作为竞技运动手段的许多体育器材，也逐渐转向大众体育领域。另外，人们已经研制出了许多适合健身锻炼需要的体育器材。这样，就形成了一类新型的健身运动手段——健身器械运动手段。现代健身器械已经走出了狭隘的健身中心，向大众化、家庭化的方向发展。

第一，常用体育健身器械与功能

（一）哑铃系列

哑铃是最常用、最方便和最有效的健身健美器械之一。哑铃分为固定重量哑铃和可调节重量哑铃两种。它们大都由金属或非金属材料浇铸或切削加工而成。哑铃的练习方法多种多样，有单手握铃练习和双手同时握铃练习，也有将哑铃套在脚腕部进行练习等。锻炼者可根据自身具体情况选择不同的练习方法。

（二）壶铃系列

壶铃的外形像一只壶，是用生铁浇铸而成的。壶铃的重量有10千克到50千克不等，人们可根据需要选择不同的重量。运用壶铃进行健身健美锻炼时，可用单手或双手握住壶把来完成各种不同的练习动作。练习方法主要有单手握铃和双手控铃，完成屈臂、弯腰、体侧、纵跳等动作，以此来发展臂部、腰背部和腿部等部位的肌肉力量。

（三）杠铃系列

标准的杠铃是由横杠、杠铃片和卡箍3部分组成。国际标准杠铃要求横杠长度不超过2.20米，直径0.28米，两个内卡箍之间距离为1.31米，最大的杠铃片直径为0.45米，卡箍每个重2.5千克，由特制钢材制成，它可以固定横杠和杠铃片。杠铃片的重量和颜色有特殊规定。还有各种小杠铃和棒铃，重量各异，适合健身健美锻炼。运用杠铃进行力量练习的方法很多，练习者可根据锻炼部位的不同选择具体的练习方法。一般主要有双臂推举杠铃、提拉杠铃和肩负杠铃进行转体、体屈、下蹲与跳跃等练习。

（四）拉力器系列

拉力器根据其产生拉力的特点可分为橡皮筋拉力器、弹簧拉力器和滑轮配重拉力器几种。橡皮筋拉力器的阻力主要产生于橡皮筋被拉长时的弹性收缩力，增减阻力主要靠换用不同弹性的橡皮筋或多股橡皮筋一起使用。弹簧拉力器的阻力来源于钢丝簧被拉长的弹性收缩力；这种拉力器制作成本较低，可广泛适用于广大健身健美锻炼者。滑轮配重拉力器主要由定滑轮、配重块和钢丝组成；一般固定在路上或金接架上使用，用"插销"来自由调节重量。拉力器适合于广大健身健美锻炼者，同时，也适合于运动员的专项力量训练，应用面非常广。

第二，专项力量练习器械与功能

（一）力量练习架

要依靠人体自身的重量在各种支架上进行练习。最早是用单杠、双杠、肋木等器械进行，后逐渐改进成为各类专门的健身练习架。

1. 臂屈伸练习架

这是根据双杠原理设计出来的，该器械的结构较为简单，是将 U 形杠和主体立柱焊接一体而成。基本练习方法是：屈管支撑在 U 形杠上，然后以肱三头肌和胸大肌的收缩力，向上推撑至两臂伸直，再屈臂还原，上推要快而高，落应促而低。

2. 腰背肌练习架

这是专门发展腰部和下背部肌肉的健身器械。主要由方形管、主体架、凹形垫板及十字形海绵轴架组成。基本练习方法是：俯卧在凹形垫板上，双手抱头，两脚跟抵在海绵横轴上，上体深前屈；然后以腰背肌的力量将上体抬至极限，静止片刻再慢速屈体还原，也可在上体抬至水平位时，向左或右做转体动作。

3. 腹肌练习架

这是主要用于发展腹部肌群的健身器械。它是由一块长约 2 米、宽 0.5 米的海绵斜板靠在"目"字形主体架上构成的。斜板上端装有海绵横轴，"目"字架上的高低横梁，用来调节斜板的角度。练习者仰卧在斜板上，两脚钩住斜板上端的横轴，两手或抱须或上举或贴体侧，做仰卧起坐练习；也可两手握横轴，做直腿或屈膝上举。

4. 举腿阳架

这是用于发展腹部及臀部肌群的健身器械。它由挂臂支架、靠背板和主体立柱组成。挂臂支架呈 U 形，两侧各有一块海绵垫，两端上弯为握把。练习者位于举腿架中间，双臂支撑在海绵垫上，两手握竖把；然后用力将双腿上举至腹肌完全收缩。如腹肌力量差，可先做屈膝举腿，若腹肌力量强，可在小腿上附加重物。举腿架还可用来做双臂屈伸、挂臂耸肩、悬垂举腿、屈体团身等练习动作。

5. 卧推架

卧推架是专门用于进行卧推练习，发展胸部及臂部肌群的健身器械。由长凳与凳端两侧的Y形支架组成。支架用来放置杠铃，练习者仰卧在长凳上双手推举不同重量的杠铃。

6. 大腿屈伸练习架

它是由海绵K奖、凳端的海绵轴架及配重片组成。凳下方的配重片用来调节运动负载的大小。进行发展大腿前部肌群的练习时，正坐在凳上，两腿屈膝，小腿下垂，用脚背勾住脚托（海绵轴架），以股四头肌的力量使小腿上举至腿部伸直，然后缓慢下放还原。在进行发展大腿后部肌群的练习时，俯卧在凳上，膝关节以下露出凳端，用后脚跟勾住海绵轴架，以股二头肌收缩力将小腿向上弯曲至最大限度，然后控制速度伸直还原。躯干要始终紧贴凳面，上体不要晃动。

7. 举重架

举重架是主要用于发展小腿后部肌群的健身器械，有站立举架和坐式举架两种。站立举水架呈L形，人站立其下，双肩扛住与下端配重片相连的U形肩托，向上做水提动作。坐式提架是在架下安放一坐凳，练习时，人坐在凳上，将两大腿悬于与配重片相连的T形架下，反复做提水练习。

这类健身器械除了能进行肌肉力量练习外，还能够进行有氧耐力的练习具有多种练习功能。

（二）健身车

健身车全称是"固定健身自行车"，是当今广为流行的一种室内健身器械。目前，健身车的种类和款式多种多样，从锻炼形式来看健身车主要有两种类型：一种为固定手柄，只适合蹬车运动；另一种为活动手柄，臂腿训练兼顾。另外，还有一种靠背式健身车，其靠背式机身设计，能有效地锻炼大腿肌肉，并增加运动时的舒适感。

健身车可以使腿部和臀部主要肌群的力量与耐久力得到锻炼。蹬车时，由于臀大肌和大腿后群肌的牵拉，使髋关节、膝关节和踝关节得到充分活动。健身车还能提高呼吸系统和心血管系统的功能，增强髋关节、膝关节和踝关节的灵活性与柔韧性。此外，健身车锻炼是有氧运动，对于肥胖者的减肥锻炼效果较为显著。

随着科技的进步，健身车已达到自动化控制的水平，车把上的屏幕会显示出各种数据，如心率、呼吸频率、时间、速度、距离及耗能等。这些数据便于锻炼者及时掌握运动量和调整自己的运动强度。有的车上装配的彩色荧屏中还能显示出不同的风景画面，令锻炼者心旷神怡，不感乏味。

（三）跑步机

跑步机也称"步行机"、"健步机"或"平跑机"，是目前十分流行和有效的室内健身器械。跑步机可分为平板式、电动式和网控式。平板式跑步机是靠锻炼者自身的动力来带动跑步带运转的；电动式跑步机主要靠电机驱动；磁控式跑步机则是通过锻炼者克服磁控阻力来完成练习。从功能上来分，有单功能跑步机和多功能跑步机两种。

单功能跑步机主要具备跑、走功能，锻炼者完全靠两腿交替前移进行跑步或走步练习。所以，不仅能有效地提高腿部力量和人体的平衡与协调能力，促进血液循环和新陈代谢，而且能极大地增强心肺功能。由于跑步是一项有氧运动，所以，跑步机练习是最佳的减肥方法之一。

多功能跑步机是在单功能跑步机的基础上，增加了划船、蹬车、腰部扭转、俯卧撑、按摩等功能，有的还配有电子显示器。它的主要特点是一机多用，占地不大，上下兼顾，既能满足身体全面锻炼的需求，又避免了单一运动方式的枯燥。

（四）划船器

划船器是模拟人体运动的健身器械，通过肩关节、肘关节和膝关节有节律地屈伸，不仅可使腰、背、腹、腿部肌群得到锻炼，而且对提高人体的体力和协调性有重要作用。

进行划船器练习的方法简单易学，坐在座椅上，两腿向前自然伸直，脚蹬踏板，两手握住拉把；然后双臂屈肘用力后拉，两腿屈膝，座椅在滑轨上随之前移；当座椅不能再向前移时，两手向前推动拉把，同时两腿前蹬至伸直，座椅随之后移，恢复原位。这种练习的难度不大，但应做到上下肢的协调配合，使臀部和腿部依次交替用力。

（五）台阶器

台阶器又叫楼梯机、健步机或登梯机，是上下楼梯动作的模拟器。台阶器的主要锻炼功能是增强腿部力量和加速下肢血液循环，坚持锻炼对练习者的心血管系统、呼吸系统有良好的作用，并能达到一定的减肥效果。台阶器的练习动作十分简单：站在踏板上，两手握扶手，上体稍前倾；然后两脚交替上下踩压。

（六）健骑机

健骑机又叫健身骑马机，集健身、娱乐、康复为一体，是当今颇为流行的一种健身器械。健骑机造型别致，基本结构以杠杆原理巧妙地连接组合而成，主要部件有支架、骑座、扶手和脚蹬架（脚踏板）等。健骑机不仅可以作为专业运动员的训练器械，也可以作为大众健身的家庭强身器，是养生、娱乐、康复、保健的理想运动器械。健骑机的主要功能是锻炼上下肢的肌肉力量，增强心肺功能和消除多余脂肪，达到减肥效果。由于采用低冲设计，在进行健骑机练习时能有效地降低运动对踝部、膝部和背部造成的劳损。

练习者坐在骑座上、双臂前握住扶手，两脚踩在脚蹬架上，然后双臂后拉，同时两脚下蹬，身体由屈而直。随着身体上下起伏与脚蹬位置的变换，练习者仿佛驾驭着一匹骏马，完全摆脱了单调和枯燥的感觉，对练习充满了兴趣。

（七）漫步机

漫步机是近年来较为流行的健身器械。它主要由圆形支架、扶手和踏脚板等部件组成。两个悬空的踏脚板由四根活动柱与支架上端相连，可前后摆动。锻炼时，人站在踏脚板上，两手握扶手，两腿交替前后摆动，动作幅度可自行掌握。

漫步机集散步、跑步、滑雪等运动功能于一身。其功能主要是通过两脚的前后运动和手臂推拉的协调配合，使腿部、臀部、背部等部位得到锻炼。同时，漫步机还有助于提高锻炼者心血管系统的功能。由于进行漫步机锻炼是全身有氧运动，所以对减肥也有较好的效果。漫步机的练习方法较为简单，一般只是做前后运动两种形式；手臂主要做前推和后拉运动。在采用程步机进行锻炼时，重要的是在练习时掌握上下肢的协调配合。

第三，综合健身器械与功能

综合健身器又称"多功能健身训练器"、"联合健身器"或"多功能组合机"。它将多个单项健身器械巧妙、合理、有机地结合在一起，可在一个主机上有多种锻炼的功能。

综合健身器多种拆变式的联结组合，它的主体结构是由优质钢材加工而成的．具他部件由钢材、铸铁或塑料等材料制成，表面喷漆或电镀。

根据设计的不同，有不同类型的综合健身器，小至三四种功能，大到40种以上的功能。例如，三站七功能健身器、五站八功能健身器、十站十三功能强身器、三站十六功能健身器等。所谓"十站十三功能强身器"，其指该练习器具有可供 10 人同时训练的 10 个运动站和 13 种练习功能。其他类型的依次类推。

综合健身器具有体积庞大、功能齐全、使用范围广、训练内容全面等多种优点，可谓"一机一个健身房"。它既适合于一般人进行健身健美锻炼，也是专业运动员进行力量训练的常用器械。它不仅能对人体某个部位进行专门性的局部训练，也能对人体的各部位肌群进行循环性的全面锻炼。它的最大特点是可容纳多人同时进行不同体姿和不同体位的练习。因此，综合健身器是健身健美中心、康乐城、俱乐部、专业运动训练基地、学校、机关等健身房中常见的健身器械。

综合健身器的练习方法多种多样，在运用综合健身器进行锻炼时，应认真了解每种器械的功能和使用方法，以及练习时的有关注意事项，并根据自己实际情况和锻炼需要，制订适宜的练习计划进行合理、有效的锻炼。

第四，全民健身路径

（一）"全民健身路径"的由来

"全民健身路径"是配置在环境较好的社区、公园、绿地以及其他宽敞的公用活动场所，供群众锻炼的综合健身娱乐设施和新兴的健身器材。它使各种身体锻炼有机结合，具有一定的科学性和趣味性，适合不同人群的健身锻炼需求。

"全民健身路径"是我国群众体育发展中的一个新事物。自 1996 年起，国家体育总局实施"全民健身工程"，把体育彩票公益金的 60% 用于推进全民健身计划，在全国城市和农村资助修建"全民健身路径"。"全民健身路径"的建设与发展建立了良好的健身锻炼平台，改善了社区居民的活动条件，对提高群众体育活动的积极性和科学性具有重要意义。

（二）"全民健身路径"的锻炼作用

"全民健身路径"集娱乐性、趣味性、科学健身于一身。一般路径设置有十多项男女老少皆宜的健身项目，不同年龄的锻炼者可依照各项目的指示内容、器材的功能、锻炼方法进行健身运动，发展人体的速度、力量、柔韧、协调等不同素质，达到增强体质、改善身体机能状况，以及消除疲劳和紧张，促进身心健康的目的。

在"全民健身路径"的组合练习过程中，由于不断地变换健身内容，提高了运动的趣味性，减少了枯燥性，因而在不知不觉中增加了运动量。同时又由于运动方式不断变换，因此又加快了疲劳的消除。

（三）"全民健身路径"的分类

"全民健身路径"器材品种的搭配可以根据使用群体的不同而进行选择和分类，一般可分为以趣味性、娱乐性器材为主的儿童健身路径；以有氧运动器材为主的中老年健身路径；以力量训练器材为主的青少年健身路径；对通用性器材为主体的大众健身路径。

（四）"全民健身路径"的构成

"全民健身路径"按一定的运动路线将不同的健身器材组合起来。组成健身路径的健身器材主要有滑梯、秋千、肋木、攀绳、爬绳、爬杆、软梯、跷跷板、单杠、双杠、高低杠、天梯、肋木架、滚筒、平衡桩、柔韧杠、平衡器、莲花板、仰卧板、伸展器、臂力训练器、压腹训练器、蹬力器、转体训练器、太空漫步机、组合训练器等。

健身路径全套器械的配置应由有利于人的形体健身、机能增强、素质提高等的各种器械组合而成。全套器械应对人的上臂、前臂、大腿、小腿、躯干、背部、肩部、腰部、腹部、颈部等的肌肉都有锻炼作用，器械的数量以 10 ~ 15 种为宜。如果器械太少，功能不全，难以保证锻炼效果。

（五）"全民健身路径"的锻炼要求

在练习中，应将有关的几种练习有机地组合在一起，使身体得到全面锻炼。组合练习的基本原则是：先进行柔韧练习，再进行力量练习；先进行力量练习，再进行耐力练习；先进行轻阻力、小负荷练习，后进行大阻力、大负荷练习。在锻炼中应注意以下三点。

（1）在锻炼之前，应仔细检查各个器材，避免在已损坏的器械上进行练习，克服安全隐患；

（2）在锻炼时，应认真阅读不同练习器械的使用说明，掌握正确的练习方法；

（3）不同年龄的锻炼者，应根据自己的身体状况选择适合的健身路径及器械进行锻炼。

第十五章　全民健身服务供给

第一节　全民健身服务供给的现状

全民健身计划是指为了深入贯彻落实科学发展观，坚持体育事业公益性，逐步完善符合国情、比较完整、覆盖城乡、可持续的全民健身公共服务体系，保障公民参加体育健身活动的合法权益，促进全民健身与竞技体育协调发展，扩大竞技体育群众基础，丰富人民群众精神文化生活，形成健康文明的生活方式，提高全民族身体素质、健康水平和生活质量，促进人的全面发展，促进社会和谐和文明进步，努力奠定建设体育强国的坚实基础而制订的群众体育发展计划。其主要依据是《中华人民共和国体育法》《全民健身条例》《全民健身计划纲要（1995—2010年）》《全民健身计划（2011—2015年）》。

"多元化全民健身服务体系"的概念，源自1993年原国家体委下发的《关于深化体育改革的意见》（以下简称《意见》）中强调的"全民健身计划"，该《意见》提出："在国务院的领导下，国家体育总局同有关部门共同推行一个社会支持，全民参与的健身计划"。1995年国务院正式颁发了《全民健身计划纲要（1995—2010年）》，并正式提出"全民健身体系"的概念，即提出"建立具有中国特色的全民健身体系的基本框架"。

时隔5年后，国家体育总局在《2001～2010年体育改革与发展纲要》中提出了"多元的体育服务系统"的概念。2001年在全国体育局会议和《（纲要）二期工程第一阶段（2001—2005年）实施计划》3份官方文件中又提出"多元化体育服务体系"、"比较完善的全民健身体系"和"群众性的多元化的体育服务体系"的概念。2003年在《中共中央关于完善社会主义市场经济体制若干问题的决定》中又提出"构建群众体育服务体系"的概念。2005年在"国家体育总局体育社会科学项目指南"和"全国体育发展战略研讨会暨中国群众体育高层论坛"中提出了"构建面向大众的多元化全民健身服务体系研究"

的选题和"要努力构建多元化的全民健身服务体系"的概念。时至 2006 年和 2009 年在《体育事业"十一五"发展规划》与《全民健身条例》中又进一步提出了"建成全民健身体系"和"全国健身事业发展规划"等重要概念。

尽管当前全民健康服务体系已被社会所使用，但其内涵尚不明确。由全民健身到多元化全民健身服务体系，其间虽出现了"全民健身体系""体育服务系统""群众性多元化体育服务体系"等不同概念的表述形式，可遗憾的是，迄今为止我国全民健身服务体系的基本框架缺少一个统一的构建模式，专家们没从多学科视角对此框架的基本构成下一个科学而权威的定论。同时，与发达国家发展大众体育的成功经验相比较，我国的全民健身服务体系的目标量化、具体化和可操作性等方面存在明显的缺陷。鉴于新形势下，我国经济社会发展以及体育行政改革的基本要求，有必要及时厘清全民健身服务体系概念的内涵，这一内涵的界定不仅要能正确反映现实经济社会发展要求，还要能准确揭示群众体育工作基本思路。因此，对全民健身服务体系概念的理论探索就显得尤为必要且极为迫切。

第二节　全民健身服务供给的内涵

一、全民健身服务的内容

全民健身服务表现了社会以及政府部门对群众健康的关注，为群众的健康体质提供一个公平、公正、公益的体育锻炼平台，这是保障群众整体生活水平得以提高的基础。全民健身服务是政府、社区、行业等多层次合作组织和兴办的多元化服务体系，只有在多元单位的合作下才能整合、优化一切有利于群众体育健康发展的资源，利用不同资源间相互影响、相互制约，使服务体系的组织和管理水平效益得到最大化，从而普及体育健康促进服务建设在群众中的实践。全民健身服务内容可以归纳以下几个方面。

健身设施服务。加强对各级各类公共体育设施的管理，规范服务标准，扩大服务内容。建立社会体育设施的体育服务网络，实行多层次、多时段、多种优惠的多元化服务，为群众提供便利。

健身组织服务。增加体育组织尤其是基层体育组织的数量，扩大有组织活动的体育人口。提高健身组织服务质量，加强群众性体育组织、体育团队的管理，帮助自发性体育群体增强自我组织和管理能力。开展体育援助服务，培育和发展体育社团，建立体育骨干培训、培养机制，鼓励有组织地进行体育活动。

体质监测服务。加强群众体质研究和体质监测服务，建立群众体质监测服务系统，形成群众体质监测的预警机制，实施体质监控和追踪研究，定期公布体质监测结果，引导群众关注体质和健身。

健身指导服务。加强体育健身咨询、体育健康促进教育和科学健身指导工作，提高群众健身科学化程度。推行公益性和职业性社会体育指导员制度，加强社会体育指导员培训，实行分类指导和体育教学服务。

体育活动服务。积极开展形式多样的群众性体育活动，丰富体育活动内容，提高体育活动效果。大力提倡体育项目创新，积极引进适合群众的新型体育项目，对深受群众欢迎、有较好健身作用的新体育项目进行资助。鼓励举办各种体育竞赛、展示、表演活动，吸引群众参与。

信息咨询服务。强化健身宣传教育，为群众提供情报及咨询服务。建立包括互联网、市民信箱、广播电视、报纸杂志等多渠道信息沟通网，加强健身服务信息化建设。以信息服务为主，构建全民健身服务平台，方便群众获得健身服务。

二、全民健身服务的特性

全民健身服务的设施和资源要合理建设与规划，逐步消除地区差别，从而保障每位群众都能享受到公共健身设施的服务。

福利性。全民健身服务多带有社会福利色彩，表现为政府对纳税人的福利和承诺在公共利益维护方面的责任。公民享有公共健身资源的多少不取决于其身居何地、纳税多少，与公民享有基本权利一样，既不能被剥夺，也不存在特权阶层，还有民主化国家必须具备的政治精神。

便利性。政府部门提供的健康服务通常建设在社区或者居民区附近，群众可以随时随地开展健身锻炼活动。这种服务充分地满足了群众的体育健身需求，体现出政府部门对群众的体贴与关怀。

多样性。群众健身服务的多样性体现在多方面，一是健身服务和产品的丰富性，这样才能保障适合多形式的体育运动需求。二是服务对象。即群众的健身需求不同，健身服务内容需要满足不同群众的健身需求。三是管理与组织的多元性，逐步完善以政府为主导地位，在体育总会、社区体育协会、文化站等部门的协同扶持下，建立群众体育指导员与志愿者骨干社团，开发更多的健身场地和设施的多元化体育组织管理服务体系。四是提高信息及指导的多渠道化，提供科学的体育健身指导。

增值性。全民健身服务是投资于人，并且是对全体国民的整体投资，具有人力资本再生产的特性。

演进性。全民健身服务随着经济发展水平的变化而变化。现代全民健身服务为政府的主要职能是随着工业化和城市化而出现的，与时俱进是全民健身服务的一个重要特征。

三、全民健身服务的作用

（一）全民健身服务在经济发展中的作用

在经济发展不同阶段，群众健身服务则呈现出不同的功能。全民健身服务除了对群众的身心素质具有提高作用之外，另外一项重要的作用就是对我国的社会经济发展具有较大的推动作用。

第一，全民健身服务可以推动我国的经济水平增长。一方面，全民健身服务可以合理利用物质资源，提高人力资源的利用率；另一方面，全民健身服务的构建，尤其是对基本社会保障的供给，这不仅可以提高群众的健康生活水平，还可以预防疾病，减少群众的预防储蓄投资，这也是促进我国新时期经济增长和优化的有效途径。第二，加强全民健身服务，是促进社会和谐发展的重要举措。第三，全民健身服务是促进体育消费的有力杠杆。在中国共产党第十八届委员会中指出，要进一步统筹城乡发展力度，保障和改善民生工作，时刻把群众安危冷暖放在心上，落实好各项惠民政策，完善基本公共服务体系，不断实现全体人民学有所致、劳有所得、病有所医、老有所养的目标。

（二）全民健身服务在社会发展中的作用

《联合国世界人权宣言》认为，公司有权享受"为维护他本人和家属的健康和福利所需的生活水准，包括食物、衣着、住房、医疗和必要的社会服务"。公民享有全民健身服务是现代民主政治制度的基本体现，公民享有全民健身服务的权利。群众从体育健康促进中获得的服务可以从侧面反映出国家或地区的经济发展水平，全民健身服务在现代社会中的价值与作用主要体现在以下几方面。

第一，全民健身服务是满足群众对体育健康的需求为切入点，是改善社会健康老龄化的重要基础。人是生活在社会结构中的主体对象，而社会则是促进人类发展的客体，社会的发展归根到底就是人的发展，因此，社会结构作为发展手段的根本目的是人的发展。在体育健康的实践发展中，群众体育促进健康的出发点是群众的身体发展特征，其中包括群众的生活状态和体育健康的需求。恩格斯曾指出，社会的发展动力来自 A 类的生产和创造，人的发展内容主要表现在三方面：一是满足人类的基本需求；二是素质的提高；三是潜能的发挥。而群众健身服务就是为了促进人类的可持续发展，确保群众享有健康。全民健身服务属于维护公民健康的有力手段，政府做到保证一定数量和质量的基本全民健身服务提供，保证基本全民健身服务的平等性。

第二，全民健身服务通过满足群众对身体与精神的需求，从而适应社会存在的发展节奏。社会进步的内在动力来自生产力，然而刺激生产力不断革新的根本因素则是需要和利益之间的关系，为了促进社会生产力的良好发展需要不断调整人与人之间的利益关系。在生产力发展的要求下，提高人们的生活水平、改善生活质量、提高人类综合素质，以满足人们对体育健康的需求。全民健身服务的提供，意味着文化服务的数量增长，预示着我国体育服务的质量和数量都得到了飞跃般的进步与提升。

第三，全民健身服务是维护社会公平的具体体现。促进社会和谐，就要按照和平、发展、公平、正义、民主、自由、和谐相处总的要求和共同建设、共同享有的原则。

第四，全民健身服务不仅可以改善群众体质健康，而且对我国的社会效益具有促进作用，能够推动经济效益的增加；全民健身服务不仅可以为社会的发展创造丰富、稳定的生活环境，而且与经济发展之间存在互利共生、相得益彰的关系。

第五，加强全民健身服务，深化改革体育健康促进体系。就我国目前的群众体育发展现状来看，政府部门对群众体育健康的重视程度等同于对经济社会的关注，这也是构建新时期体育健康改革体系的重要内容之一。如今，在全民健身理念的普及与广泛开展的形势下，对我国体育服务类政府提出了迫切要求，这同样也是构成 2008 年后体育改革和创新的重要推动力。

（三）全民健身服务对群众健康的促进作用

身体健康是指人体各器官组织结构完整，发育正常，功能良好，生理生化指标正常，没有检查出疾病或身体不处于虚弱状态。身体健康是人整体健康的基础。心理健康是指在身体上、智能上、情感上与他人的心理健康不相矛盾范围内，将个人心境发展成最佳状态。可见，心理健康不仅是指没有心理疾病，更重要的是指一种积极的、适应良好的、能充分发展其身心潜能的丰富状态。

道德健康是指既为自己的健康也为他人的健康负责，把个人行为置于社会规范之内。能辨别真伪、善恶、荣辱、美丑等是非观念，能用善悲观和荣辱观评价与约束他人和自己的行为，为人们的幸福做贡献。社会适应良好是指一个人的心理活动和各种行为能适应当时复杂的环境变化，为他人所理解，为社会所接受。可以从五个方面的作用和活动类型来定义。（1）与家庭及亲属的关系：与家庭成员的接触，参与家庭活动的数量和热情，与家庭成员及亲属的亲密程度等。（2）工作与学习：工作学习的积极性和主动性，完成的能力和水平，从工作学习中获得的满足感，与同事、同学相互关照的程度。（3）亲密的朋友和熟人：朋友之间活动、交往的程度。（4）社团活动：参加体育、娱乐俱乐部、协会、社会组织、宗教团体、政治和公民组织等情况。（5）其他社会活动：参加体育活动、舞蹈、游戏、戏剧仪式、礼仪活动及音乐演奏的情况。

调查表明，许多疾病如糖尿病、高血压、冠心病、肥胖症、癌症、性传播疾病、精神性疾病等均与不良行为和生活方式有关。全民健身服务对健康的促进作用，需要克服以上综合因素的相关影响才能发挥有限作用。

因此，全民健身服务对群众健康的促进应该以人为本，以群众身体发展特点为中心，考虑身体、心理、社会适应能力等诸要素之间的相互影响关系。

1. 全民健身服务与人类健康的关系

（1）抽象概念意义上的理解分析。

第一，全民健身服务与人的社会健康。社会健康是指个人与社会环境之间的和谐相处、相互促进，从而培养广泛的人际关系并实现自身的社会价值等，社会健康包括为社会做出力所能及的贡献，积极参与社会活动，和谐处理与他人之间的互帮互助等人际关系。这表明健康的概念不单单局限在自身的健康，而是涉及自身健康、社会健康与环境健康三者之间的复杂关系。健康理念的改革与发展强调了对全民健身服务事业的关注，全民健身服务理念就是通过提高群众的体育健身能力和健康卫生知识，从而彻底改善群众生活环境，提高健康水平。全民健身服务在社会健康中扮演着十分特殊的角色，是其他体育事业所不能替代的，同时也表明了全民健身服务与社会健康存在相当密切的关系。

第二，全民健身服务与个体健康。对于群众而言，只有在身体、精神和社会等方面均表现健康的状态才能符合健康的真正标准，不能只是借助医学临床检测和有无疾病等程度来推断健康水平。一方面，将群众的体质作为衡量身体健康的基础能力，这同时也是健康的另一定义，就目前的研究而言，还不能盲目地明确体力与健康之间的关系，却能肯定健康水平的基础是保持一定的体力，在组织成体力的要素中包括耐力、肌力、柔韧等；另一方面，体质也是衡量群众健康水平的标志，体质不但可以反映出个体的生命活动水平，还代表着个体的身体运动水平。生命状态是身体的运动基础，代表了人体的自然状态，然而身体运动是保证生命运动得以发展和提高的必然条件，两者相辅相成，共同发展。

群众的健康是建立在一定体力的基础上，但是健康的群众体质水平又各不相同。群众健康的前提是体质良好，并维持良好的体力基础，同时精神状态饱满，与社会环境相处融洽等特征。另外，体育对群众健康水平提高具有重要作用，那么全民健身服务就显得尤为重要。

第三，全民健身服务促进人的心理健康和社会适应。体育锻炼有助于身体健康，是人所共知的事实。

（2）整体意义上的理解分析

全民健身服务如何增进人的健康，还应从生理、心理、社会三位一体的整体观来分析全民健身服务为促进人的健康做出的特殊贡献。

第一，全民健身服务能够提供人体健康所需的基本手段。

第二，全民健身服务提升了人的社会性与生物性之间在健康问题上的高度协调性。

第三，全民健身服务能促进人的心理健康，有助于形成社会心理稳定。心理健康是组成人类健康的重要结构之一，科学研究结果证实，合理适量的体育运动可以改善群众的心理健康、消除心理及精神疾病，无论群众参加何种体育活动，都会使心理活动发生相应的变化。情绪是心理健康的重要指标，在现代社会中，来自各方面的压力使人产生的焦虑、烦恼、紧张、压抑、暴躁、忧郁等都属于不良情绪范畴。医学研究发现，从事慢跑、强身、骑自行车等体育活动对于抑郁症、焦虑症、化学药品依赖者的治疗具有显著效果。这充分说明体育运动能够转化并宣泄不愉快的情绪。

第四，全民健身服务在现代生活中具有无可替代的增进健康作用。现代化是人类社会变迁的共同趋向，现代化社会的不断进步需要人类的创造、操作和变革，所以人类是整个社会文明的承担者和继承者。为了促进群众在现代化社会中适应能力的提高，全民健身服务则担负起该促进过程中的重要任务。一方面，健康老龄化的社会现象是适应现代化物质基础的条件之一；另一方面，人类追求现代化社会生活，建设文明、健康、科学的现代生活形式。现代化的科学社会发展特征为全民健身服务提供了优越的环境和发展空间，使得发展形势呈现多元化特征。因此全民健身服务已逐渐发展成为改善群众现代化生活方式的重要举措，并且逐渐成为群众现代生活中的重要组成部分。它改善群众由于生活方式与行为不当造成的身体不健康效应，调节着群众由于退休和晚年丧偶导致的家庭、社会交往关系中的不悦、孤独与失望。把全民健身服务纳入体育事业建设中，并抱着收获最大效益的决心。因此应当把全民健身服务的建设同样纳入现代人的生活中，并不断提高和改善体育服务质量。

2. 全民健身服务对人的整体健康促进

人体健康是人类社会不断进步的基本要素和必备条件。因此，健康不仅关系到个体的生活状态，同时也属于社会任务范畴。健康的定义随着时代和科学的发展也在不断地发生变化，现代健康观彻底打破了传统的"无病即健康"的观念，认为现代健康的标准水平应当是无病、四肢健全，在保证躯体健康的基础下，精神和社会适应力都保持良好状态。由于人的健康水平对社会会产生间接影响，因此，只有在内涵深刻且丰富健康观指导下的才是整体健康，其中包含身体健康、心理健康、社会健康的因素。健康包含的内容相当丰富和广泛，只有在宏观角度下充分理解健康的含义，才能避免在服务实施中陷入误区，彻底改善群众健康水平。

（1）整体健康的内涵。

整体健康指的是有计划、有意义的生活，即在科学运动理论指导下，主动、积极、负责、优化地提高身体、心理与精神健康的生活方式。健康的内涵不局限在没有疾病的状态，而是通过体育实践活动来维持身体健康，并努力实现生活中的满足与幸福感。整体健康是整合、挖掘和保护我们的身体、心理、家庭、社会之间的所有资源，健康由多个部分共同构成。

无论身体处于健康还是疾病状态，身体、心理和心灵之间都存在着广泛的交叉重叠。科学研究证实，心理健康对人体的身体健康或者疾病的预防具有很大的积极影响，相反，心理因素也能导致、加重、拖延躯体的不良症状。如果群众经常处于孤独、忧虑、愤怒、抑郁等心理状态，则很容易引发疾病的产生。心理与生理健康之间相互影响，身体疾病很容易诱发心理等疾病。

躯体健康。躯体健康的不同程度，当达到最右端的理想健康状况下，就会自我感觉和表现出极佳的行为。为了预防老年疾病，努力达到理想健康状态，就需要群众不断地摆脱疾病。可以通过体育锻炼、营养搭配、康复医疗等措施，在生活中不良行为习惯的养成,定期体检,及时警惕疾病的早期症状,并时刻注意自身安全和预防意外事故的发生。

心理健康。心理健康的最佳状态不局限于没有心理疾病,而是在情感和思维两方面都能保持较好的状态。群众心理健康包括自身与他人之间情感的复杂认知关系、表达情感的能力、晚年的独立能力以及在老年生活中应对的不便和压力。

心灵健康。现代生活水平的提高使越来越多的人注重精神生活的享受,精神生活是指人们在社会中从事某种意义活动的体验与信念,这也是人们人生价值的体现之一,从而满足人们的精神需求,心灵健康的人对生命的价值与目标十分明确,并学会在生活中体验幸福、满足、爱等生命内涵。

社会健康。群众是生活在由一定社会体系结合而形成的社会群体之中,包括家庭、邻里、朋友等,这些关系结构组成了群众的社会网络。群众能否在社会网络关系中得到相互的支持和关心,这是影响健康的重要因素之一,同时也属于整体健康的重要内容。

社会支持。个体在社会网络中收获到的情感、物质和生活上的支持与帮助。支持是社会与人之间的一种互动过程,有研究表明,社会与人的联系支持率减少和死亡率升高相关。例如,群众在晚年患病期间得到的社会支持可减少并发症,缩短病患时间,生病期间也能保持良好的心理状态。影响社会支持的因素主要有以下几点。

1)人际关系。人际关系是指人与人之间保持联系和交流的过程。这是保持人类社会进步与发展的必备条件,和谐的人际关系不仅可以使对方获得情感上的需求和帮助,而且对人类生存和健康发挥着重要作用。

2)社会网络。建立科学合理的社会网络结构是保证社会正常运行的基本条件,其内容主要包括社会成员之间的相互影响和了解程度,网络成员的年龄、层次、人数以及各自信仰等的相通性,同时也包括中心领导阶层与成员间接触的难易度。

3)社会凝聚力。社会凝聚力是指人们在社会认知中形成的高度社会责任感、社会信心、积极的道德观念等的综合体现。社会凝聚力是支持社会健康的软实力,它是组成社会支持力量的重要因素。

家庭健康。家庭是以婚姻和血缘关系组成的社会基本单位。家庭结构、机能和关系处于完好状态有利于增进家庭成员,尤其是群众的健康。

1)家庭结构与健康。家庭结构主要指家庭的人口构成。常见最基本的家庭类型是由父母和未成年子女组成的核心家庭。现阶段由三代以上构成的家庭称为"扩大家庭"。日常的家庭结构破坏及缺陷有:离婚、丧偶、子女或近亲死亡等。例如,有人对丧偶群众进行研究统计，丧偶可导致人体免疫机能衰弱，血液中 NK 细胞、T 细胞、免疫复合物等都显著低于对照组。

2）家庭功能与健康。家庭的功能主要表现在生育、生产和消费、赡养、休息和娱乐四个方面。家庭功能对健康的影响非常广泛。在生育方面，通过优生、优育，在保障人口数量的同时提高人口质量；家庭经济状况良好、消费方式正确，可保障群众定期开展健康检查，有利于预防传染病及慢性病等；对老人的关注与重视，是身心健康的保障。

3）家庭关系与健康。家庭中的每个成员往往承担多种不同的角色，形成错综复杂的家庭关系。家庭关系协调、家庭气氛和谐，有利于家庭成员生理、心理调节的控制处于稳定状态，促进身心健康。家庭关系失调主要表现为夫妻关系失调，父母与子女关系失调等。目前在国际上备受重视的父子虐待妇女、老人、儿童等课题的研究，其核心问题即家庭关系失调。

环境健康。环境因素可在不同程度上影响遗传赋予健康潜力的发挥，并最终决定健康程度。但是，许多环境却对健康产生负面影响。例如，长期处于污染的环境里，会造成许多致病微生物（病毒、细菌和病原体）直接侵入人体，引发各种不可预知的疾病。尤其是针对群众免疫力较弱的身体特征，我们不仅要防止恶劣环境对身体造成的伤害，更要对环境的保护贡献微薄力量。

（2）全民健身服务与人的整体健康。

整体健康促进是涉及整个群众的健康，涉及群众日常生活中的方方面面，而不是仅仅包含预防疾病发生的危险因素，而是指那些直接能影响并威胁群众健康的因素，它是借助多学科的交叉融合方法和手段促进群众健康，包含教育、传播、政策、财政、产业以及群众自发组成的团体等，其中尤为重要的就是对群众体育服务的开发。体育健康促进服务重点在于群众的积极参与性，在进一步启发群众对健康问题的重视观念下，将体育健身、医疗服务、卫生中心等机构相结合，建设适合现代群众健身的综合机构。由此可见，体育服务系统对群众的健康促进具有不可估量的作用。

第三节 全民健身服务供给的新理念

一、全民健身发展目标的确立

（一）全民健身发展目标确立的依据

科学发展全民健身的理论依据就是全民健身目标的初步建立。提高全人民的健康水平是党的十八大确定的全民建设小康社会的奋斗目标，这也必然会成为全民健身的基本目标。全民健身建设发展的目标必须以社会发展目标为依据，以《体育事业"十二五"发展规划》为指导，只有科学的定位，合理的构建才能顺利地实施。社会发展目标和体育事业发展目标为全民健身目标建设提供了背景与依据，社会发展目标决定了全民健身发展目标的基本定位。

社会实践证明，无论是"和谐社会"，还是"小康社会"，都离不开体育事业。促进人的全面发展是科学发展观的基本内容，人的全面发展包括人的身体的全面发展，人的身体的全面发展离不开体育。全民健身，就是要把增强人的体质，提高人的健康水平，从一种号召变为人们的一种具体的社会实践。

（二）全民健身发展的总体目标

全民健身的总体目标是以满足社会成员的需要为目的，着重于提高居民的身体健康和生活质量，既能给居民提供体育文化的享受，也能保障社会生存与发展所必需的体育环境与条件的全民健身产品和服务。2015年的总体目标是：城乡居民体育健身意识进一步增强，参加体育锻炼人数显著增加，身体素质明显提高，体育健身设施更加完善，形成覆盖城乡的全民健身服务体系。

建立和完善科学的全民健身体系，其中包括公共政策决策机构、机制。它是高效的全民健身提供的主体，包括政府行政部门和主要由公共财政提供的公益性体育服务机构；合理的公共财政、土地、城市空间、人力资源等全民健身资源配置；提供种类齐全、服务质量稳定，能满足不同社会群体基本体育需求的全民健身产品和服务。

要实现这一目标，就一定要做到以体育为大众服务为宗旨，提供体育设施环境系统和全民健身融资系统的保障，制定由短期到中期，再到长期的循序渐进战略方针，做好纵向和横向之间的协调发展、地区之间的协调发展、城乡之间的协调发展、不同利益群体之间的协调发展。

由于当前健身设施采取多元化的方式，并以体育彩票公益金作为引导资金，以及各级政府及社会力量采取了共同投资的方式，配建室内外相结合的体育健身设施，今后将采取全民健身设施建设的投资渠道由体育彩票公益金投入逐步转为企业投入。

成熟的全民健身状态表现为不同区域之间、城乡之间、居民个人之间享受的基本全民健身水平一致。当前我国全民健身程度还很低，因此，应该首先将工作的重心定位在实现区域全民健身的进程当中。同时加快城乡公共服务均等化以及居民全民健身均等化。

（三）全民健身发展的阶段目标

对于全民健身来说，存在着两大问题。一个是提高全民的健身水平，另一个是完善全民健身的体系。所以在借鉴国外的公共服务经验教训上，我们就要细致、完整、全面、系统地分析我国全民健身阶段目标。第一，吸取确立目标并完全依靠政府过度地提供社会福利方式的思路，而在一定程度上影响经济发展的教训，第二，吸取国外政府忽视公共服务职能而严重影响经济社会发展的深刻教训。在研究和吸收国外政府公共服务职能的基础上，同时也结合我国经济发展的趋势、经济增长的不同形态和社会发展的不同结构来进行客观的分析。

从我国的国情来看，全民健身要经历不同的阶段，每个阶段上，其具体重点、目标及表现都是不同的。

在近期的发展目标中，我国存在着两个阶段，一个是发展方向和核心价值的定位，建立起全面覆盖的、完整的社会保障制度和公共服务制度。并且政府在全民健身当中的供给也起着主导、引导和协调、监督的作用。应充分地认识到全民健身在经济、社会发展中的作用。全民健身既是经济增长的产物也是社会生活方式与文明变迁的产物。由此可见，全民健身是衡量社会发展水平、层次与阶段的基本标准。另一个是制定发展模式与服务模式，全民健身系统的构建，全民健身的政策。全民健身的模式与社会经济、历史传统有关，它的结构决定着全民健身资源的主要投向，因此，全民健身政策决定着发展的价值目标的判断力与发展方向的选择。

在中期发展目标中，我国全民健身目标会更多地侧重于城乡全民健身，其主要表现不仅是在区域内，而且在各域城乡之间的全民健身水平相对来说都比较接近。其中存在着第三阶段，也就是全民健身体制与机制的建立，在全民健身制度、设施和服务体系的建设中都基本完备，并且全民健身和全民健身物品政府投入与多主体、多中心社会化产生并存。因此，全民健身体制逐步地实现了分权化、市场化、从单中心到多中心的多种形式。又逐步采用了竞争机制、委托代理机制、公平机制。

在远期发展目标中，我国在区域之间、城乡之间、居民个人之间的全民倡导普遍实现了全民健身均等化。在第四个阶段中，全民健身完善并制定了一些规范、运行、监管等一系列的法律法规。同时也建立了广覆盖并且兼顾公平与效率的公共服务消息模式，实现了多元化、社会化的公共服务供给模式。在政府的宏观调控上也实现了多元化与社会化的格局，使整个社会形成了一种"多中心治理"的全民健身模式。政府主要控制提供公共服务的数量、提高公共服务的质量，使公共服务模式和公共服务制度基本完备。

二、全民健身发展理念确立的依据

（一）科学发展观的理论

科学发展观提出后之所以得到社会和学界的热烈拥护与高度评价，首先是因为有了"以人为本"这一理念。坚持以人为本，就是要以实现人的全面发展为根本目标，以人民群众的根本利益为出发点去谋发展、促进发展，不断地满足人民群众日益增长的物质文化需求，切实地保障人民群众的经济、政治和文化权利，让发展的成果都能用于民。

（二）和谐社会建设的价值目标追求

和谐社会的价值理念要通过价值目标设置来展现。如果说价值理念属于对和谐社会的概念诠释和意义界定的话，价值目标则居于和谐社会建设的行动主旨和预期效用。构建社会主义和谐社会是当代中国人民的共同理想，这一共同理想规定了和谐社会建设的基本价值目标追求。

社会主义和谐社会作为现实社会形态不仅是一种社会的结构和制度的安排，而且也是一种价值文化体系，其中包含着深刻的价值理念规定和价值目标追求。和谐社会的主导性价值理念主要应是以人为本的价值理念、科学价值理念、道德价值理念和审美价值理念，而其价值目标则主要由和平、发展、公平、正义、民主、自由和幸福构成。价值理念和价值目标是构建和谐社会的精神实质与内在灵魂，对和谐社会建设具有重要的定性定向、理性规范和精神激励作用，要健康持续地推进和谐社会建设必须正确认识和把握其理念的主导与目标的追求。

（三）服务行政理念

服务行政理念还包含三个方面的定位。

第一，由政府服务的方向定位；第二，政府服务评估以绩效为中心的结果方向的定位。第三，服务行政决策中的公民参与方向的定位。

（四）价值理论

在改革开放的社会主义实践中，我国逐步形成了以"发展才是硬道理"为核心的价值理念。这个价值理念是社会主义的本质体现，并具体地表现为以发展为目标的价值理念、以发展为方向的价值导向、以发展为基础的价值规范和以发展为尺度的价值标准。改革开放以来中国共产党执政理念的发展始终贯穿着与时俱进的理论。因此，中国共产党的执政理念也是中国化马克思主义的重要内容。同时中国共产党坚持与时俱进地推进执政理念创新，并将马克思主义与执政经验相结合不断探索创新。

（五）全民健身的功能

1. 实现体育强国的重要保障

就目前我国体育发展的现状来看，我国正处于积累量的快速发展阶段，并朝着体育强国的方向发展，但离真正意义上的体育强国还有很长的一段路要走。全民健身是公共服务的重要组成部分，完善全民健身体系，提高全民健身水平，是我国实现由体育大国向体育强国迈进的重要保障。

2. 实现政府职能转变的标志

随着社会主义市场经济的深入发展和全面确立。体育事业开始从国家的统包统管向市场化、产业化转变这就意味着体育将由政府主导国家投入的传统模式向政府主导社会投入的现代模式转变。而公共服务则是"十一五"时期我国社会转型、政府职能转变的风向标，"十二五"期间国家将更加重视发展社会公共事业和完善公共服务体系。全民健身体系建设已随着国家体育发展战略重心的转移和"十二五"体育事业规划战略部署的制定成为当前及今后我国体育事业发展的重要标志。

3. 解决民生问题的重要抓手

体育事业是一项社会性事业，与居民的民生问题密切相关，是公共服务的主要内容和重要载体。处于新的历史时期，具有多种基本要素、具有多样性特征的我国全民健身体系建设，在积累、传承、创新和发展民族体育，落实公民体育权利，满足城乡居民日益增长的体育需求，实现基本公共服务均等化等方面承担着十分重要的社会功能，是解决民生问题的重要抓手。

4. 体现社会公平的主要手段

从体育权利的视角来看，公民对全民健身的参与既是现代民主精神的体现，也是公民实现体育权利的体现，更是公民享有社会福利权利的体现。在确保国家公民同样享有全民健身的同时，要注重全民健身体系建设，提高全民健身水平，培养公民良好的体育权利意识，积极调动公民参与体育发展的热情，促进我国社会体育事业的和谐发展。

5. 促进人类健康的重要途径

健康是公民进行一切社会活动的基础，是公民最基本的需求，是公民参与社会竞争的资本，是社会经济发展之必须。公民的健康状况是一个国家发展程度的重要标志。全民健身对于促进人类身心健康，促进社会主义建设，以经济、政治、体育的协调发展推动全面建成小康社会的建设和社会主义和谐社会的构建，亦具有重要实践价值。

综上所述，全民健身的内涵主要体现在：第一，服务主体的多元性，以政府为核心，社团、企业多元并存；第二，服务客体的唯一性，社会公民是全民健身的唯一受体；第三，服务内容的广泛性，体育设施建设服务、体育信息咨询服务、体育健身指导服务、体育组织管理、国民体质监测服务、体育政策制定服务、体育保险提供服务等均是全民健身涉及的内容；第四，服务目的的针对性，满足不同区域、不同人群的体育需求；第五，服务方式的多样性，社团、社区、街道等多种活动方式提供全民健身；第六、服务原则的均等性，力求使公民享有同样的参与体育活动的权利；第七，服务宗旨的公益性，不以追求利润为目的。

三、全民健身服务的发展理念

探究公共服务的发展历程可发现，它的发源来自社会大众自由组织的行动，随着不断地改善，逐渐演变成以政府为主导作用的公共系统和职能，在这一发展过程中，公共服务得到了较好的发展。借鉴公共服务的发展历程经验，全民健身服务设计理念。例如下几个方面。

（一）全民健身服务的出发点：以人为本，体现人文关怀

"以人为本"意味着人的全面发展。马克思主义认为，支持社会不断发展的源泉是人本身，而社会发展的根本目的是促进人类全面自由的发展，两者相互促进、相互影响。马克思明确指出，共产主义是以"每个人的全面而自由地发展为基本原则的社会形式"。坚持以人为本的发展理念，为人们的全面发展奠定基础，建设有利于人类发展的良好环境是人类全面发展的有力保障。

"以人为本"意味着为社会成员创造福祉，努力使各个年龄阶层的社会群众都能成为社会发展成果的享用者和支配者，尤其是对老年群体的重视，在人们退休的晚年生活中感受到社会给予的归属感，争取使每个公民都能成为全民健身服务的对象。

"以人为本"意味着保持人的持久活力。人们通过锻炼可以保持持久的生命活力和生活热情，增强国民素质凝聚力。社会发展活力的动力是生命活力，若社会失去了活力也意味着全民健身丧失服务基础。

"以人文本"的理念对于政府的职能来说就是"以民为本"，即把人民的利益和全面发展作为工作的出发点与落脚点，把满足人们的多方面需要和自由发展所需作为工作重点，这就需要我们为建设奉献、负责、法治、有效的政府而不断努力。

（二）全民健身服务的价值基础：诚信与正义

全民健身服务的价值基础，不能单单考虑到政治、经济或社会的层面，还应该从道德和正义、诚信的角度来观察分析全民健身服务，从而挖掘出有利于长久支撑全民健身服务发展的潜在精神力量或价值基础。诚信不仅仅是公民应具备的道德基础，现代社会的发展更需要以诚信为指导思想的政府，然而体育行政的诚信是指体育行政部门对全民健身服务希冀的回应和责任。若体育行政部门长时间不能回应群众对体育健康的期待和信任，那么就会出现信任危机，而政府的职责和能力也会受到人们的质疑。

体育健康服务作为一种旨在维护全民体育平等共享权益，同样需要建立在正义的价值基础上。正义的含义是指使权利得到应有的实现和维护，与其对立的一面则是不正义。正义的另一层含义即"法度"，现代全民健身服务的价值基础需要具备两方面功能：其

一是为体育服务制度的合理性与公正性做出客观的论证；其二是在此基础的支持下，能够成为人民尊敬的具有法制性意义的准则。正义正是由于具备以上两种功能，才能成为构成全民健身服务的价值基础。

（三）全民健身服务的发展动图：以需求提供给

全民健身服务是随着我国的经济发展、社会与市场的不断进步而逐步发展和普及开来的。促进体育服务产品和设施的建立借助经济水平的提高；社会的进步肯定了对人们全面发展的重视，是全民享受体育服务权利的保障，市场的快速进步为全民健身服务提供了合理且科学的制度，在市场进一步演变的同时促进服务的创新和变革。这三者的共同进步是利于全民健身服务繁荣发展的催化剂，但是，我国的全民健身服务仍旧不够成熟，其中还存在着较多的弊端与不足。首先，从供给方面分析，全民健身服务整体规模较小，能够真正进入全民健身服务领域的项目数量还不够广泛；从服务实践过程分析，全民健身服务消费市场还不够成熟，因此服务能力和水平相对薄弱，服务体系结构还不够合理。我国应大力发展体育需求市场和供给市场，因此，深入研究全民健身服务的需求与供给，对我国全民健身服务稳步、可持续发展具有重要意义。

（四）全民健身服务发展的均衡点：公平与效率之间的大众共享

大众共享的目的是以维护和遵循公平的原则，在服务开展过程中要主动解决由于服务而产生的问题纠纷，切实维护广大群众的根本利益，努力使更多群众分享社会的共同果实，从而保障群众能够享受到政府部门对全民健身提供的服务。但是就我国目前的情况而言，仍偏重对于物质生活水平的追求，在各地区均存在着不平衡的发展现状，故导致我国的群众全民健身服务不能维持在较低的标准。关注民生、构建和谐社会需要以不断地改善人们的生活水准作为改革重点，这就为群众全民健身服务提供了有力的依据。如今的改革主要是以建设和谐社会为目的，大力发展政府对健康服务和产品的投入，优先建设符合全民健身的基础性设施，加快社会全民健康服务体系的发展步伐，不断地在公平与效率之间找寻平衡点。

参考文献

[1] 许悦. 哈他瑜伽练习对改善大学生身心健康水平的干预效果分析 [J]. 当代体育科技，2020（27）.

[2] 董纪鹏. 浅析跆拳道运动与提高大学生身心健康水平 [J]. 当代体育科技，2015（1）.

[3] 王凯. 校园足球提升大学生身心健康水平的途径研究 [J]. 农家参谋，2018（22）.

[4] 杨秀正. 实施拓展训练，提高高职教师身心健康水平 [J]. 运动，2014（3）.

[5] 由文华，何胜，崔秀云，等. 应用运动处方提高大学生身心健康水平的实验研究 [J]. 福建体育科技，2010（3）.

[6] 强磊. 体育运动对大学生身心健康的影响 [J]. 时代金融，2017（14）.

[7] 谢安政. 定向运动发展的重要性与对策探讨 [J]. 体育风尚，2020（2）.

[8] 刘瑞. 学校体育对青少年身心健康及运动能力的影响 [J]. 当代体育科技，2019（35）.

[9] 孙立海，赵堃，王晓. 大学生健康知识结构与其身心健康水平的相关性研究 [J]. 首都体育学院学报，2009（1）.

[10] 由文华，何胜，杨华薇. 过程评价对大学生身心健康水平的影响研究 [J]. 北京体育大学学报，2007（11）.

[11] 王莹侠. 对肥胖学生饮食治疗和运动治疗方案的设计 [J]. 南京体育学院学报（社会科学版），2003（6）.

[12] 陈立国. 在全民健身中推行轻体育的必要性和可行性 [J]. 首都体育学院学报，2003（1）.

[13] 王正伦. 运动锻炼的阻力：当代中国人"运动缺乏"现象的社会学追问 [J]. 南京体育学院学报（社会科学版），2002（5）.

[14] 胡爱武，丁云霞. 试论社区体育的科学晨练与全民健身 [J]. 湖北体育科技，2002（1）.

[15] 宋子恒. 田径运动在全民健身运动中的价值体现 [J]. 田径，2018（7）.

[16] 李鑫晓. 田径运动在全民健身中的推广和应用研究 [J]. 当代体育科技，2018（16）.

[17] 孙川，王子乾. 改造田径运动服务全民健身 [J]. 科教文汇（下旬刊），2008（7）.

[18] 樊玉杰. 田径运动在全民健身中的作用与实现路径 [J]. 灌篮，2019（9）.

[19] 段婷婷，吕林. "全民健身"视角下田径运动发展现状和推广策略研究 [J]. 体育世界（学

术版），2019（6）.

[20] 匡丽萍，靳泽旭. 全民健身背景下田径运动的价值体现与实现路径 [J]. 文体用品与科技，2019（15）.

[21] 吕彦波，关富余，吕凤丽. 田径运动在全民健身中的价值与选择优势 [J]. 文体用品与科技，2019（15）.

[22] 杨锋，王小刚. 论全民健身中田径运动的应用与发展 [J]. 当代体育科技，2018（35）.

[23] 王政洋. 论田径运动在全民健身中的作用 [J]. 当代体育科技，2018（18）.

[24] 杨光. 田径运动与全民健身的关系 [J]. 科技信息（学术研究），2008（3）.

[25] 郭树君，马媛. 大学生社会体格焦虑与运动依赖的关系研究 [J]. 运动精品，2022（2）.

[26] 上海市女性青少年体格测试主要指标 [J]. 体育科研，1981（9）.

[27] 苏刊，袁存柱. "塑身减脂"体育课对超重女大学生体格焦虑的干预研究 [J]. 经济研究导刊，2010（12）.

[28] 黄春梅，马嵘. 新疆多民族女性社会性体格焦虑与身心指标的关系研究 [J]. 新疆师范大学学报（自然科学版），2016（3）.

[29] 王翠萍，庞小佳. 女大学生社会体格焦虑特点及其与身体自尊、自尊的关系 [J]. 运动，2014（3）.

[30] 马嵘，殷瑞. 高社会性体格焦虑大学生参与身体锻炼的特征分析 [J]. 咸宁学院学报，2010（12）.

[31] 邓昔平. 对民国国民体格状况的探讨 [J]. 文史博览（理论），2009（6）.

[32] 马嵘，黄春梅. 社会性体格焦虑与锻炼动机和行为研究综述 [J]. 搏击（武术科学），2013（5）.

[33] 徐霞，季浏. 社会性体格焦虑研究综述 [J]. 武汉体育学院学报，2006（4）.

[34] 史兵. 田径教学的困惑与对策：兼论体育教学内容改革 [J]. 体育文化导刊，2004（8）.

[35] 王学锋. 真义体育思想对中国体育发展的贡献 [J]. 体育学刊，2004（4）.

[36] 季浏. 我国基础教育体育课程改革对高校体育教育专业课程改革的启示 [J]. 北京体育大学学报，2004（6）.

[37] 毛振明. 深化体育课程教学改革要正确对待运动技能教学：对"淡化运动技能教学"的质疑 [J]. 中国学校体育，2004（3）.

[38] 体樊新，夏华. 育院（系）田径教学改革中存在的问题与对策 [J]. 体育成人教育学刊，2004（2）.

[39] 杨利勇. 论田径运动中的人文精神 [J]. 首都体育学院学报，2004（1）.

[40] 李振斌, 李艳茹, 黄瑛. 新时期高校体育教育专业田径教学改革的研究 [J]. 四川体育科学, 2004（1）.

[41] 王颢霖, 王健. 试论现代中国学校体育发展的特点及趋势 [J]. 安徽体育科技, 2004（1）.

[42] 周军, 何也明. 刍议学校体育与多元性教学指导思想的理性思考 [J]. 安徽体育科技, 2004（1）.

[43] 付龙. 田径课教学该不该远离中小学生 [J]. 田径, 2004（2）.

[44] 毛俊. 离心超负荷训练的生理机制与应用 [J]. 体育风尚, 2020（12）.

[45] 丁娜. 浅析超等长训练的生理机制 [J]. 才智, 2017（15）.

[46] 韩亚明. 论一般性运动疲劳恢复的措施与方法 [J]. 哈尔滨体育学院学报, 2006（5）.

[47] 刘保国. 论中跑和长跑训练的生理机制和生化特点 [J]. 吉林体育学院学报, 1995（4）.

[48] 李双成. 短跑中的放松 [J]. 武汉体育学院学报, 1985（2）.

[49] 凌治铺. 论第二信号系统（两个信号系统活动间相互作用）在梦的生理机制中所起的作用 [J]. 东北师大学报（自然科学版）, 1957（1）.

[50] 刘德洪, 王春梅. 对肌肉放松能力在短跑运动中生理机制及训练要求的研究 [J]. 田径, 2008（7）.

[51] 周继荣. 关于消除疲劳方法的探讨 [J]. 西北民族大学学报（哲学社会科学版）. 1992（04）.

[52] 鸿江. 超等长训练有效果吗 [J]. 体育教学. 1986（3）.

[53] 塞·迪维拉尔, 卡·琼斯, 瓦·韦特罗, 等. 超等长训练 [J]. 中国体育科技, 1991（6）.

[54] 窦丽, 陈华卫, 钱澄. 高校"智慧体育课堂"的价值与模式研究 [J]. 体育文化导刊, 2018（11）.

[55] 杨春艳. 我国大学生"体质危机"的致因与现实选择 [J]. 卫生职业教育, 2018（19）.

[56] 高海利. 大学体育教师教学实践能力的构成与发展 [J]. 卫生职业教育, 2016（6）.

[57] 袁杨, 龙榕, 苏斌. 大学生运动伤害情况调查 [J]. 卫生职业教育, 2010（21）.

[58] 陈峰, 王勇, 闫军, 等. 大学生体育运动伤害事故调查分析与预防 [J]. 四川体育科学, 2006（2）.

[59] 邱远, 闫虹. 体育课程教学促进大学生心理健康的实验研究 [J]. 北京体育大学学报, 2005（12）.

[60] 翟帅. "阳光体育运动"背景下高校体育教学改革探析 [J]. 考试周刊, 2009（34）.

[61] 徐旸. 试论高校阳光体育运动长效机制的建立 [J]. 兰州教育学院学报, 2014（5）.

[62] 耿洁. 北京冬奥会对高校冰雪体育运动影响及发展的探究 [J]. 冰雪体育创新研究, 2020（24）.

[63] 陈丽英. 福建高校阳光体育运动可持续开展的研究 [J]. 体育科学研究, 2011（6）.

[64] 何平, 沈时明. 阳光体育运动对高校体育课教学的影响 [J]. 内江科技, 2010（4）.

[65] 蒋满意 . 基于运动承诺理论的大学生阳光体育运动长效机制探讨 [J]. 四川体育科学，2016（5）.

[66] 黄学丰 . 高校阳光体育运动长效机制的建立 [J]. 鸭绿江（下半月版），2015（6）.

[67] 陈爱民 . 影响阳光体育运动在普通高校开展的因素分析 [J]. 柳州师专学报，2013（2）.

[68] 刘荣华，王丽娟，鄢佩，等 . 我国高校"阳光体育运动"的现实问题与发展对策 [J]. 体育文化导刊，2017（9）.

[69] 杨远生 . "阳光体育运动"在广州高校中的开展现状与对策的研究：以广州大学（大学城校区）为例 [J]. 当代体育科技，2015（7）.